大数据技术精品系列教材

Python 商务数据分析与实战

Business Data Analysis and Practice with Python

何伟 张良均◉主编
尔古打机 李倩 许伟志◉副主编

人 民 邮 电 出 版 社
北 京

图书在版编目（CIP）数据

Python商务数据分析与实战 / 何伟，张良均主编
. -- 北京 : 人民邮电出版社，2022.8
大数据技术精品系列教材
ISBN 978-7-115-58978-1

Ⅰ. ①P… Ⅱ. ①何… ②张… Ⅲ. ①软件工具—程序设计—应用—商务—数据处理—教材 Ⅳ. ①F7-39

中国版本图书馆CIP数据核字(2022)第047737号

内 容 提 要

本书以 Python 数据分析常用技术与真实案例相结合的方式，深入浅出地介绍 Python 商务数据分析应用的重要内容。本书共 10 章，第 1 章介绍商务数据分析的基本概念、流程、应用场景，以及常用数据分析工具；第 2 章介绍 Python 的环境配置，以及 Python 使用入门等；第 3 章介绍数据获取，包括常见的数据来源、数据类型、数据读取方式，以及常用 Python 数据格式转换与读/写函数；第 4 章介绍探索性分析，包括描述性统计分析和可视化分析，以及常用 Python 探索性分析函数；第 5 章介绍数据预处理中的各个步骤，包括数据清洗、数据合并和数据变换，以及它们各自对应的 Python 函数；第 6 章介绍各类模型的构建与评价方法，包括分类与回归、聚类分析、关联规则、时序模式和智能推荐；第 7～9 章分别介绍 O2O 优惠券个性化投放、零售商品购物篮分析、餐饮企业综合分析等案例；第 10 章介绍使用 TipDM 数据挖掘建模平台实现餐饮企业综合分析案例。第 2～6 章包含选择题和操作题，第 7～10 章包含操作题，通过练习和操作实践，读者可以巩固所学内容。

本书可作为高校数据科学或商务数据分析相关专业的教材，也可作为数据分析爱好者的自学用书。

◆ 主　　编　何　伟　张良均
副 主 编　尔古打机　李　倩　许伟志
责任编辑　初美呈
责任印制　王　郁　焦志炜

◆ 人民邮电出版社出版发行　　北京市丰台区成寿寺路 11 号
邮编 100164　　电子邮件 315@ptpress.com.cn
网址 https://www.ptpress.com.cn
三河市君旺印务有限公司印刷

◆ 开本：787×1092　1/16
印张：16.5　　2022 年 8 月第 1 版
字数：367 千字　　2022 年 8 月河北第 1 次印刷

定价：59.80 元

读者服务热线：(010)81055256　印装质量热线：(010)81055316
反盗版热线：(010)81055315
广告经营许可证：京东市监广登字 20170147 号

大数据技术精品系列教材
专家委员会

吴孟达（国防科技大学）
吴阔华（江西理工大学）
邱炳城（广东理工学院）
余爱民（广东科学技术职业学院）
沈　洋（大连职业技术学院）
沈凤池（浙江商业职业技术学院）
宋汉珍（承德石油高等专科学校）
宋眉眉（天津理工大学）
张　敏（广东泰迪智能科技股份有限公司）
张尚佳（广东泰迪智能科技股份有限公司）
张治斌（北京信息职业技术学院）
张积林（福建工程学院）
张雅珍（陕西工商职业学院）
陈　永（江苏海事职业技术学院）
武春岭（重庆电子工程职业学院）
林智章（厦门城市职业学院）
官金兰（广东农工商职业技术学院）
赵　强（山东师范大学）
胡支军（贵州大学）
胡国胜（上海电子信息职业技术学院）
施　兴（广东泰迪智能科技股份有限公司）
秦宗槐（安徽商贸职业技术学院）
韩中庚（信息工程大学）
韩宝国（广东轻工职业技术学院）
蒙　飚（柳州职业技术学院）
蔡　铁（深圳信息职业技术学院）
谭　忠（厦门大学）
薛　毅（北京工业大学）
魏毅强（太原理工大学）

序 FOREWORD

随着大数据时代的到来，移动互联网和智能手机迅速普及，多种形态的移动互联网应用蓬勃发展，电子商务、云计算、互联网金融、物联网、虚拟现实、智能机器人等不断渗透并重塑传统产业，而与此同时，大数据当之无愧地成为新的产业革命核心。

2019 年 8 月，联合国教科文组织以联合国 6 种官方语言正式发布《北京共识——人工智能与教育》。其中提出，各国要制定相应政策，推动人工智能与教育系统性融合，利用人工智能加快建立开放、灵活的教育体系，促进全民享有公平、高质量、适合每个人的终身学习机会。这表明基于大数据的人工智能和教育均进入了新的阶段。

高等教育是教育系统中的重要组成部分，高等院校作为人才培养的重要载体，肩负着为社会培育人才的重要使命。2018 年 6 月 21 日的新时代全国高等学校本科教育工作会议首次提出了"金课"的概念。"金专""金课""金师"迅速成为新时代高等教育的热词。如何建设具有中国特色的大数据相关专业，以及如何打造世界水平的"金专""金课""金师""金教材"是当代教育教学改革的难点和热点。

实践教学是在一定的理论指导下，通过实践引导，使学习者获得实践知识、掌握实践技能、锻炼实践能力、提高综合素质的教学活动。实践教学在高校人才培养中有着重要的地位，是巩固和加深理论知识的有效途径。目前，高校大数据相关专业的教学体系设置过多地偏向理论教学，课程设置冗余或缺漏，知识体系不健全，且与企业实际应用契合度不高，学生无法把理论转化为实践应用技能。为了有效解决该问题，"泰迪杯"数据挖掘挑战赛组委会与人民邮电出版社共同策划了"大数据技术精品系列教材"，这恰与 2019 年 10 月 24 日教育部发布的《教育部关于一流本科课程建设的实施意见》（教高〔2019〕8 号）中提出的"坚持分类建设""坚持扶强扶特""提升高阶性""突出创新性""增加挑战度"原则完全契合。

"泰迪杯"数据挖掘挑战赛自 2013 年创办以来，一直致力于推广高校数据挖掘实践教学，培养学生数据挖掘的应用和创新能力。挑战赛的赛题均为经过适当简化和加工的实际问题，来源于各企业、管理机构和科研院所等，非常贴近现实热点需求。赛题中的数据只做必要的脱敏处理，力求保持原始状态。竞赛围绕数据挖掘的整个流程，从数据采集、数据迁移、数据存储、数据分析与挖掘，到数据可视化，涵盖了企业应用中的各个环节，与目前大数据专业人才培养目标高度一致。"泰迪杯"数据挖掘挑战赛不依赖于数学建模，甚至不依赖传统模型的竞赛形式，使得"泰迪杯"数据挖掘挑战赛在全国各大高校反响热烈，且得到了全国各界专家学者的认可与支持。2018 年，

“泰迪杯”增加了子赛项——数据分析技能赛，为应用型本科、高职和中职技能型人才培养提供理论、技术和资源方面的支持。截至 2021 年，全国共有超 1000 所高校，约 2 万名研究生、9 万名本科生、2 万名高职生参加了“泰迪杯”数据挖掘挑战赛和数据分析技能赛。

本系列教材的第一大特点是注重学生的实践能力培养，针对高校实践教学中的痛点，首次提出“鱼骨教学法”的概念。以企业真实需求为导向，学生学习技能时紧紧围绕企业实际应用需求，将学生需掌握的理论知识，通过企业案例的形式进行衔接，达到知行合一、以用促学的目的。第二大特点是以大数据技术应用为核心，紧紧围绕大数据应用闭环的流程进行教学。本系列教材涵盖了企业大数据应用中的各个环节，符合企业大数据应用真实场景，使学生从宏观上理解大数据技术在企业中的具体应用场景及应用方法。

在教育部全面实施“六卓越一拔尖”计划 2.0 的背景下，对如何促进我国高等教育人才培养体制机制的综合改革，以及如何重新定位和全面提升我国高等教育质量，本系列教材将起到抛砖引玉的作用，从而加快推进以新工科、新医科、新农科、新文科为代表的一流本科课程的“双万计划”建设；落实“让学生忙起来，管理严起来和教学活起来”措施，让大数据相关专业的人才培养质量有一个质的提升；借助数据科学的引导，在文、理、农、工、医等方面全方位发力，培养各个行业的卓越人才及未来的领军人才。同时本系列教材将根据读者的反馈意见和建议及时改进、完善，努力成为大数据时代的新型“编写、使用、反馈”螺旋式上升的系列教材建设样板。

汕头大学校长
教育部高校大学数学课程教学指导委员会副主任委员
“泰迪杯”数据挖掘挑战赛组织委员会主任
“泰迪杯”数据分析技能赛组织委员会主任

郝志峰

2021 年 7 月于粤港澳大湾区

前 言 PREFACE

随着政府政策和企业加大移动端布“局”的推动，电子商务市场呈现出迅猛增长的态势，与之相关的商务数据的规模与复杂程度也在迅速增大。为了有效利用不断增长的商务数据，可以使用数据分析技术帮助企业用户获取、整理和处理海量数据，为企业的经营决策提供积极、有效的帮助。数据分析是一门基础技术，旨在通过更为简洁、直观的手段揭示数据中包含的主要信息，突显数据中难以捕捉的关系，从而让相关技术人员更好地了解数据。数据分析作为开发与利用商务数据的一种重要的技术手段，必将成为高校商务数据分析相关专业的重要课程之一。

本书特色

本书以实现数据分析流程中的各个步骤为导向，采用 Python 数据分析常用技术与真实案例相结合的方式，深入浅出地介绍从零开始进行商务数据分析的必备技能。本书每章均采用总分结构，先总述本章涉及的内容，而后将相关知识点一一道出。本书以应用为导向，力求让读者明确如何利用所学知识来解决问题，并通过课后习题帮助读者巩固所学知识，使读者真正理解并能够应用所学知识。

本书的内容由浅入深，第 1 章介绍商务数据分析的基本概念等知识，让读者理解广义数据分析与狭义数据分析的关系，同时介绍数据分析的流程、应用场景和常用数据分析工具等知识；第 2～6 章介绍 Python 在数据分析流程中的具体应用，内容涵盖数据获取、探索性分析、数据预处理、模型构建等，为读者提供 Python 数据分析全流程的详细说明；第 7～10 章是前几章的综合应用，分别介绍 O2O 优惠券个性化投放、零售商品购物篮分析、餐饮企业综合分析等案例，以及基于 TipDM 数据挖掘建模平台进行餐饮企业综合分析，帮助读者巩固前 6 章的知识。

本书适用对象

- 开设数据分析课程的高校的教师和学生。

目前国内不少高校已将数据分析相关内容引入教学中，在金融、会计、工商管理等专业开设了数据分析技术相关的课程。但目前这一课程的 Python 基础与数据分析的流程被割裂开，不够系统的同时，增加了学生的课业负担。本书将 Python 基础与数据分析流程中的各个步骤精炼并整合，帮助读者在零基础的情况下尽快地学会使用 Python 实现数据分析。

- 数据分析应用开发人员。

数据分析应用开发人员的主要工作是将数据分析相关的算法应用于实际业务系统。本书提供了数据分析相关算法的用法与说明，能够帮助此类人员快速而有效地建立起数据分析应用的算法框架，迅速完成开发。

- 数据分析应用科研人员。

许多科研院所为了更好地对科研工作进行管理，纷纷开发适应自身特点的科研业务管理系统，并在使用过程中积累大量的科研信息数据。但是，这些科研业务管理系统一般没有对这些数据进行深入分析，对数据所隐藏的价值并没有充分利用。科研人员需要通过数据分析来发掘科研信息的价值，从而提高科研水平。

代码下载及问题反馈

为了帮助读者更好地使用本书，本书配有原始数据文件、Python 程序代码，以及 PPT 课件、教学大纲、教学进度表和教案等教学资源，读者可以从泰迪云教材网站免费下载，也可登录人民邮电出版社教育社区（www.ryjiaoyu.com）下载。同时欢迎教师加入 QQ 交流群“人邮大数据教师服务群”（669819871）进行交流探讨。

由于编者水平有限，书中难免出现一些疏漏和不足之处。如果读者有更多的宝贵意见，欢迎在泰迪学社微信公众号（TipDataMining）回复“图书反馈”进行反馈。更多本系列图书的信息可以在泰迪云教材网站查阅。

编　者

2022 年 4 月

泰迪云教材

目录 CONTENTS

第 1 章 商务数据分析概述

当今社会，网络和信息技术已渗透进人们日常生活的方方面面，产生的数据量也呈现指数级增长的态势。现有数据的量级已经远远超越了目前人力所能处理的范畴，如何管理和使用这些数据，已经成为数据科学领域中一个全新的研究课题。本章对商务数据分析进行概述，主要介绍商务数据分析的基本概念、流程和应用场景。

学习目标

（1）了解商务数据分析的基本概念。
（2）掌握数据分析流程。
（3）了解商务数据分析的常见应用场景。
（4）了解常用的数据分析工具。
（5）了解使用 Python 进行数据分析的优势。
（6）了解 Python 中的常用数据分析库。

1.1 商务数据分析的基本概念

数据分析是指用适当的分析方法对收集的大量数据进行分析，为提取有用信息和形成结论而对数据加以详细研究和概括总结的过程。随着计算机技术的全面发展，企业生产、收集、存储和处理数据的能力大大提高，数据量与日俱增。而在现实生活中，需要对这些繁多、杂乱的数据运用统计分析进行提炼，以发现数据的发展规律，帮助企业管理层做出决策。

广义数据分析包括狭义数据分析和数据挖掘。狭义数据分析是指根据分析目的，采用描述性统计和图形可视化等分析方法，运用对比分析、分组分析、交叉分析和回归分析等分析策略，对收集来的数据进行处理与分析，提取有价值的信息，发挥数据的作用，得到针对不同指标统计量的统计结果的过程。数据挖掘则是从大量的、不完全的、有噪声的、模糊的、随机的实际应用数据中，通过应用聚类、分类、关联规则和智能推荐等技术，挖掘潜在价值的过程。

图 1-1 展示了广义数据分析的主要内容、分析方法、输出结果和总体目标。结合图 1-1 以及狭义数据分析与数据挖掘的基本概念可以得出，广义数据分析是指依据一定的目标，通过统计分析、回归、聚类、分类等方法发现大量数据中的目标隐含信息的过程。

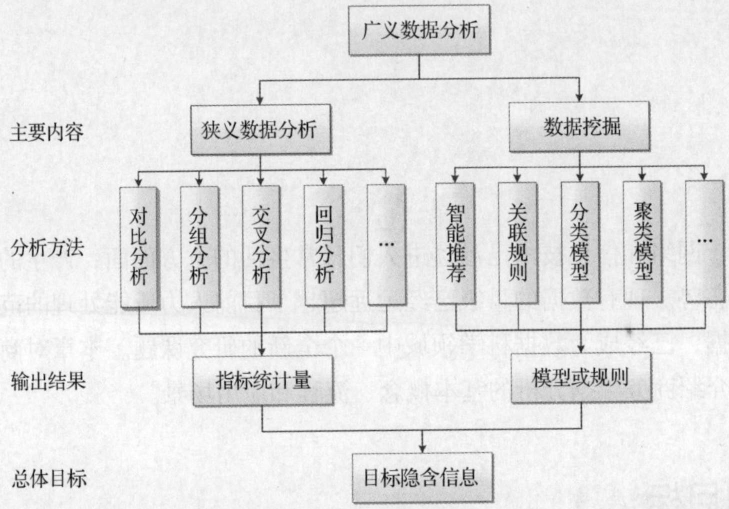

图 1-1　广义数据分析

商务数据分析与一般的数据分析的不同之处在于，商务数据分析更侧重商业场景。商务数据分析需要结合内、外部数据深度剖析商业问题，基于具体的商业场景以及商业逻辑，将数据作为原材料，对数据进行相应的逻辑处理与结构化处理。同时通过数据洞察商业问题，为企业战略及商业决策提供数据支持。

1.2 数据分析流程

数据分析已经逐渐演化为一种解决问题的过程，甚至是一种方法论。虽然每个公司都会根据自身需求和目标创建最适合的数据分析流程，但数据分析的核心步骤是一致的。典型的数据分析流程如图 1-2 所示。

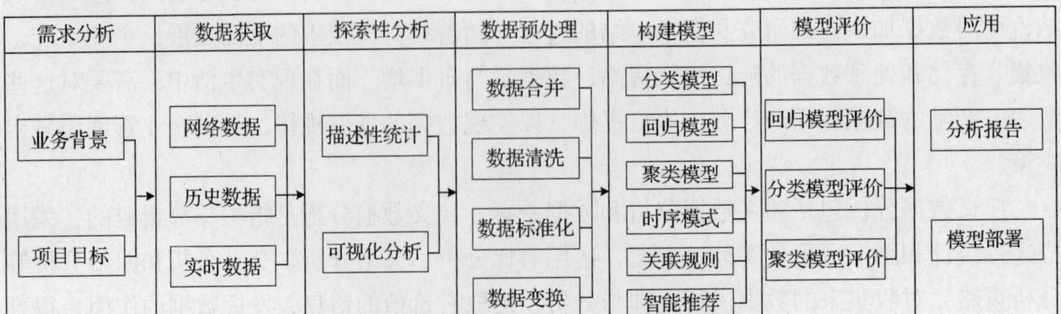

图 1-2　典型的数据分析流程

1.2.1 需求分析

需求分析一词来源于产品设计，主要是指从用户提出的需求出发，探索用户的真实意图，并将其转化为产品需求的过程。产品设计的第一步通常是需求分析，这也是非常关键的一步，因为需求分析决定了产品方向。错误的需求分析会导致在产品实现过程中走到错误方向上，对企业造成损失。

数据分析中的需求分析也是数据分析环节的第一步和最重要的步骤之一，它决定了后续分析的方向、方法。数据分析中的需求分析主要是指根据业务的需要，结合业务背景和现有的数据情况，提出需求分析的整体分析方向、分析内容，并制订项目的分析目标，最终和需求方达成一致意见。

1.2.2 数据获取

数据是数据分析工作的基础，数据获取是指根据需求分析的结果收集、提取数据。数据根据来源主要分为两种，即网络数据和本地数据。网络数据是指存储在互联网中的各类视频、图片、语音、文字等信息，网络数据的常见获取方式为网络爬虫；本地数据则是指存储在本地数据库中的生产、营销、财务等系统的数据。本地数据按照数据时间又可以划分为两种：历史数据与实时数据。历史数据是指系统在运行过程中遗存下来的数据，其数据量随系统运行时间增加而增大；实时数据是指最近一个单位时间周期（月、周、日、小时等）内产生的数据。

数据获取的常见方式有连接数据库和读取文件等。在数据分析过程中，具体使用哪种数据获取方式，需要依据需求分析的结果而定。

1.2.3 探索性分析

探索性分析是指通过计算某些统计指标、绘制图表等手段（如描述性统计、可视化分析等），对样本数据集的结构和规律进行分析的过程。对数据进行探索性分析能够帮助人们掌握数据的基本情况、揭示数据的分布特征和分布类型、把握数据的趋势和周期性、理解数据中蕴含的相关性，同时也有助于合适的数据预处理方法和建模方法的选择。

1.2.4 数据预处理

数据预处理是指对数据进行数据合并、数据清洗、数据标准化和数据变换，使得数据可以直接用于分析与建模的过程。其中，数据合并可以将多张互相关联的表格合并为一张表；数据清洗可以检查数据一致性，处理无效值和缺失值；数据标准化可以去除属性间的量纲差异；数据变换则可以通过离散化、哑变量处理等技术，满足后期分析与建模对数据的要求。在数据分析的过程中，数据预处理的各个过程互相交叉，没有明确的先后顺序。

1.2.5 构建模型

构建模型是指通过回归、聚类、分类、关联规则、智能推荐等模型与算法发现数据中有价值的信息，并得出结论的过程。

构建模型时采用的分析方法按照目标不同可以分为描述型和预测型。如果分析目标是描述客户的行为模式，可以采用描述型数据分析，同时还可以考虑关联规则、时序模式、聚类等模型。预测型数据分析则是量化未来一段时间内某个事件的发生概率。预测型分析模型可分为两类，即分类预测模型和回归预测模型。在常见的分类预测模型中，目标属性通常都是二元数据，例如，欺诈与否、流失与否、信用好坏等。在回归预测模型中，目标属性通常都是连续型数据，常见的有股票价格预测和违约损失率预测等。

1.2.6 模型评价

模型评价是指对已经建立的一个或多个模型，根据其模型的类别，使用不同的指标评价其性能优劣的过程。常用的回归模型的算法评价指标有平均绝对误差、均方误差、中值绝对误差、可解释方差值等，常用分类模型的评价指标有准确率（Accuracy）、精确率（Precision）、召回率（Recall）、F1 值（F1 Value）、受试者工作特征曲线（Receiver Operating Characteristic，ROC）和 ROC 曲线下方面积（Area Under the Curve，AUC）等，常用的聚类模型评价指标有调整兰德指数（Adjusted Rand Index，ARI）评价法、调整后的互信息（Adjusted Mutual Information，AMI）评价法、V 度量（V-Measure）评分、特征互信息（Feature Mutual Information，FMI）评价法和轮廓系数等。

1.2.7 应用

应用是指将通过了正式应用数据分析的结果与结论应用至实际生产的过程。根据需求的不同，应用阶段可以是一份包含了对现状具体整改措施的数据分析报告，也可以是将模型部署在生产系统中的过程。在多数项目中，数据分析师提供的是一份数据分析报告或者一套解决方案，实际执行与部署的是需求方。

1.3 商务数据分析应用场景

企业会使用数据分析解决不同的问题，实际的数据分析应用场景主要分为以下 6 类。

1. 客户分析

客户分析（Customer Analysis）主要是指对客户的基本数据信息进行商业行为分析。首先界定目标客户，根据客户的需求、目标客户的性质、所处行业的特征以及客户的经济状况等基本信息，使用统计分析方法和预测验证法分析目标客户，提高销售效率；其次了解客户的采购过程，对客户采购类型和采购性质进行分类分析，从而制订不同的营销策略；最后还可以根据已有的客户特征，进行客户特征分析、客户忠诚度分析、客户注意力分析、客户营销分析、客户收益分析等。有效的客户分析能够帮助企业掌握客户具体行为特征，将客户细分，使得运营策略达到最优，提升企业整体效益等。

2. 营销分析

营销分析（Sales and Marketing Analysis）囊括产品分析、价格分析、渠道分析、广告与促销分析这 4 类分析。产品分析主要是指对竞争产品进行分析，通过对竞争产品的分析制订自身产品策略；价格分析又可以分为成本分析和售价分析，成本分析的目的是减少不必要的成本，售价分析的目的是制订符合市场的价格；渠道分析的目的是对产品的销售渠道进行分析，确定最优的渠道配比；广告与促销分析能够结合客户分析，实现销量的提升、利润的增加等。

3．社交媒体分析

社交媒体分析（Social Media Analysis）指以不同社交媒体渠道生成的内容为基础，实现不同社交媒体的用户分析、访问分析、互动分析等。用户分析主要根据用户注册信息、登录平台的时间点和平时发表的内容等用户数据，分析用户个人画像和行为特征；访问分析是指通过用户平时访问的内容，分析用户的兴趣爱好，进而分析潜在的商业价值；互动分析是指根据互相关注对象的行为来预测该对象未来的某些行为特征。同时，社交媒体分析能为情感和舆情监督提供丰富的资料。

4．用户行为分析

用户行为分析（User Behavior Analysis）是指对用户行为进行监测，并对监测获取的数据进行分析，可以帮助企业更为深入地了解用户的行为习惯，从而制订更为有效的策略。如通过追踪、分析用户的浏览路径，分析用户对于不同页面和不同内容的喜好程度，从而对网站结构和内容进行调整、优化；通过分析用户的浏览历史，了解用户的习惯和偏好，从而针对不同用户进行个性化推荐等。

5．网站运营分析

网站运营分析（Website Operation Analysis）用来分析网站是否盈利。唯有盈利，网站才能得到稳定发展。盈利是网站最初的运营目标，也是网站运营的核心目标。围绕盈利这个目标对网站的运营进行市场化的调整，需要针对渠道、成本和收益 3 个方面进行分析。渠道分析主要是指根据渠道的引流数、发布内容的推广数等渠道数据，分析渠道所能带来的运营效果；成本分析则根据活动的预估成本、实际成本等数据评估运营的成本；收益分析则用参与人数、转化率、评分等数据，从用户、营收或者企业口碑等多种角度评估运营的效果。

6．欺诈行为检测

身份信息泄露导致身份被盗用的事件发生率逐年增长，随之而来的是欺诈等违法行为的增多。公安机关、各大金融机构、电信部门可利用用户基本信息、用户交易信息、用户通话信息和短信信息等数据，识别可能发生的潜在欺诈交易，做到提前预防。以大型金融机构为例，通过分类预测对欺诈行为的逻辑路径进行分析，找到其行为特征。聚类分析方法可以分析相似价格的运动模式，例如，对股票进行聚类分析，可能发现关联交易及内幕交易的可疑信息；监控多个用户的关联交易行为，可以为检查跨账号协同的金融诈骗行为提供依据。

1.4 数据分析工具

数据分析可选用的工具非常多，只有将数据分析工具提供的技术和实施经验与企业的业务逻辑和需求紧密结合，并在实施过程中不断地磨合，才能取得好的效果。

1.4.1 常用的数据分析工具

目前常用的数据分析工具有 Python、R、MATLAB 这 3 种。其中 Python 具有丰富且强大的库，它常被称为胶水语言，能够把使用其他语言制作的各种模块（尤其是 C/C++）很轻松地连接在一起，是一门易学、严谨的程序设计语言；R 语言是用于统计分析、绘图的语言和操作环境，R 软件是属于 GNU 计划的一个自由、免费、源代码开放的软件；MATLAB 的功能包括矩阵运算、绘制函数与数据、实现算法、创建用户界面、连接其他编程语言的程序等，主要应用于工程计算、控制设计、信号处理与通信、图像处理、信号检测、金融建模设计与分析等领域。

这 3 种工具均可以用于数据分析，表 1-1 从语言学习难易程度、使用场景、第三方支持、流行领域和软件成本 5 个方面比较 Python、R、MATLAB。

表 1-1 比较 Python、R、MATLAB

工具	Python	R	MATLAB
语言学习难易程度	接口统一，学习曲线平缓	接口众多，学习曲线陡峭	自由度大，学习曲线较为平缓
使用场景	数据分析、机器学习、矩阵运算、科学数据可视化、数字图像处理、Web 应用、网络爬虫、系统运维等	统计分析、机器学习、科学数据可视化等	矩阵计算、数值分析、科学数据可视化、机器学习、符号计算、数字图像处理、数字信号处理、仿真模拟等
第三方支持	拥有大量的第三方库，能够简便地调用 C、C++、FORTRAN、Java 等其他语言的程序	拥有大量的包，能够调用 C、C++、FORTRAN、Java 等其他语言的程序	拥有大量专业的工具箱，在新版本中加入了对 C、C++、Java 的支持
流行领域	工业界	工业界与学术界	学术界
软件成本	开源、免费	开源、免费	商业、收费

目前还出现了许多基于 Python 进行二次开发的开源平台，如 TipDM 数据挖掘建模平台，它是基于 Python 引擎，用于数据分析的开源平台，采用浏览器/服务器（Browser/Server，B/S）结构，用户不需要下载客户端，可通过浏览器进行访问。平台支持数据分析所需的主要过程：探索性分析（相关性分析、主成分分析、周期性分析等）；数据预处理（特征构造、记录选择、缺失值处理等）；构建模型（聚类模型、分类模型、回归模型等）；模型评价（R-Squared、混淆矩阵、ROC 曲线等）。用户可在没有 Python 编程基础的情况下，通过图

形化页面，使用拖曳的方式进行操作，将数据输入/输出、数据预处理、挖掘建模、模型评价等环节通过流程化的方式进行连接，以达到构建数据分析全流程的目的。

1.4.2 Python 数据分析的优势

结合表 1-1 可以发现 Python 是一门应用十分广泛的计算机语言，在数据科学领域具有无可比拟的优势。Python 逐渐成为数据科学领域的主流语言之一。Python 数据分析主要包含以下 5 个方面的优势。

（1）语法简单精练。对于初学者来说，比起其他编程语言，Python 更容易上手。

（2）有很强大的库。结合 Python 在编程方面的强大实力，可以只使用 Python 这一种语言去构建以数据为中心的应用程序。

（3）功能强大。从特性来看，Python 是一个混合体。丰富的模块使它基本实现了大部分的常见的功能，如从简单的数据处理到复杂的 3D 图形绘制。除了 Python 官方提供的核心模块，依托发展良好的社区，很多第三方机构也会参与开发模块。即便是一些相对小众的功能，Python 也会提供相应的开源模块予以实现。

（4）适用性强。Python 不仅适用于研究和原型构建，也适用于构建生产系统。研究人员和工程技术人员使用同一种编程工具将会给企业带来非常显著的组织效益，并降低企业的运营成本。

（5）Python 被称为胶水语言。Python 程序能够以多种方式轻易地与其他语言的组件“粘贴”在一起。例如，Python 的 C 语言 API（Application Programming Interface，应用程序接口）可以帮助 Python 程序灵活地调用 C 程序，这意味着用户可以根据需要给 Python 程序添加功能，或者在其他环境系统中使用 Python。

1.4.3 Python 数据分析常用库

Python 提供了许多提供便利功能的第三方库，其中常用的与数据分析相关的第三方库如下。

1. NumPy

NumPy 是 Numerical Python 的简称，是一个 Python 科学计算的基础库。NumPy 主要提供了以下功能。

（1）快速、高效的多维数组对象 ndarray。

（2）通过函数对数组执行元素级的计算，以及直接对数组执行数学运算。

（3）读/写硬盘上基于数组的数据集。

（4）线性代数运算、傅里叶变换和随机数生成。

（5）将 C、C++、FORTRAN 代码集成到 Python。

除了为 Python 提供快速的数组处理能力，NumPy 在数据分析方面还有另外一个主要作用，即作为在算法中传递数据的容器。对于数值型数据，NumPy 数组在存储和处理数据时要比内置的 Python 数据结构高效得多。此外，由 C 和 FORTRAN 等编写的库可以直接操作

NumPy 数组中的数据，使用者无须进行任何数据复制工作。

2．SciPy

SciPy 是一个基于 Python 的开源库，也是一组专门解决科学计算中各种标准问题的模块的集合，可与 NumPy、Matplotlib、IPython、pandas 这些核心库一起使用。对于 SciPy 中不同的子模块有不同的功能，如插值、积分、优化、图像处理和特殊函数等。SciPy 主要包含 8 个模块，如表 1-2 所示。

表 1-2　SciPy 的模块及其简介

模块名称	简介
scipy.integrate	数值积分例程和微分方程求解器
scipy.linalg	扩展了由 numpy.linalg 提供的线性代数例程和矩阵分解功能
scipy.optimize	函数优化器（最小化器）以及根查找算法
scipy.signal	信号处理工具
scipy.sparse	稀疏矩阵和稀疏线性系统求解器
scipy.special	SPECFUN（这是一个实现了许多常用数学函数——如伽马函数——的 FORTRAN 库）的包装器
scipy.stats	可检验连续和离散概率分布（如密度函数、采样器、连续分布函数等），包含各种统计检验方法，以及更好的描述统计法
scipy.weave	利用内联 C++代码加速数组计算的工具

3．pandas

pandas 是 Python 的数据分析核心库，最初被作为金融数据分析工具而开发，因此 pandas 为时间序列分析提供了很好的支持，它提供了一系列能够快速、便捷地处理结构化数据的数据结构和函数。Python 成为强大而高效的数据分析环境与它息息相关。

pandas 兼具 NumPy 的高性能的数组计算功能，以及电子表格和关系数据库（如 MySQL）的灵活的数据处理功能。它提供了复杂且精细的索引功能，以便快捷地完成重塑、切片、切块、聚合和选取数据子集等操作。pandas 是本书主要使用的工具。

4．Matplotlib

Matplotlib 是最流行的用于绘制数据图表的 Python 库之一，是 Python 的 2D 绘图库。它最初由约翰・亨特（John Hunter）创建，目前由一个庞大的开发团队维护，它非常适合用于创建各种图表。Matplotlib 操作比较容易，用户只需使用几行代码即可生成直方图、功率谱图、条形图和散点图等图形。Matplotlib 提供了 pylab 模块，该模块包含许多 NumPy 和 pyplot 中常用的函数，方便用户快速进行计算和绘图。Matplotlib 与 IPython 结合得很好，提供了一种非常好用的交互式数据绘图环境。使用 Matplotlib 绘制的图表也是交互式的，可以利用绘图窗口中的工具栏放大图表中的某个区域，也可以对整个图表进行平移浏览。

5. scikit-learn

scikit-learn 是一个简单且有效的数据挖掘和数据分析工具，可以供用户在各种环境下重复使用，而且 scikit-learn 建立在 NumPy、SciPy 和 Matplotlib 基础之上，它对一些常用的算法方法进行了封装。目前 scikit-learn 的基本模块主要分为数据预处理、模型选择、分类、聚类、数据降维和回归等。在数据量不大的情况下，它可以解决大部分问题。对算法不精通的用户在进行建模任务时，并不需要像数据分析师一样实现所有的算法，只需要简单调用 scikit-learn 库里的模块，就可以实现大多数算法任务。

小结

本章首先对数据分析的概念进行了简要介绍，包括广义数据分析中的狭义数据分析和数据挖掘，并对数据分析流程中的 7 个步骤进行了说明，包括需求分析、数据获取、探索性分析、数据预处理、构建模型、模型评价和应用；然后对数据分析的 6 个常见应用场景进行了说明；最后分析了常用数据分析工具之间的差异，介绍了 Python 在数据分析上的优势，并介绍了一部分 Python 中常用于数据分析的库。

课后习题

选择题

（1）下面关于数据来源的说法错误的是（　　）。

A. 网络数据是存储在互联网中的各类载体内的数据

B. 本地数据通常存储在业务系统内

C. 历史数据会随着时间的增长而增加

D. 实时数据仅包含最近一天内的数据

（2）下面不属于数据预处理的是（　　）。

A. 数据抽取　　B. 数据标准化　　C. 数据清洗　　D. 数据变换

（3）下面关于模型的说法错误的是（　　）。

A. 预测可分为回归与分类

B. 分类模型的目标属性通常都是二元数据

C. 回归模型的目标属性通常是连续型数据

D. 预测模型能用于描述用户行为

（4）下面不属于分类模型评价指标的是（　　）。

A. 准确率　　B. 召回率　　C. 精确率　　D. 轮廓系数

（5）下面不属于聚类模型评价指标的是（　　）。

A. ARI 评价法　　B. AMI 评价法　　C. AUC　　D. V-Measure 评分

第 2 章 Python 数据分析简介

Python 优雅的语法和动态类型，以及它的解释性，使其在大多数平台的许多领域成为编写脚本或开发应用程序的理想语言之一。Python 具有丰富和强大的库，因此可以完成开发、数据分析、数据挖掘、机器学习、抓取数据等工作，加上近些年来数据分析行业的快速发展，使得 Python 成为数据分析的重要工具。本章主要介绍 Python 的安装和使用入门，让读者对 Python 有一定的了解。

学习目标

（1）了解 Python 的 Anaconda 发行版。

（2）掌握 Anaconda 的安装。

（3）掌握 Python 的运行方式。

（4）掌握 Python 的基本运算、判断与循环、函数等基本命令。

（5）掌握 Python 库的导入与添加第三方库的方法。

2.1 Python 数据分析环境

Python 拥有 NumPy、SciPy、pandas、Matplotlib 和 scikit-learn 等功能齐全、接口统一的库，它能为数据分析工作提供极大的便利。但是库的管理以及版本问题，使得数据分析人员并不能够专注于数据分析，而是将大量的时间花费在与环境配置相关的问题上。基于上述原因，Anaconda 发行版应运而生。

下面主要介绍 Python 的 Anaconda 发行版及在 Windows 和 Linux 操作系统中安装 Anaconda。

2.1.1 Python 的 Anaconda 发行版

Anaconda 发行版预装了 150 多个常用库，囊括了数据分析常用的 NumPy、SciPy、Matplotlib、pandas、scikit-learn 和 IPython 等库，使得数据分析人员能够更加顺畅、专注地使用 Python 解决数据分析相关问题。

Python 的 Anaconda 发行版主要有以下几个特点。

（1）包含众多流行的科学、数学、工程和数据分析的 Python 库。

（2）完全开源和免费。额外的加速和优化是收费的，但对于学术用途，可以申请免费的许可（License）。

（3）支持 Linux、Windows、macOS 等操作系统；支持 Python 2.6、2.7、3.4、3.5、3.6 和 3.7 等版本，可自由切换。

因此，推荐数据分析初学者（尤其是 Windows 操作系统的用户）安装此发行版。读者只需要到 Anaconda 官方网站下载适合自身的安装包即可。

2.1.2　Anaconda 安装

Anaconda 是 Python 科学计算的集成。在 Windows 和 Linux 上安装 Anaconda 时，可进入 Anaconda 官方网站，下载适合自身计算机系统的 Anaconda 安装包，进行安装。

1. 在 Windows 操作系统中安装 Anaconda

进入 Anaconda 官方网站，下载 Windows 操作系统对应的 Anaconda 安装包，选择 Python 3.0 以上版本。安装 Anaconda 的具体步骤如下。

（1）双击下载的安装包，打开安装程序后，单击图 2-1 所示的【Next】按钮。

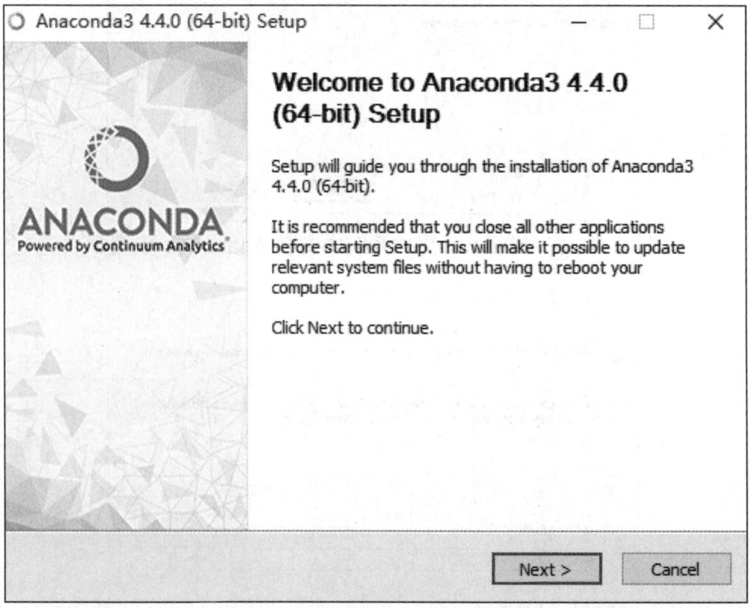

图 2-1　在 Windows 操作系统中安装 Anaconda 步骤 1

（2）单击图 2-2 所示的【I Agree】按钮，同意协议。

（3）选择图 2-3 所示的【All Users (requires admin privileges)】单选按钮，然后单击【Next】按钮。

（4）单击【Browse】按钮，选择指定的路径来安装 Anaconda，如图 2-4 所示，然后单击【Next】按钮。

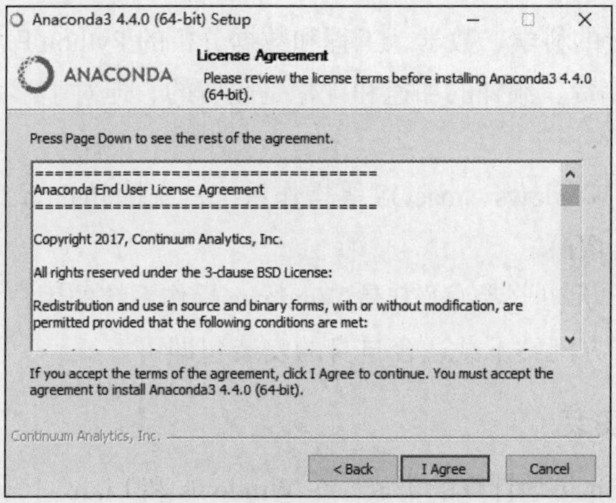

图 2-2　在 Windows 操作系统中安装 Anaconda 步骤 2

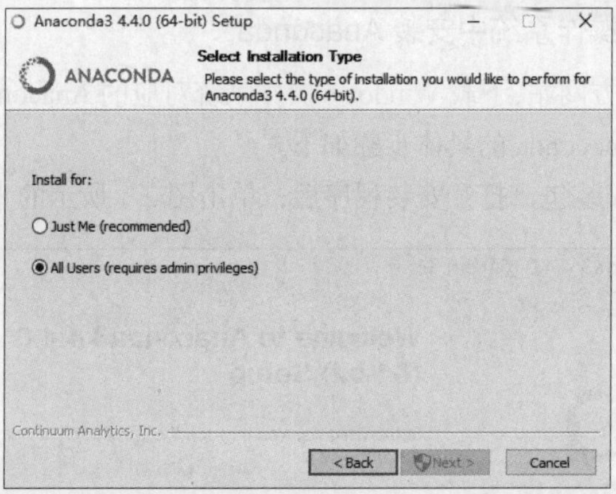

图 2-3　在 Windows 操作系统中安装 Anaconda 步骤 3

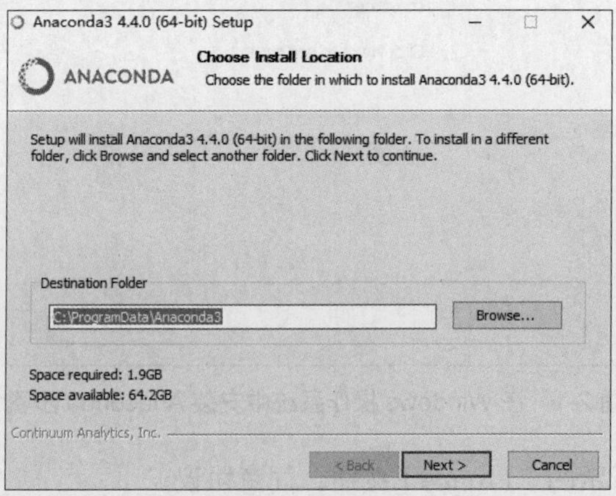

图 2-4　在 Windows 操作系统中安装 Anaconda 步骤 4

（5）图 2-5 中的两个复选框分别表示允许将 Anaconda 添加到系统路径环境变量中、允许其他程序自动将 Anaconda 使用的 Python 3.6 检测为系统上的主要 Python。勾选两个复选框后，单击【Install】按钮，开始安装。

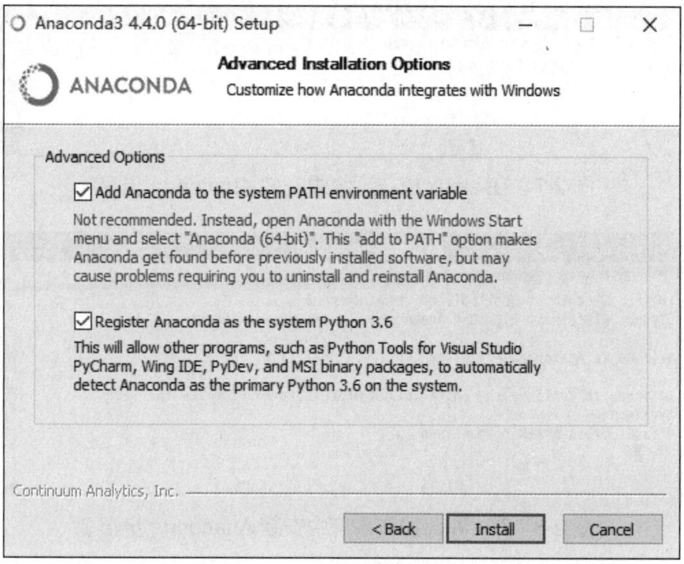

图 2-5　在 Windows 操作系统中安装 Anaconda 步骤 5

（6）安装结束后，单击图 2-6 所示的【Finish】按钮，完成 Anaconda 的安装。

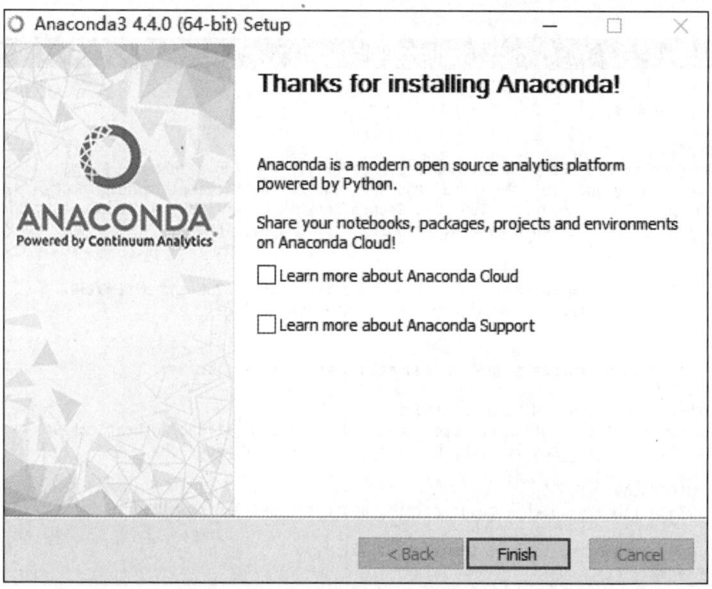

图 2-6　在 Windows 操作系统中安装 Anaconda 步骤 6

2. 在 Linux 操作系统中安装 Anaconda

从 Anaconda 官方网站下载 Linux 操作系统对应的 Anaconda 安装包，选择 Python 3.0 以上版本。在 Linux 操作系统中安装 Anaconda 的具体步骤如下。

（1）打开一个用户终端，使用 cd 命令将当前路径切换至系统下 Anaconda 安装包所在的文件路径，如图 2-7 所示。

（2）输入代码“bash Anaconda3-4.4.0-Linux-x86_64.sh”进行安装，如图 2-8 所示。

图 2-7　在 Linux 操作系统中安装 Anaconda 步骤 1

图 2-8　在 Linux 操作系统中安装 Anaconda 步骤 2

（3）按【Enter】键后，出现软件协议相关内容，在阅读时连续按【Enter】键，从而读取全文，在协议末尾会让操作者确认是否同意以上协议，输入“yes”并按【Enter】键表示同意，如图 2-9 所示。

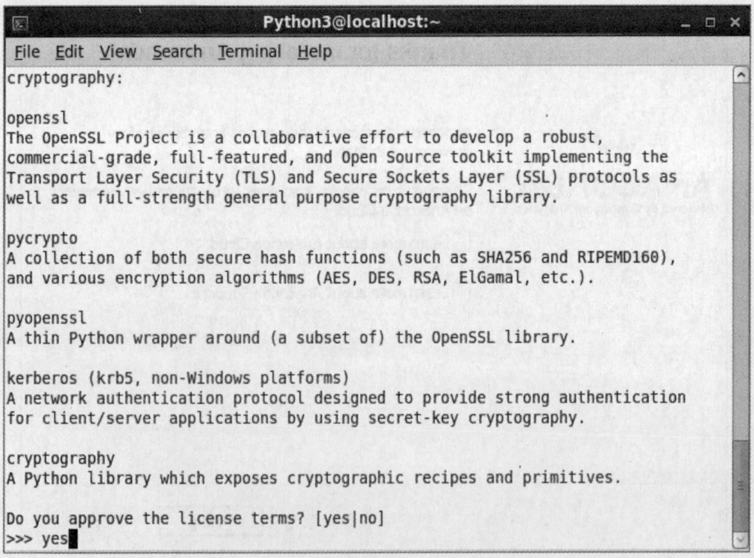

图 2-9　在 Linux 操作系统中安装 Anaconda 步骤 3

（4）同意协议后，开始安装软件。在安装快结束时，将提示操作者是否将 Anaconda 的安装路径加入系统当前用户的环境变量中，输入“yes”并按【Enter】键表示同意，如图 2-10 所示。

（5）安装完成后使用 Linux 操作系统的文本编辑器 Vim 或者 gedit 命令查看当前用户的环境变量。输入命令“vi /home/Python3/.bashrc”，出现图 2-11 所示的界面，表示环境变量配置完成，说明 Anaconda 已经完成安装。

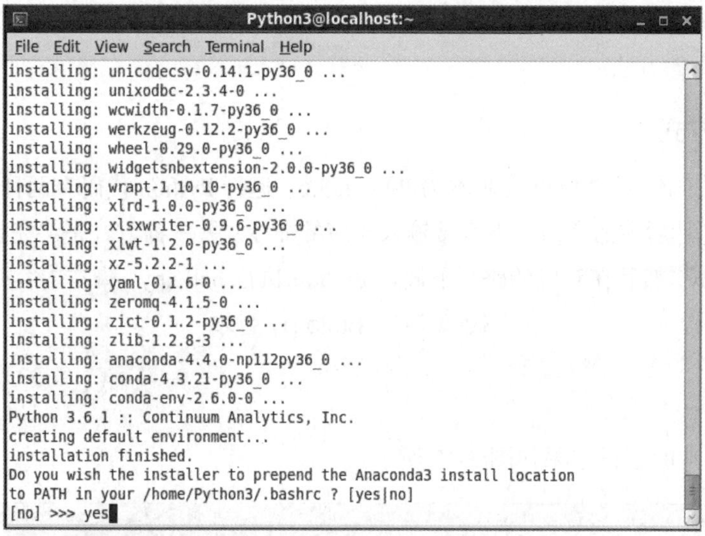

图 2-10　在 Linux 操作系统中安装 Anaconda 步骤 4

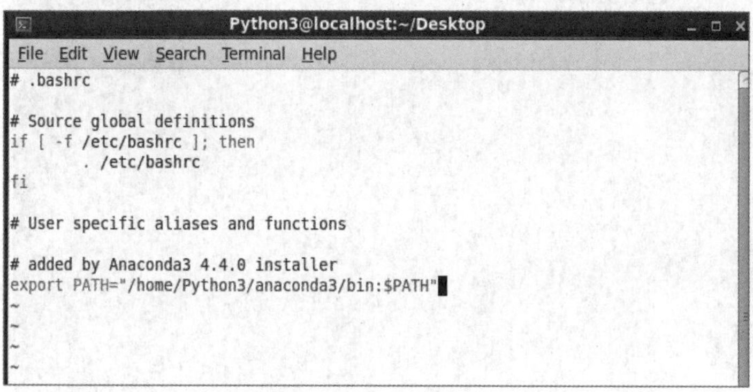

图 2-11　在 Linux 操作系统中安装 Anaconda 步骤 5

（6）如果未配置完成，在图 2-12 所示的界面末尾添加 Anaconda 安装目录的环境变量“export PATH= " /home/Python3/anaconda3/bin:$PATH " ”即可。

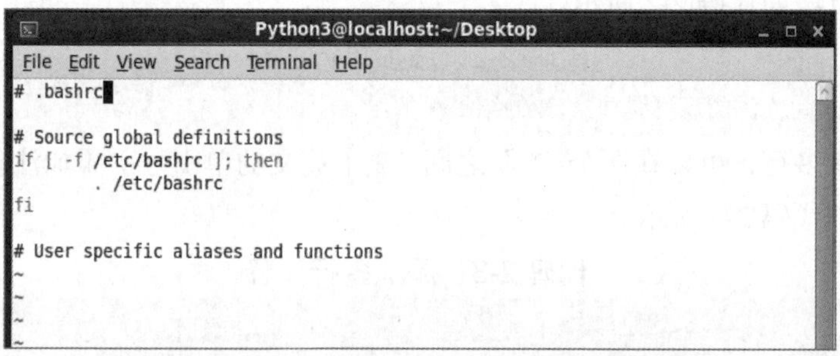

图 2-12　在 Linux 操作系统中安装 Anaconda 步骤 6

2.2 Python 使用入门

对于 Python 的基本使用，本节对本书涉及的数据分析案例所用到的代码进行基本讲解。

主要涉及 Python 的运行方式，基本运算、判断与循环、函数等的基本命令，以及库的导入与添加第三方库的方法。

2.2.1 运行方式

本节示例代码使用的 Python 版本为 Python 3.6。运行 Python 代码有两种方式，一种方式是启动 Python，然后在命令窗口下直接输入相应的命令；另一种方式是将完整的代码写成.py 脚本，如 hello.py，然后在对应的路径下通过 Python 执行 hello.py，脚本内容如代码 2-1 所示。

代码 2-1 hello.py 脚本

```
# hello.py
print('Hello World!')
```

hello.py 脚本的运行结果如图 2-13 所示。

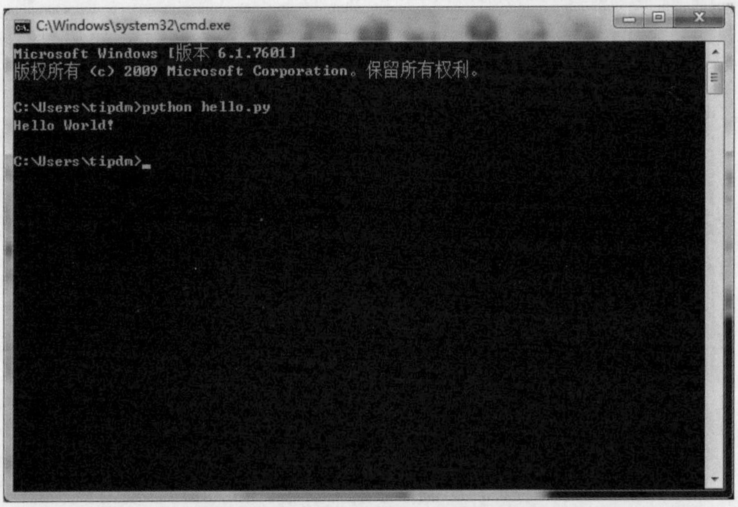

图 2-13 hello.py 脚本的运行结果

在编写脚本的时候，可以添加适当的注释。在每一行中，可以用“#”来添加注释，添加单行注释的方法如代码 2-2 所示。

代码 2-2 添加单行注释

```
a = 2 + 3  # 这句代码的意思是将 2+3 的结果赋值给 a
```

如果注释有多行，可以在两个“'''”之间（3 个英文的单引号）添加注释内容，添加多行注释的方法如代码 2-3 所示。

代码 2-3 添加多行注释

```
a = 2 + 3
'''
这里是 Python 的多行注释。
这里是 Python 的多行注释。
'''
```

如果脚本中带有中文（中文注释或者中文字符串），那么需要在文件头注明编码，并且还要将脚本保存为 UTF-8 编码格式，注明编码的方法如代码 2-4 所示。

代码 2-4　注明编码

```
# -*- coding: utf-8 -*
print('世界，你好！')
```

2.2.2　基本命令

Python 中的基本命令包括基本运算、判断与循环、函数等，具体内容如下。

1. 基本运算

认识 Python 的第一步：可以把 Python 当作一个方便的计算器来看待。在 Python 中进行基本运算，如代码 2-5 所示。

代码 2-5　基本运算

```
a = 2
a * 2
a ** 2
```

在代码 2-5 中，第一行是赋值运算，第二行是乘法运算，最后是一行是幂（a^2）运算，这些基本上是所有编程语言通用的。Python 还支持多重赋值，如代码 2-6 所示。

代码 2-6　多重赋值

```
a, b, c = 2, 3, 4
```

代码 2-6 中的多重赋值命令等价于代码 2-7 所示的命令。

代码 2-7　多重赋值示例的等价命令

```
a = 2
b = 3
c = 4
```

此外，Python 支持对字符串的灵活操作，如代码 2-8 所示。

代码 2-8　对字符串的灵活操作

```
s = 'I like Python'
s + ' very much'  # 将 s 与' very much'拼接，得到'I like Python very much'
s.split(' ')  # 将 s 以空格分割，得到列表['I', 'like', 'Python']
```

2. 判断与循环

判断和循环是所有编程语言的基本命令，Python 的判断语句格式如代码 2-9 所示。

代码 2-9　判断语句格式

```
if 条件 1:
    语句 2
elif 条件 3:
```

```
    语句 4
else:
    语句 5
```

需要特别指出的是，Python 一般不用“{}”，也没有 end 语句，它用缩进对齐作为语句的层次标记。同一层次的缩进量要一一对应，否则会报错。一个错误的缩进示例如代码 2-10 所示。

代码 2-10　错误的缩进示例

```
if a==1:
  print(a)  # 缩进 2 个空格
else:
   print('a 不等于 1')  # 缩进 3 个空格
```

不管是哪种语言，正确的缩进都是良好的编程习惯。

此外，Python 的循环分为 for 循环和 while 循环，如代码 2-11 所示。

代码 2-11　for 循环和 while 循环

```
#for 循环
s = 0
for k in range(101):  # 该循环过程用来求 1+2+3+…+100
      s = s + k
print(s)

#while 循环
s,k = 0,0
while k < 101:#该循环过程用来求 1+2+3+…+100
    k = k + 1
    s = s + k
print(s)
```

代码 2-11 用到了 in 和 range 关键字。in 是一个非常方便、直观的关键字，用于判断一个元素是否在列表/元组中。range 用于生成连续的序列，一般语法为 range(a, b, c)，表示以 a 为首项、c 为公差，且不超过 b−1 的等差数列，如代码 2-12 所示。

代码 2-12　使用 range 生成等差数列

```
s = 0
if s in range(4):
      print('s 在 0, 1, 2, 3 中')
if s not in range(1, 4, 1):
      print('s 不在 1, 2, 3 中')
```

3. 函数

Python 用 def 来自定义函数，如代码 2-13 所示。

代码 2-13 自定义函数

```
def add2(x):
    return x+2
print(add2(1))  # 输出结果为 3
```

这很普通，没什么特别的。但是与一般编程语言不同的是，Python 的函数返回值可以是各种形式。Python 可以定义返回列表和返回多个值的自定义函数，如代码 2-14 所示。

代码 2-14 返回列表和返回多个值的自定义函数

```
def add2(x = 0, y = 0):  # 定义函数，同时定义参数的默认值
    return [x+2, y+2]  # 返回值是一个列表
def add3(x, y):
    return x+3, y+3  # 双重返回
a, b = add3(1,2)  # 此时 a=4、b=5
```

定义 add2 这类简单的函数时，用 def 来正式地命名、计算和返回，显得稍微有点麻烦。而 Python 支持用 lambda 对简单的功能定义“行内函数”，这有点像 MATLAB 中的“匿名函数”，如代码 2-15 所示。

代码 2-15 使用 lambda 定义函数

```
f = lambda x : x + 2  # 定义函数 f(x)=x+2
g = lambda x, y: x + y  # 定义函数 g(x,y)=x+y
```

2.2.3 库的导入与添加

前文讲述了 Python 的运行方式和基本命令，然而仅在默认情况下，它并不会将所有的功能加载进来。在使用 Python 时，往往需要把更多的库（也称模块、包等）加载进来，甚至需要额外安装第三方库，以丰富 Python 的功能，实现数据分析。

1. 库的导入

Python 本身内置了很多强大的库，如与数学相关的 math 库，可进行更加丰富、复杂的数学运算，如代码 2-16 所示。

代码 2-16 使用 math 库进行数学运算

```
import math
math.sin(1)  # 计算正弦
math.exp(1)  # 计算指数
math.pi  # 内置的圆周率常数
```

导入库的方法，除了使用“import 库名”命令之外，还可为库起一个别名，如代码 2-17 所示。

代码 2-17　使用别名导入库

```
import math as m
m.sin(1)  # 计算正弦
```

此外，如果不需要导入库中的所有函数，那么可以指定导入函数的名字，如代码 2-18 所示。

代码 2-18　通过名字导入指定函数

```
from math import exp as e  # 只导入 math 库中的 exp 函数，并起别名 e
e(1)  # 计算指数
sin(1)  # 此时运行 sin(1)和 math.sin(1)都会出错，因为 sin()函数没被导入
```

直接导入库中的所有函数，如代码 2-19 所示。

代码 2-19　导入库中所有函数

```
# 直接导入 math 库，也就是去掉 math.，但如果这样大量地引入第三方库，容易引起命名冲突
from math import *
exp(1)
sin(1)
```

可以通过 help('modules')命令来获得已经安装的所有库名。

2. 添加第三方库

Python 虽然自带了很多库，但是不一定可以满足所有需求。就数据分析而言，还需要添加一些第三方库来拓展它的功能。这里介绍常见的第三方库的安装方法，如表 2-1 所示。

表 2-1　常见的第三方库的安装方法

安装方法	特点
下载源代码自行安装	安装灵活，但需要自行解决上级依赖问题
用 pip 命令安装	比较方便，自动解决上级依赖问题
用 easy_install 命令安装	比较方便，自动解决上级依赖问题，比 pip 命令功能稍弱
下载编译好的文件包	一般 Windows 操作系统才提供现成的可执行文件包
系统自带的安装方式	Linux 或 mac OS 系统的软件管理器自带了某些库的安装方式

小结

本章主要对 Python 进行了简单介绍，包括 Python 数据分析环境和 Python 使用入门。Python 数据分析环境阐述了 Anaconda 的特点，实现了在 Windows 和 Linux 操作系统中安装 Anaconda。Python 使用入门主要介绍了 Python 的运行方式、基本命令、库的导入与添加。

课后习题

1. 选择题

（1）以下关于 Python 的描述错误的是（ ）。

A. Python 的语法类似 PHP　　B. Python 需要收费

C. Python 可跨平台　　D. Python 可用于数据抓取（爬虫）

（2）以下关于 Python 的运行方式的描述错误的是（ ）。

A. Python 可以在命令窗口下直接输入命令后运行代码

B. Python 可以将代码编写成.py 脚本后执行脚本

C. 使用“'''”可以在 Python 中添加多行注释

D. 带有中文的 Python 脚本不需要设置编码

（3）在 Python 中计算 x 的 y 次方，以下表达正确的是（ ）。

A. x^y　　B. x**y　　C. x^^y　　D. 以上都不正确

（4）下列语句在 Python 中非法的是（ ）。

A. x = y = z = 1　　B. x = (y = z +1)　　C. x, y = y, x　　D. x += y

（5）Python 中，关于 for 和 while 循环描述正确的是（ ）。

A. 只有 for 循环才有 else 语句

B. 只有 while 循环才有 else 语句

C. for 循环和 while 循环都可以有 else 语句

D. for 循环和 while 循环都没有 else 语句

2. 操作题

（1）使用 int 函数分别对 5.20、−5.20、5.60、−5.60 进行四舍五入取整。

（2）当 Bet 变量等于 6 时，利用 Python 表达式判断 Bet 变量是否落入区间(1，20)内。如果是(−∞，10)和(20，∞)区间呢？

第 3 章 数据获取

数据是进行数据分析的基础，如果没有数据那么数据分析也无从谈起。数据拥有不同的来源以及不同的类型，这些条件的不同会对后续的分析步骤造成影响。本章主要介绍常见的数据来源和读取数据的两种常见方式：数据库连接和文件读取。

学习目标

（1）了解常见的数据来源。
（2）了解不同的数据类型。
（3）掌握常见的数据读取方式。
（4）掌握常用 Python 数据格式转换函数。
（5）掌握常用 Python 数据读/写函数。

3.1 常见的数据来源

数据可以从业务系统、公共数据集等多种数据来源中获取。从数据的获取方式上，可将数据来源大致分为直接来源和间接来源两种。

1. 直接来源

直接来源是本人或本公司的直接记录、调查或实验，直接来源数据又称为第一手数据。最为常见的直接来源数据为存储在公司业务系统数据库中的数据，这些数据由公司的日常运营生产活动产生，是最直接也是最容易获取的数据。另一种常见的直接来源为问卷调查，其主要采用将结构式的调查问卷与抽查法相结合的形式。目前问卷调查正在越来越多地被用于定量研究，并成为社会科学研究的主要方式之一。

2. 间接来源

间接来源是别人的调查或实验，间接来源数据又称为第二手数据。由于个人和商业公司的力量有限，一些宏观数据需要由政府部门或专门的大型调查公司提供。这些数据的来源渠道也比较多，如报纸、书籍、统计年鉴和相关网站等。如果调查的领域专业性较强，那么通常需要查阅相关的专业性网站提供的数据，或使用搜索引擎的高级搜索功能获取数据。

3.2 数据类型

数据类型多种多样，按照数据的结构可将数据分为结构化数据、半结构化数据和非结构化数据等类型。

1. 结构化数据

结构化数据的表现形式为二维的列表结构，严格遵循数据格式与长度规范，主要通过关系数据库进行存储和管理。结构化数据由行和列构成，通常一行对应一条记录，一列对应一个属性，同一个表中的数据具有相同的属性集，即同一个表中所有记录的列的个数是一致的。结构化数据示例如表 3-1 所示。

表 3-1 结构化数据示例

id	sex	con_amount	con_time
4382	M	24.5	2020-1-15 15:30

表 3-1 中展示了一条结构化的客户消费记录，id 列表示该客户的 id 为 4382，通常为数值型或者字符型；sex 列表示该客户的性别为男性，通常为字符型；con_amount 列表示该客户的消费金额为 24.5（元），为数值型；con_time 列表示该客户的消费时间为 2020 年 1 月 15 日的 15:30，通常为字符型或者时间型。

结构化数据主要应用于各类业务系统的关系数据库中，其存储需求包括高速存储应用、数据备份、数据共享和数据容灾等。

2. 半结构化数据

半结构化数据是结构化数据的一种特殊形式，是以树或者图等数据结构存储的数据，其结构并不符合关系数据库或其他数据表的形式关联起来的数据模型结构。半结构化数据包含相关标记，用来分隔语义元素，对记录和字段进行分层，这种结构也被称为自描述的结构。

半结构化数据的数据库是节点的集合，每个节点都是一个叶子节点或者一个内部节点。叶子节点与数据相关，数据的类型可以是任意原子类型，如数值型和字符型。每个内部节点至少有一条外向的弧，每条弧都有一个标签，该标签指明弧开始处的节点与弧末端的节点之间的关系。一个名为“根”的内部节点只有外向的弧，它代表整个数据库。每个节点都可从根到达，整个图的结构未必是一棵树。

常见的半结构化数据格式有 XML 和 JSON，半结构化数据示例如代码 3-1 所示。

代码 3-1 半结构化数据示例

```
<person>
    <name>Anna</name>
    <age>23</age>
    <gender>female</gender>
```

```
</person>
<person>
    <name>Tom</name>
    <gender>male</gender>
</person>
```

代码 3-1 所示为一个 XML 文件中的记录，可以看到两条记录的属性个数是不一样的，第一条记录有 name、age 和 gender 三个属性，而第二条记录只有 name 和 gender 两个属性。与结构化数据要求数据必须具有相同的属性集不同，半结构化文件记录的属性个数是可以变动的，这使得半结构化数据具有更好的灵活性。

半结构化数据包括邮件、HTML 文件、报表、资源库等，常见的应用场景有邮件系统、Web 集群、教学资源库和档案系统等。这些应用的存储需求主要有数据存储、数据备份、数据共享和数据归档等。

3. 非结构化数据

非结构化数据是数据结构不规则或不完整，没有预定义的数据模型，不方便用数据库二维逻辑表来表现的数据。常见的非结构化数据包括办公文档、文本、图像、音频、视频等。

非结构化数据的格式非常多样，标准也具有多样性。在技术上，非结构化数据比结构化数据更难标准化和理解。其存储、检索、发布和利用需要更加智能化的信息技术，常见的应用有医疗影像系统、教育视频点播、视频监控、地理信息系统、设计院、文件服务器、媒体资源管理等。

3.3 数据读取方式

数据读取是进行探索性分析、数据预处理和构建模型的前提。进行分析前，需要将数据从载体中读取到分析工具中，不同载体中的数据需要使用适当的方法进行读取。数据读取的方式可以分为数据库连接和文件读取两种。

3.3.1 数据库连接

在生产环境中，绝大多数的数据都存储在数据库中。想要读取数据库中的数据需要先与数据库建立连接。数据库连接是分析工具与数据库之间的通道，只有建立数据库连接后，用户才能对数据库中的数据进行操作。

Python 也需要与数据库建立连接后才能读取数据库中的数据，一个常用的建立连接的方法为通过 SQLAlchemy 库并配合相应数据库的 Python 连接工具。不同的数据库需要选择不同的连接工具，如连接 MySQL 数据库需要安装 mysqlclient 或者 pymysql 库，连接 Oracle 数据库需要安装 cx_oracle 库。

SQLAlchemy 库支持与 MySQL、PostgreSQL、Oracle、SQL Server 和 SQLite 等主流数

据库建立连接，建立连接时需要提供数据库产品名、连接工具名、用户名、密码、数据库IP地址、数据库端口号、数据库名称，同时还需要注意数据库中使用的数据编码，使用错误的编码会导致乱码。使用SQLAlchemy连接MySQL数据库，如代码3-2所示。

代码3-2 使用SQLAlchemy连接MySQL数据库

```
from sqlalchemy import create_engine
engine = create_engine('mysql+pymysql://root:1234@127.0.0.1:3306/testdb?charset=
utf8')
# 创建一个mysql连接器，用户名为root，密码为1234，端口为3306
# IP地址为127.0.0.1，需要连接的数据库名称为testdb，编码为UTF-8

print(conn)
```

成功连接后，可以与数据库进行交互，对数据库中的数据进行操作。常见的操作包括读取、存储，以及增、删、改、查等。通过pandas库对数据库进行读取和存储操作，如代码3-3所示。

代码3-3 通过pandas库对数据库进行读取和存储操作

```
import pandas as pd

# 查看testdb中的数据表数目
formlist = pd.read_sql_query('show tables', con=engine)
print('testdb数据库数据表清单为', '\n',formlist)

# 读取订单详情表
detail1 = pd.read_sql_table('meal_order_detail1', con=engine)
print('读取的订单详情表的长度为',len(detail1))

# 在数据库中新建表test1存储数据
detail1.to_sql('test1', con=engine, index=False,if_exists='replace')

# 查看存储结果
formlist1 = pd.read_sql_query('show tables', con=engine)
print('新增一个表格后testdb数据库数据表清单为','\n',formlist1)
```

3.3.2 文件读取

另一种常见的数据载体是文本文件。文本文件是一种由若干字符构成的计算机文件，它是一种典型的顺序文件，常见的有TXT文件和CSV文件。这两种文件的主要区别是，TXT文件使用空格分隔，而CSV文件则使用逗号等符号分隔。因为CSV文件的分隔符不一定是逗号，所以它又被称为字符分隔文件，CSV 文件以纯文本形式存储表格数据（数字和文本）。CSV文件是一种通用、相对简单的文件格式，最广泛的应用是在程序之间转移表格数据，这些程序本身通常是在不兼容的格式上进行操作的（往往是私有的或无规范的格式）。因为大量程序都支持 CSV 或者其变体，所以其可以作为大多数程序的输入和输出格式。

CSV 文件也是一种文本文件，在数据读取过程中可以使用文本文件的读取函数对 CSV 文件进行读取。使用 read_table 和 read_csv 函数读取 CSV 文件，如代码 3-4 所示。

代码 3-4　使用 read_table 和 read_csv 函数读取 CSV 文件

```
# 使用 read_table 读取 CSV 文件
meal_order_info = '../data/meal_order_info.csv'
order = pd.read_table(meal_order_info,sep=',', encoding='gbk')
print('使用 read_table 读取的订单信息表的长度为',len(order))

# 使用 read_csv 读取 CSV 文件
order1 = pd.read_csv(meal_order_info, encoding='gbk')
print('使用 read_csv 读取的订单信息表的长度为',len(order1))
```

读取文件时需要注意编码问题，常用的编码有 UTF-8、UTF-16、GBK、GB 2312、GB 18030 等。如果编码指定错误，数据将无法读取，IPython 解释器会报解析错误。使用不同的参数读取菜品订单信息表，如代码 3-5 所示。

代码 3-5　使用不同的参数读取菜品订单信息表

```
# 使用 read_table 读取菜品订单信息表,sep = ';'
order2 = pd.read_table(meal_order_info,sep = ';', encoding='gbk')
print('分隔符为;时订单信息表为\n', order2)

# 使用 read_csv 读取菜品订单信息表,header=None
order3 = pd.read_csv(meal_order_info,sep=',', header=None, encoding='gbk')
print('订单信息表前 5 行 5 列为', '\n', order3)

# 使用 UTF-8 编码解析菜品订单信息表
order4 = pd.read_csv(meal_order_info,sep=',', encoding='utf-8')
```

除了 TXT 文件和 CSV 文件，Excel 文件也是常见的需要读取的数据文件种类。Excel 可以进行各种数据的处理、统计分析和辅助决策操作，被广泛地应用于管理、统计财经和金融等众多领域。Excel 文件扩展名依照程序版本的不同分为以下两种。

（1）Microsoft Office Excel 2007 之前的版本（不包括 2007）默认保存的文件扩展名为.xls。

（2）Microsoft Office Excel 2007 之后的版本默认保存的文件扩展名为.xlsx。

通过 pandas 库读取.xlsx 格式的菜品订单信息表，如代码 3-6 所示。

代码 3-6 读取.xlsx 格式的菜品订单信息表

```
# 读取.xlsx 格式的菜品订单信息表
users = '../data/users.xlsx'
user = pd.read_excel(users)  # 读取 user.xlsx 文件
print('客户信息表长度为',len(user))
```

3.4 常用的 Python 数据格式转换与读/写函数

Python 中提供了许多函数，用于数据格式的识别和数据的读/写，常用的数据格式转换函数和数据读/写函数如下。

3.4.1 常用的 Python 数据格式转换函数

Python 读取的数据主要为格式化的数据，Python、pandas 和 NumPy 中常见的数据类型如表 3-2 所示。

表 3-2 常见的数据类型

Python 类型	pandas 类型	NumPy 类型	数据类型
int	int64	int_、int8、int16、int32、int64、uint8、uint16、uint32、uint64	整数
string	object	string_、unicode_	字符串
float	float64	float_、float16、float32、float64	浮点数
bool	bool	bool_	布尔值
—	datetime64	—	日期时间
—	timedelta[ns]	—	时间差值
—	category	—	有限长度的文本列表

虽然 Python 会对读取的数据进行软转换，即自动判定读入的数据类型，但有时其读取的数据类型并不与预期相符，这时需要对数据类型进行检测和转换。Python 中常见的数据类型检测和转换函数如表 3-3 所示。

表 3-3 常见的数据类型检测和转换函数

函数名	格式	作用
dtypes	DataFrame.dtypes	查看 DataFrame 中各列的数据类型
dtype	series.dtype	查看 series 数据类型
select_dtypes	DataFrame.select_dtypes(include=None, exclude=None)	通过输入的类型选取满足条件的列

续表

函数名	格式	作用
astype	Series.astype(dtype, copy=True, errors='raise', **kwargs) DataFrame.astype(dtype, copy=True, errors='raise', **kwargs)	将指定的列强制转换为指定的类型
to_numeric	to_numeric()	将指定对象转换为整型

常用的数据类型还包括时间类型，通过读取时间类型的数据能够获取到对应的年、月、日和星期等信息。但时间类型数据在读入 Python 后常常以字符串形式出现，无法方便地实现大部分与时间相关的分析。pandas 库中的 6 种与时间相关的类如表 3-4 所示。

表 3-4　pandas 库中的 6 种与时间相关的类

类名称	说明
Timestamp	最基础的时间类，表示某个时间点。绝大多数场景中的时间数据都是 Timestamp 形式的时间
Period	表示单个时间跨度，或者某个时间段，如某一天、某一小时等
Timedelta	表示不同单位的时间，如 1 天、1.5 小时、3 分钟、4 秒等，而非具体的某个时间段
DatetimeIndex	一组由 Timestamp 构成的 Index，可以作为 Series 或者 DataFrame 的索引
PeriodtimeIndex	一组由 Period 构成的 Index，可以作为 Series 或者 DataFrame 的索引
TimedeltaIndex	一组由 Timedelta 构成的 Index，可以作为 Series 或者 DataFrame 的索引

其中 Timestamp 是时间类中最基础的，也是最为常用的一种数据类型。在多数情况下，与时间相关的字符串都会转换成 Timestamp。Timestamp 类型的时间是有限制的，通常该时间会被限制在 1970 年至 2038 年之间。

3.4.2　常用的 Python 数据读/写函数

Python 主要通过 pandas 库实现对数据库和文件的读取，常用的数据库和文件读/写函数如下。

1. 数据库读/写函数

pandas 库中常用的对数据库进行读取操作的函数为 read_sql、read_sql_table 和 read_sql_query，使用格式如下。

```
pandas.read_sql_table(table_name,  con,  schema=None,index_col=None,coerce_float=True, columns=None)
pandas.read_sql_query(sql, con,index_col=None,coerce_float=True)
pandas.read_sql(sql, con,index_col=None,coerce_float=True, columns=None)
```

这 3 个函数的常用参数及其作用基本一致，具体如表 3-5 所示。

表 3-5 read_sql、read_sql_table 和 read_sql_query 函数的常用参数及其说明

参数	说明
table_name	接收 string。表示读取的数据的表名。无默认值
sql	接收 string。表示传递的 SQL 语句。无默认值
con	接收数据库连接。表示数据库连接信息。无默认值
index_col	接收 int、sequence 或者 False。表示将设定的列作为行名，如果是一个数列则是多重索引。默认为 None
coerce_float	接收 boolean。将数据库中的 decimal 类型的数据转换为 pandas 中的 float64 类型的数据。默认为 True
columns	接收 list。表示读取数据的列名。默认为 None

使用 pandas 将数据写入数据库中时主要使用 to_sql 函数，其语法如下。

```
DataFrame.to_sql(name, con, schema=None,if_exists='fail', index=True,index_
label=None,dtype=None)
```

to_sql 函数的常用参数及其说明如表 3-6 所示。

表 3-6 to_sql 函数的常用参数及其说明

参数	说明
name	接收 string，代表数据库表名。无默认值
con	接收数据库连接。无默认值
if_exists	接收 fail、replace、append。fail 表示如果表名存在，则不执行写入操作；replace 表示如果存在，将原数据库表删除，再重新创建；append 则表示在原数据库表的基础上追加数据。默认为 fail
index	接收 boolean。表示是否将行索引作为数据传入数据库。默认为 True
index_label	接收 string 或者 sequence。代表是否引用索引名称，如果 index 参数为 True，此参数为 None，则使用默认名称。如果为多重索引，必须使用 sequence 形式。默认为 None
dtype	接收 dict。代表写入的数据类型（列名为 key，数据格式为 values）。默认为 None

2. 文件读/写函数

pandas 库提供了 read_table 函数来读取文本文件，提供了 read_csv 函数来读取 CSV 文件，使用格式如下。

```
pandas.read_table(filepath_or_buffer,sep='\t', header='infer',names=None, index_
col=None,dtype=None,engine=None,nrows=None)
pandas.read_csv(filepath_or_buffer,sep='\t', header='infer', names=None, index_
col=None,dtype=None,engine=None,nrows=None)
```

read_table 和 read_csv 函数的常用参数及其作用基本相同，常用参数及其说明如表 3-7 所示。

表 3-7　read_table 和 read_csv 函数的常用参数及其说明

参数	说明
filepath	接收 string，代表文件路径。无默认值
sep	接收 string，代表分隔符。read_csv 默认为“,”，read_table 默认为制表符“[Tab]”
header	接收 int 或 sequence，表示将某行数据作为列名。默认为 infer，表示自动识别
names	接收 array，表示列名。默认为 None
index_col	接收 int、sequence 或 False。表示索引列的位置，取值为 sequence 则代表多重索引。默认为 None
dtype	接收 dict。代表写入的数据类型（列名为 key，数据格式为 values）。默认为 None
engine	接收 c 或者 python，代表数据解析引擎。默认为 None 时，表示使用 C 语言作为引擎
nrows	接收 int，表示读取前 n 行。默认为 None

pandas 库的 to_csv 函数实现了以 CSV 文件格式存储文件，使用格式如下。

```
DataFrame.to_csv(path_or_buf=None,sep=', ',na_rep='', columns=None, header=True,
index=True,index_label=None,mode='w',encoding=None)
```

to_csv 函数的常用参数及其说明如表 3-8 所示。

表 3-8　to_csv 函数的常用参数及其说明

参数	说明
path_or_buf	接收 string，代表文件路径。默认为 None
sep	接收 string，代表分隔符。默认为“,”
na_rep	接收 string，代表缺失值。默认为“”
columns	接收 list，代表写出的列名。默认为 None
header	接收 boolean，代表是否将列名写出。默认为 True
index	接收 boolean，代表是否将行名（索引）写出。默认为 True
index_label	接收 sequence，表示索引名。默认为 None
mode	接收特定 string，代表数据写入模式。默认为 w
encoding	接收特定 string，代表存储文件的编码格式。默认为 None

pandas 提供了 read_excel 函数来读取“.xls”“.xlsx”两种 Excel 文件，其使用格式如下。

```
pandas.read_excel(io,sheetname=0, header=0,index_col=None, names=None,dtype=
None)
```

read_excel 函数的常用参数及其说明如表 3-9 所示。

表 3-9 read_excel 函数的常用参数及其说明

参数	说明
io	接收 string，表示文件路径。无默认值
sheetname	接收 string、int，代表 Excel 表内数据的分表位置。默认为 0
header	接收 int 或 sequence，表示将某行数据作为列名。默认为 infer，表示自动识别
names	接收 array，表示列名。默认为 None
index_col	接收 int、sequence 或者 False，表示索引列的位置，取值为 sequence 则代表多重索引。默认为 None
dtype	接收 dict，代表写入的数据类型（列名为 key，数据格式为 values）。默认为 None

使用 to_excel 函数可以将数据存储为 Excel 文件，其使用格式如下。

```
DataFrame.to_excel(excel_writer=None,sheetname='sheet1',na_rep='', header=True,
index=True,index_label=None, encoding=None)
```

to_excel 函数和 to_csv 函数的常用参数基本一致，区别在于 to_excel 方法指定存储文件的文件路径参数名称为 excel_writer，并且没有 sep 参数，增加了一个 sheetname 参数，用来指定存储的 Excel sheet 的名称，默认为 sheet1。

小结

本章首先对常见的数据来源进行了简要介绍，常见的数据来源主要分为直接来源和间接来源两种。然后介绍了常见的数据类型，包括结构化数据、半结构化数据和非结构化数据等。接下来对数据读取的两种常见方式进行了介绍，包括数据库连接和文件读取。最后介绍了 Python 中的常用数据格式转换函数和数据读/写函数两种函数。

课后习题

1. 选择题

（1）下面不属于直接数据来源的是（　　）。

A. 统计年鉴　　B. 调查问卷

C. 业务系统数据库　　D. 网站日志

（2）下面不属于间接数据来源的是（　　）。

A. 调查问卷　　B. 统计年鉴

C. 报纸书籍　　D. 专业网站的调查报告

（3）下面不属于结构化数据的是（　　）。

A. 电商网站系统中的订单信息　　B. 网站的错误日志

C. 餐饮店点单系统中的点单信息　　D. 银行系统中的流水信息

（4）下面不属于非结构化数据的是（　　）。

A. 照片　　B. 视频　　C. 邮件　　D. 文本文档

（5）下面关于数据读取的说法错误的是（　　）。

A. 读取数据库的数据不需要先与数据库建立连接

B. 与数据库建立连接后可以在数据库中新建表

C. 读取文件时，使用的编码与文件的编码不匹配会导致乱码

D. CSV 文件使用逗号作为间隔符

2. 操作题

读取 wine.csv 文件中的数据，并在数据库中新建名为 wine 的表，将读取到的数据存入新建的 wine 表。

第 4 章 探索性分析

获取到数据后，需要对数据的结构和规律等进行初步探索，这就是探索性分析。探索性分析是数据分析流程中重要的前置步骤之一，它能够帮助人们把握数据的基本情况，为后续的数据预处理和构建模型步骤提供指引。本章主要从描述性统计分析和可视化分析两个方面介绍探索性分析的主要内容。

学习目标

（1）了解集中趋势统计指标的概念。

（2）了解离散程度统计指标的概念。

（3）了解散点图、折线图、柱形图、饼图、箱线图、热力图的概念和作用。

（4）掌握常用的 Python 基本统计分析函数。

（5）掌握常用的 Python 作图函数。

4.1 描述性统计分析

描述性统计是统计学中对用于描绘或总结观察量基本情况的统计方法的总称，是对调查样本中的包含的大量数据资料进行整理、概述和计算的方法，也是通过揭示数据分布特性从而汇总并表达定量数据的方法。

用统计指标对定量数据进行统计描述时，常从集中趋势和离散程度两个方面进行分析。

4.1.1 集中趋势统计指标

平均水平指标是对个体集中趋势的度量，通常使用均值、中位数和众数这 3 个指标。

1. 均值

均值是指所有数据的平均值。

若求 n 个原始观察数据的平均数，则计算公式如式（4-1）所示。

$$\mathrm{mean}(x)=\bar{x}=\frac{\sum x_i}{n} \tag{4-1}$$

有时，为了反映在均值中不同成分所占的重要程度，为数据集中的每一个 x_i 赋予对应的 w_i，这就得到了加权均值的计算公式，如式（4-2）所示。

$$\text{mean}(x)=\bar{x}=\frac{\sum w_i x_i}{\sum w_i}=\frac{w_1x_1+w_2x_2+\cdots+w_nx_n}{w_1+w_2+\cdots+w_n} \tag{4-2}$$

类似地，频率分布表的平均数可以使用式（4-3）计算。

$$\text{mean}(x)=\bar{x}=\sum f_i x_i=f_1x_1+f_2x_2+\cdots+f_kx_k \tag{4-3}$$

式中，$x_1,x_2,\cdots,x_k$ 分别为 k 个组段的组中值，$f_1,f_2,\cdots,f_k$ 分别为 k 个组段的频率。这里的 f_i 起到了权重的作用。

作为一个统计量，均值的主要问题是对极端值很敏感。如果数据中存在极端值或者数据是偏态分布的，那么均值就不能很好地度量数据的集中趋势。为了消除少数极端值的影响，可以使用截断均值或者中位数来度量数据的集中趋势。截断均值是去掉高、低极端值之后的平均数。

2. 中位数

中位数是将一组观察值按从小到大顺序排列后，位于中间的那个数据。即在全部数据中，小于和大于中位数的数据个数相等。

将某一数据集 $x:\{x_1,x_2,\cdots,x_n\}$ 按从小到大顺序排列为 $\{x_{(1)},x_{(2)},\cdots,x_{(n)}\}$，当 n 为奇数时，中位数的计算公式如式（4-4）所示；当 n 为偶数时，中位数的计算公式如式（4-5）所示。

$$M=x_{\left(\frac{n+1}{2}\right)} \tag{4-4}$$

$$M=\frac{1}{2}\left(x_{\left(\frac{n}{2}\right)}+x_{\left(\frac{n+1}{2}\right)}\right) \tag{4-5}$$

3. 众数

众数是指数据集中出现最频繁的值。比起定性变量，众数更适用于度量变量的中心位置。众数不具有唯一性，众数一般用于离散型变量而非连续型变量。

4.1.2 离散程度统计指标

反映离散程度的指标是对个体偏离平均水平的度量，使用较广泛的是极差、标准差（方差）、四分位间距。

1. 极差

极差是表示样本离散程度的一个基本测量值，是样本中最大值与最小值的差额，计算公式如式（4-6）所示。

$$R=x_{\max}-x_{\min} \tag{4-6}$$

极差对数据集的极端值非常敏感，并且忽略了位于最大值与最小值之间的数据的分布情况。

2. 标准差

标准差度量数据偏离均值的程度，计算公式如式（4-7）所示。

$$s = \sqrt{\frac{\sum (x_i - \bar{x})^2}{n}} \tag{4-7}$$

3. 四分位间距

四分位数包括上四分位数和下四分位数。将所有数值由小到大排列并分成四等份，处于第一个分割点位置的数值是下四分位数，处于第二个分割点位置（中间位置）的数值是中位数，处于第三个分割点位置的数值是上四分位数。

四分位间距是上四分位数 Q_U 与下四分位数 Q_L 之差，它包含了全部观察值的一半。四分位间距值越大，说明数据的变异程度越大；反之，说明变异程度越小。

对餐饮销量数据进行描述性统计分析，如代码 4-1 所示。

代码 4-1　对餐饮销量数据进行描述性统计分析

```
import pandas as pd
catering_sale = '../data/catering_sale.xls'  # 餐饮数据
data = pd.read_excel(catering_sale, index_col='日期')  # 读取数据，指定“日期”列为索引列
data = data[(data['销量'] > 400)&(data['销量'] < 5000)]  # 过滤异常数据
statistics = data.describe()  # 保存基本统计量
statistics.loc['range'] = statistics.loc['max']-statistics.loc['min']  # 极差
statistics.loc['dis'] = statistics.loc['75%']-statistics.loc['25%']  # 四分位间距
print(statistics)
```

可以得到关于餐饮销量的描述性统计分析结果，如表 4-1 所示。

表 4-1　餐饮销量的描述性统计分析结果

统计指标	统计指标的值
mean（均值）	2744.595385
std（标准差）	424.739407
min（最小值）	865.000000
25%（下四分位数）	2460.600000
50%（中位数）	2655.900000
75%（上四分位数）	3023.200000
max（最大值）	4065.200000
range（极差）	3200.200000
dis（四分位间距）	562.600000

4.2 可视化分析

数据可视化的目的是化抽象为具体，将隐藏于数据中的规律直观地展现出来。通过点的位置、曲线的走势、图形的面积等形式，直观地呈现研究对象间的数量关系。不同类型的图表展示的数据侧重点不同，选择合适的图表可以更好地进行数据的可视化分析。

常见的可视化图表有散点图、折线图、柱形图、饼图、箱线图和热力图等。

4.2.1 散点图

散点图（Scatter Diagram）又称为散点分布图，是以一个特征为横坐标，另一个特征为纵坐标，利用坐标点（散点）的分布形态反映特征间的统计关系的一种图形。值由散点在图表中的位置表示，类别由图表中的不同标记表示，通常用于比较跨类别的数据。

散点图可以提供两类关键信息。

（1）特征之间是否存在数值或者数量的关联趋势，关联趋势是线性的还是非线性的。

（2）如果有某个散点或者某几个散点偏离大多数散点，那么这些散点就是离群值，通过散点图可以一目了然，从而可以进一步分析这些离群值是否可能在建模分析中产生很大的影响。

散点图通过散点的疏密程度和变化趋势表示两个特征的数量关系。不仅如此，如果有3个特征，若其中一个特征为类别型，那么散点图通过改变不同特征的散点的形状或者颜色，即可了解两个数值型特征和这个类别型特征之间的关系。

使用不同颜色、不同形状的散点，绘制2000—2020年各产业第一季度生产总值的散点图，如代码4-2所示。

代码 4-2 绘制 2000—2020 年各产业第一季度生产总值的散点图

```
import numpy as np
import matplotlib.pyplot as plt
plt.rcParams['font.sans-serif'] = 'SimHei' # 设置中文显示
plt.rcParams['axes.unicode_minus'] = False
inputfile = '../data/国民经济核算季度数据.npz'
data = np.load(inputfile)
name = data['columns']  # 提取其中的columns数组，视为数据的标签
values = data['values']  # 提取其中的values数组，视为数据的存在位置
plt.figure(figsize=(8, 7))  # 设置画布
plt.rc('font', size=12)
plt.scatter(values[:, 0], values[:, 3], marker='o', c='red')  # 绘制散点图
plt.scatter(values[:, 0], values[:, 4], marker='D', c='blue')  # 绘制散点图
plt.scatter(values[:, 0], values[:, 5], marker='v', c='yellow')  # 绘制散点图
plt.xlabel('年份')  # 添加横轴标签
plt.ylabel('生产总值（亿元）')  # 添加纵轴标签
```

```
plt.xticks(range(0,81, 4), values[range(0,81, 4), 1], rotation=45)
plt.title('2000—2020 年各产业第一季度生产总值散点图')  # 添加图表标题
plt.legend(['第一产业', '第二产业', '第三产业'])  # 添加图例
outfile_png ='../tmp/2000—2020 年各产业第一季度生产总值散点图.png'
plt.savefig(outfile_png)
plt.show()
```

得到 2000—2020 年各产业第一季度生产总值的散点图，如图 4-1 所示。

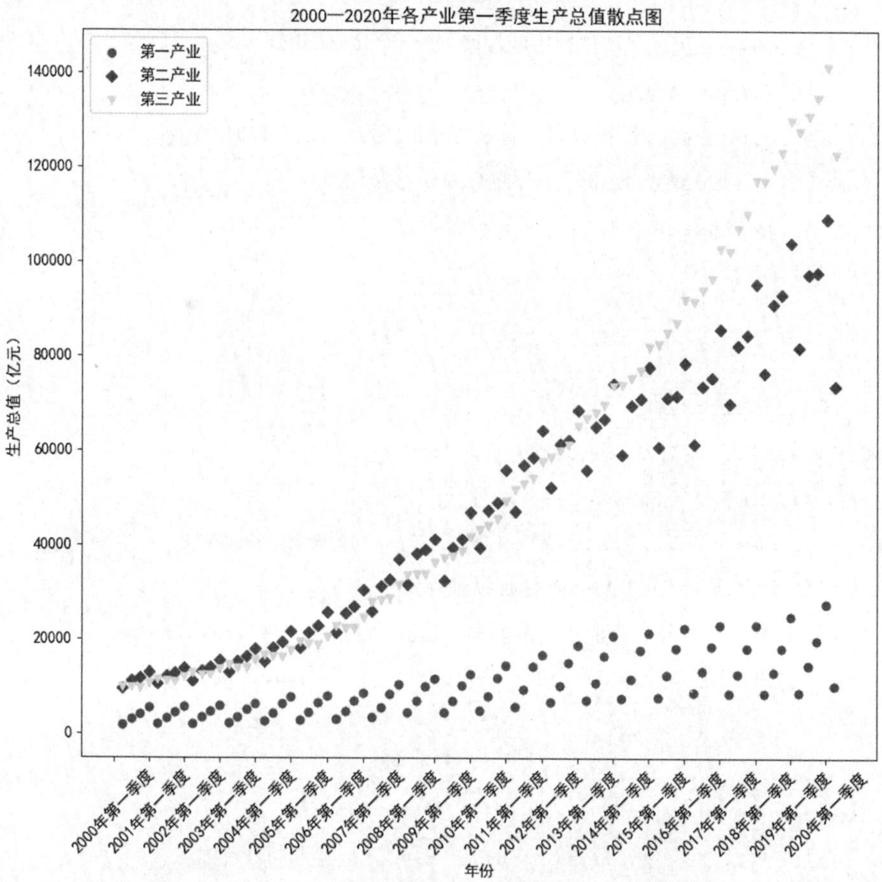

图 4-1　2000—2020 年各产业第一季度生产总值的散点图

由图 4-1 可以看出，第一产业增长平缓，第三产业呈现指数型增长，第二产业每年会根据季度呈现周期性波动。总体来看，我国近 20 年的各个产业生产总值都在持续增长，并且第二产业、第三产业的增长幅度非常大，20 年间增长了 400%以上。

4.2.2　折线图

折线图（Line Chart）是一种将数据点按照顺序连接起来的图形。折线图可以被看作将散点图按照 x 轴坐标顺序连接起来的图形。折线图的主要功能是查看因变量 y 随着自变量 x 改变的趋势，最适合用于显示随时间（根据常用比例设置）而变化的连续数据，同时还可

以看出数量的差异和增长趋势的变化。

为了分析 2000—2020 年我国各产业与各行业增长趋势，绘制 2000—2020 年各产业与行业的第一季度生产总值折线图，如代码 4-3 所示。

代码 4-3　绘制 2000—2020 年各产业与行业的第一季度生产总值折线图

```
import numpy as np
import matplotlib.pyplot as plt
plt.rcParams['font.sans-serif'] = 'SimHei'  # 设置中文显示
plt.rcParams['axes.unicode_minus'] = False
inputfile ='../data/国民经济核算季度数据.npz'
data = np.load(inputfile)
name = data['columns']  # 提取其中的 columns 数组，视为数据的标签
values = data['values']  # 提取其中的 values 数组
p1 = plt.figure(figsize=(8,12))  # 设置画布
plt.rc('font', size=12)

# 子图 1
ax3 = p1.add_subplot(2, 1, 1)
plt.plot(values[:, 0], values[:, 3], 'b-',
           values[:, 0], values[:, 4], 'r-.',
           values[:, 0], values[:, 5], 'g--')  # 绘制折线图
plt.ylabel('生产总值（亿元）')  # 添加纵轴标签
plt.title('2000—2020 年各产业第一季度生产总值折线图')  # 添加图表标题
plt.legend(['第一产业', '第二产业', '第三产业'])  # 添加图例

# 子图 2
ax4 = p1.add_subplot(2,1,2)
plt.plot(values[:, 0], values[:, 6], 'r-',  # 绘制折线图
           values[:, 0], values[:, 7], 'b-.',  # 绘制折线图
           values[:, 0], values[:, 8], 'y--',  # 绘制折线图
           values[:, 0], values[:, 9], 'g:',  # 绘制折线图
           values[:, 0], values[:, 10], 'c-',  # 绘制折线图
           values[:, 0], values[:, 11], 'm-.',  # 绘制折线图
           values[:, 0], values[:, 12], 'k--',  # 绘制折线图
           values[:, 0], values[:, 13], 'r:',  # 绘制折线图
           values[:, 0], values[:, 14], 'b-')  # 绘制折线图
plt.legend(['农业', '工业', '建筑', '批发', '交通', '餐饮', '金融', '房地产', '其他'])
```

```
plt.xlabel('年份')  # 添加横轴标签
plt.ylabel('生产总值（亿元）')  # 添加纵轴标签
plt.xticks(range(0,81, 4), values[range(0,81, 4), 1], rotation=45)
outfile_png = '../tmp/2000—2020 年各产业第一季度生产总值折线图.png'
plt.savefig(outfile_png)
plt.show()
```

由代码 4-3 得到 2000—2020 年各产业与行业的第一季度生产总值折线图，如图 4-2 所示。

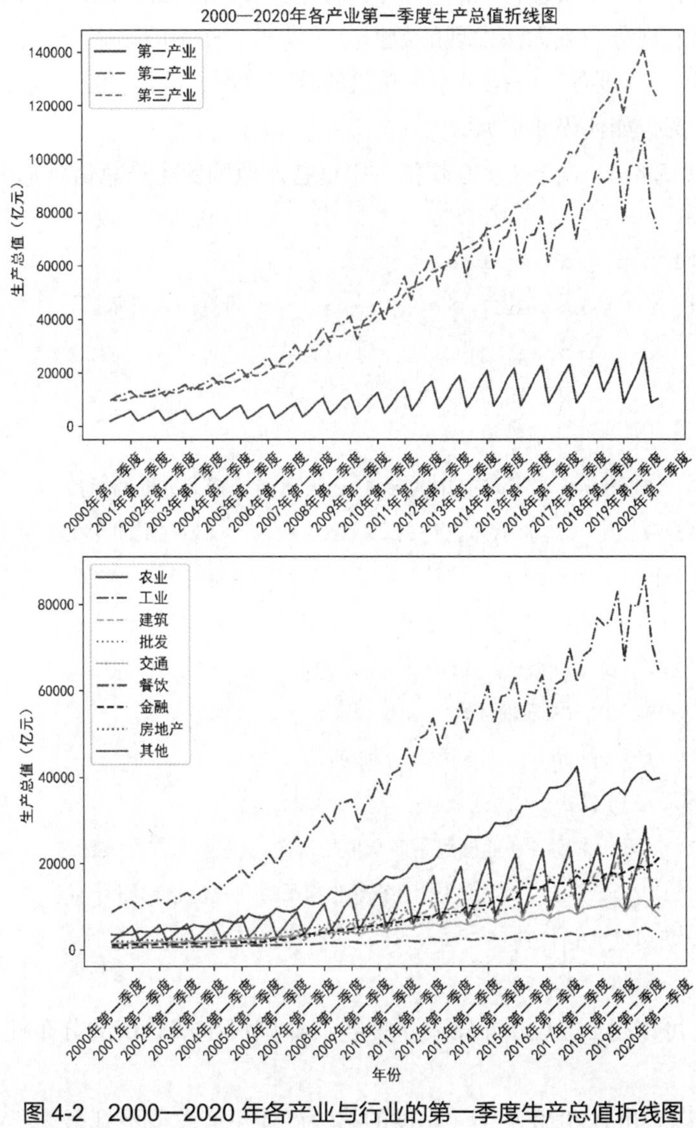

图 4-2　2000—2020 年各产业与行业的第一季度生产总值折线图

由图 4-2 可以看出，我国整体经济呈现增长趋势，其中第一产业增长相对较慢，且周期性最明显，农业的周期性和第一产业的周期性基本吻合。工业和第二产业的增长趋势基本一致。同时除了餐饮行业外，其他行业均呈现较为明显的增长趋势。

除了分析数据的趋势，折线图还可以用来分析数据的周期性。周期性指某个变量随着时间变化而呈现出某种周期变化趋势，按时间尺度分为年度、季度、月度、周度、天和小时等周期性趋势。

4.2.3 柱形图

柱形图（Bar Chart）又称柱状图，是统计报告图的一种，由一系列高度不等的长方形表示数据的分布情况，一般用横轴表示数据所属类别，用纵轴表示数量或者占比。柱形图可以比较直观地看出产品质量特性的分布状态，便于判断其总体质量分布情况。

柱形图可以发现分布表无法发现的数据分布模式、样本的频率分布和总体的分布。为了分析 2020 年第一季度各产业国民生产总值的分布情况，绘制 2020 年第一季度各产业国民生产总值柱形图，如代码 4-4 所示。

代码 4-4　绘制 2020 年第一季度各产业国民生产总值柱形图

```
import numpy as np
import matplotlib.pyplot as plt
plt.rcParams['font.sans-serif'] = 'SimHei'  # 设置中文显示
plt.rcParams['axes.unicode_minus'] = False
inputfile = '../data/国民经济核算季度数据.npz'
data = np.load(inputfile)
name = data['columns']  # 提取其中的 columns 数组，视为数据的标签
values = data['values']  # 提取其中的 values 数组，视为数据的存在位置
label = ['第一产业', '第二产业', '第三产业']  # 刻度标签
plt.figure(figsize=(6, 5))  # 设置画布
plt.bar(range(3), values[-1, 3:6], width=0.5)  # 绘制散点图
plt.xlabel('产业')  # 添加横轴标签
plt.ylabel('生产总值（亿元）')  # 添加纵轴标签
plt.xticks(range(3),label)
plt.title('2020 年第一季度各产业国民生产总值柱形图')  # 添加图表标题
outfile_png = '../tmp/2020 年第一季度各产业国民生产总值柱形图.png'
plt.savefig(outfile_png)
plt.show()
```

由代码 4-4 可以得到 2020 年第一季度各产业国民生产总值的分布柱形图，如图 4-3 所示。

由图 4-3 可以看出，2020 年第一季度的第一产业生产总值不到第二产业的六分之一，不到第三产业的十分之一。第二产业生产总值约为第三产业生产总值的三分之二。

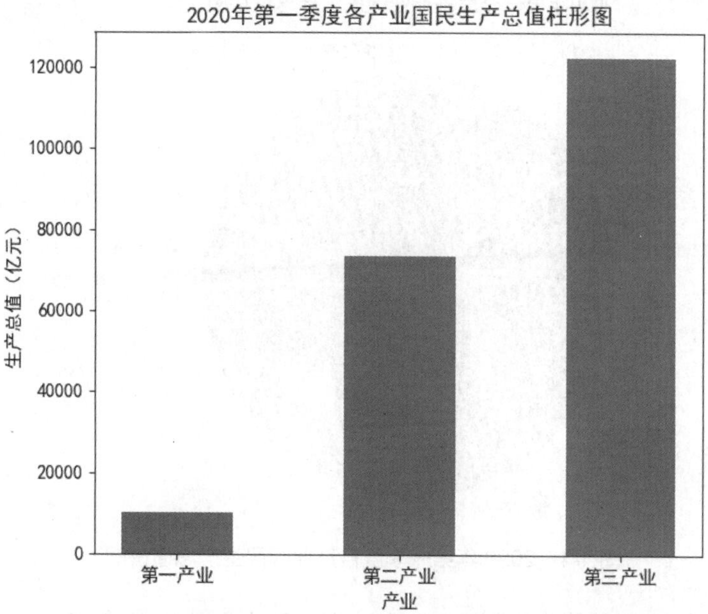

图 4-3　2020 年第一季度各产业国民生产总值柱形图

4.2.4　饼图

饼图（Pie Graph）是将各项的大小与各项所占的比例显示在一张“饼”中，以“饼”每一个扇形部分的大小来表示每一项的占比。饼图的每一个扇形部分代表每一类型的百分比或频数，根据变量的类型数目将饼图分成几个部分，每一部分的大小与每一类型的频数成正比。

饼图可以比较清楚地反映出部分与部分、部分与整体之间的比例关系，易于显示每组数据相对于总数的大小，而且显示方式直观。为了分析 2020 年第一季度国民生产总值中各产业的占比，绘制 2020 年第一季度各产业国民生产总值饼图，如代码 4-5 所示。

代码 4-5　绘制 2020 年第一季度各产业国民生产总值饼图

```
plt.figure(figsize=(6, 6))  # 将画布设定为正方形，则绘制的饼图是正圆
label= ['第一产业', '第二产业', '第三产业']  # 定义饼图的标签，标签是列表
explode = [0.01, 0.01, 0.01]  # 设定各项距离圆心的半径值
# 绘制饼图
plt.pie(values[-1, 3:6], explode=explode, labels=label,autopct='%1.1f%%')
plt.title('2020 年第一季度各产业国民生产总值饼图')
outfile_png = '../tmp/2020 年第一季度各产业生产总值占比饼图.png'
plt.savefig(outfile_png)
plt.show()
```

由代码 4-5 得到 2020 年第一季度各产业国民生产总值饼图，如图 4-4 所示。

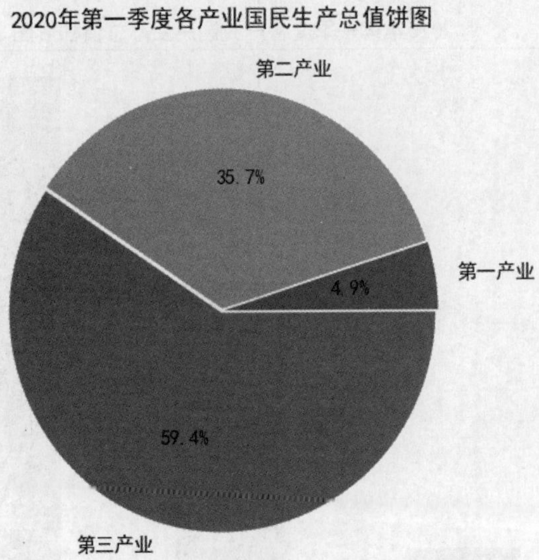

图 4-4　2020 年第一季度各产业国民生产总值饼图

由图 4-4 可以看出 3 个产业在整个国民生产总值中的占比。其中第一产业的占比不到 5%，而第三产业占比超过 50%，说明现阶段，我国经济主要贡献产业为第三产业。

4.2.5　箱线图

箱线图（Box Plot）也称箱须图，其绘制需使用常用的统计量。箱线图能提供有关数据位置和分散情况的关键信息，尤其在比较不同特征时，更能表现出数据的分散程度差异。箱线图中每条线表示的含义如图 4-5 所示。

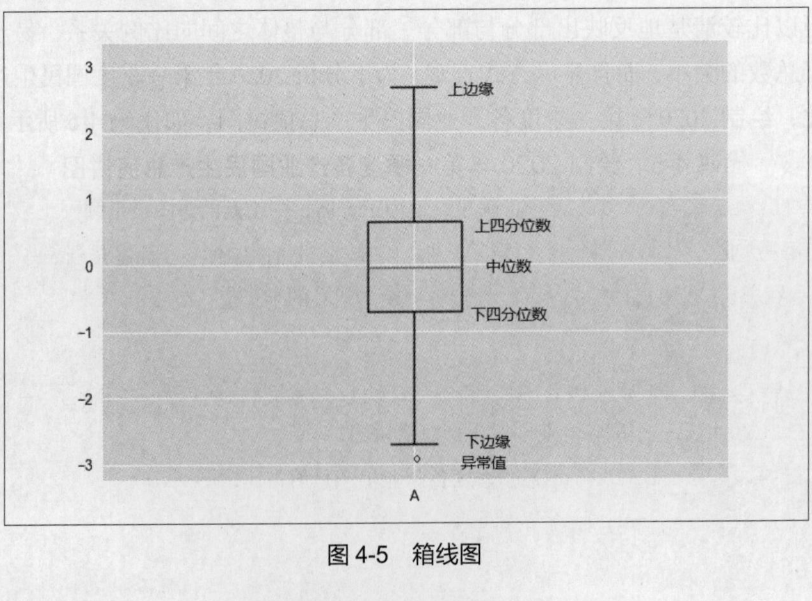

图 4-5　箱线图

箱线图利用数据中的 5 个统计量来描述数据，分别为下边缘、下四分位数、中位数、上四分位数和上边缘，其中下边缘为下四分位数减去四分位间距，上边缘为上四分位数加上四分位间距。箱线图对数据没有任何限制性要求，如服从某种特定的分布形式，只是真实地、直观地表现数据分布的本来面貌。此外，箱线图判断异常值的标准以四分位数和四分位间距为基础，四分位具有一定的健壮性：多达 25%的数据可以变得任意远而不会很大地“扰动”四分位数，所以异常值几乎不能对这个标准施加影响。由此可见，箱线图识别异常值的结果比较客观，有一定的优越性。此外，箱线图也可以粗略地看出数据的对称性、分布的分散程度等信息，可以用于在几个样本之间进行比较。

为了检测餐饮系统日销售量数据中是否存在异常值，绘制餐饮日销量箱线图，如代码 4-6 所示。

代码 4-6 绘制餐饮日销量箱线图

```
import pandas as pd
catering_sale = '../data/catering_sale.xls'  # 餐饮数据
data = pd.read_excel(catering_sale, index_col='日期')  # 读取数据，指定“日期”列
为索引列
import matplotlib.pyplot as plt  # 导入图像库
plt.rcParams['font.sans-serif'] = ['SimHei']  # 用来正常显示中文标签
plt.rcParams['axes.unicode_minus'] = False  # 用来正常显示负号
plt.figure()  # 建立图像
p = data.boxplot(return_type='dict')  # 画箱线图，直接使用 DataFrame 的 boxplot 方法
x = p['fliers'][0].get_xdata()  # 'fliers'即为异常值的标签
y = p['fliers'][0].get_ydata()
y.sort()  # 从小到大排序，该方法直接改变原对象
'''
用 annotate 添加注释
其中有些相近的点，注解会出现重叠，难以看清，需要一些技巧来控制
以下参数都是经过调试的，需要具体问题具体调试
'''


for i in range(len(x)):
    if i>0:
        plt.annotate(y[i], xy=(x[i],y[i]),xytext=(x[i]+0.05-0.8/(y[i]-y[i-
1]), y[i]))
    else:
        plt.annotate(y[i], xy=(x[i],y[i]),xytext=(x[i]+0.08, y[i]))
plt.show()  # 展示箱线图
```

由代码 4-6 得到餐饮日销量的箱线图，如图 4-6 所示。

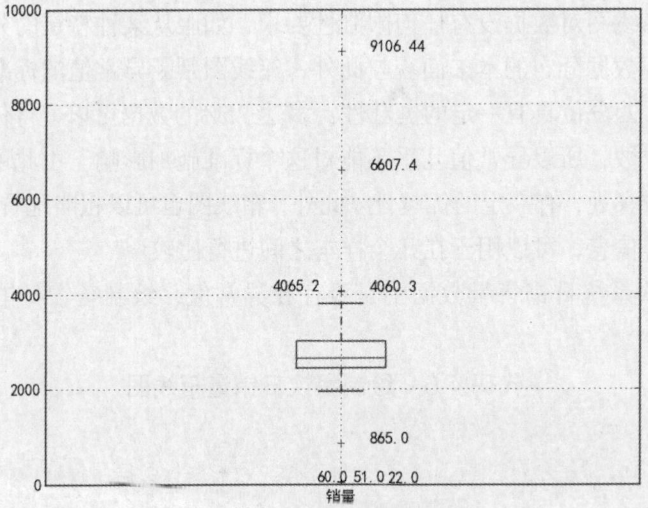

图 4-6 餐饮日销量箱线图

由图 4-6 可以看出，箱线图中超过上下界的 8 个销量数据可能为异常值。考虑到工作日与假日的销量差异，可以把 865.0、4060.3、4065.2 归为正常值，将 22.0、51.0、60.0、6607.4、9106.44 归为异常值。通过箱线图可以确定异常值过滤规则：日销量在 400 份以下、5000 份以上的属于异常数据。

4.2.6 热力图

热力图（Heat Map）是一种通过色块的着色来显示数据分布的统计图表。绘制热力图时，需指定颜色映射的规则。如较大的值使用较深的颜色表示，较小的值使用较浅的颜色表示；也可以使较大的值使用偏暖的颜色表示，较小的值使用偏冷的颜色表示等。

热力图按数据结构一般可分为两种，表格型热力图和非表格型热力图。表格型热力图也称为色块图，它要求数据具有 2 个类别型属性和 1 个数值型属性。类别型属性用于确定 x、y 轴，从而将图表划分为规整的矩形块；数值型属性决定了矩形块的颜色。非表格型热力图也称为平滑热力图，它要求数据具有 3 个数值型属性，其中 2 个数值型属性分别用于确定 x、y 轴，另一个数值型属性用于确定点的着色，绘制在平行坐标系中。

热力图能够用于查看总体的情况、发现异常值、显示多个变量之间的差异，还有一个常见用途为查看变量间是否存在相关性。如果要用热力图表示数据间的相关性，那么需要计算相关系数来绘制相关性热力图。

1. 相关系数

为了准确地描述变量之间的线性相关程度，可以通过计算相关系数来实现。在二元变量的相关分析过程中比较常用的有 Pearson 相关系数、Spearman 秩相关系数和判定系数。

（1）Pearson 相关系数

Pearson 相关系数一般用于分析两个连续性变量之间的关系，其计算公式如式（4-8）所示。

$$r = \frac{\sum_{i=1}^{n}(x_i - \bar{x})(y_i - \bar{y})}{\sqrt{\sum_{i=1}^{n}(x_i - \bar{x})^2 \sum_{i=1}^{n}(y_i - \bar{y})^2}} \tag{4-8}$$

相关系数 r 的取值范围：$-1 \leqslant r \leqslant 1$。不同的 r 值表示的相关性如式（4-9）所示。

$$\begin{cases} r > 0 \text{表示正相关，} r < 0 \text{表示负相关} \\ |r| = 0 \text{表示不存在线性关系} \\ |r| = 1 \text{表示完全线性相关} \end{cases} \tag{4-9}$$

$0 < |r| < 1$ 表示存在不同程度的线性相关，如式（4-10）所示。

$$\begin{cases} |r| \leqslant 0.3 \text{表示极弱线性相关或不存在线性相关} \\ 0.3 < |r| \leqslant 0.5 \text{表示低度线性相关} \\ 0.5 < |r| \leqslant 0.8 \text{表示显著线性相关} \\ |r| > 0.8 \text{表示高度线性相关} \end{cases} \tag{4-10}$$

（2）Spearman 秩相关系数

Pearson 相关系数要求连续变量的取值服从正态分布。不服从正态分布的变量、分类或等级变量之间的关联性可采用 Spearman 秩相关系数（也称等级相关系数）来描述。

其计算公式如式（4-11）所示。

$$r_s = 1 - \frac{6\sum_{i=1}^{n}(R_i - Q_i)^2}{n(n^2 - 1)} \tag{4-11}$$

对两个变量 x_i 和 y_i 的取值分别按照从小到大（或者从大到小）的顺序编秩，R_i 代表 x_i 的秩次，Q_i 代表 y_i 的秩次，R_i-Q_i 为 x_i、y_i 的秩次之差。

变量 x（$x_1,x_2,\cdots,x_i,\cdots,x_n$）秩次的计算过程如表 4-2 所示。

表 4-2　秩次的计算过程

x_i 从小到大排序	从小到大排序时的位置	秩次 R_i
0.5	1	1
0.8	2	2
1.0	3	3
1.2	4	(4+5)/2=4.5
1.2	5	(4+5)/2=4.5
2.3	6	6
2.8	7	7

因为一个变量的相同取值必须有相同的秩次，所以在计算中采用的秩次是排序后所在位置的平均值。

只要两个变量具有严格单调的函数关系，那么它们就是完全 Spearman 相关的，这与 Pearson 相关不同，Pearson 相关只有在变量具有线性关系时才是完全相关的。

上述两种相关系数在实际应用计算中都要进行假设检验，通常使用 t 检验方法检验其显著性水平以确定其相关程度。研究表明，在正态分布假定下，Spearman 秩相关系数与 Pearson 相关系数在效率上是相同的，而对于连续测量数据，更适合用 Pearson 相关系数来进行分析。

（3）判定系数

判定系数是相关系数的平方，用 r^2 表示，用来衡量回归方程对 y 的解释程度。判定系数取值范围：$0 \leqslant r^2 \leqslant 1$。$r^2$ 越接近 1，表明 x 与 y 之间的相关性越强；r^2 越接近 0，表明两个变量之间几乎没有线性相关关系。

为了分析餐饮系统中菜品销售量之间的相关性，计算菜品销售量之间的相关系数，如代码 4-7 所示。

代码 4-7　计算菜品销售量之间的相关系数

```
import pandas as pd
catering_sale = '../data/catering_sale_all.xls'  # 餐饮数据，含有其他属性
data = pd.read_excel(catering_sale, index_col='日期')  # 读取数据，指定“日期”列为索引列
print(data.corr())  # 相关系数矩阵，即给出了任意两款菜品之间的相关系数
print(data.corr()['百合酱蒸凤爪'])  # 只显示“百合酱蒸凤爪”与其他菜品的相关系数
```

由代码 4-7 可以得到“百合酱蒸凤爪”与其他菜品之间的相关系数，如表 4-3 所示。

表 4-3　“百合酱蒸凤爪”与其他菜品之间的相关系数

菜品名称	相关系数
百合酱蒸凤爪	1.000000
翡翠蒸香茜饺	0.009206
金银蒜汁蒸排骨	0.016799
乐膳真味鸡	0.455638
蜜汁焗餐包	0.098085
生炒菜心	0.308496
铁板酸菜豆腐	0.204898
香煎韭菜饺	0.127448
香煎萝卜糕	0.090276
原汁原味菜心	0.428316

2. 相关性热力图

为了更加直观地分析属性间的相关性，绘制 1994 年至 2013 年财政收入数据的相关性热力图，如代码 4-8 所示。

代码 4-8 绘制相关性热力图

```
import numpy as np
import pandas as pd
inputfile = '../data/data.csv'
data = pd.read_csv(inputfile)  # 读取数据
corr = data.corr(method='pearson')  # 计算相关系数矩阵

import matplotlib.pyplot as plt
import seaborn as sns
plt.subplots(figsize=(10, 10))  # 设置画面大小
sns.heatmap(corr,annot=True, vmax=1, square=True,cmap='ocean')
plt.title('相关性热力图')
plt.show()
plt.close
```

由代码 4-8 得到属性间的相关性热力图，如图 4-7 所示。

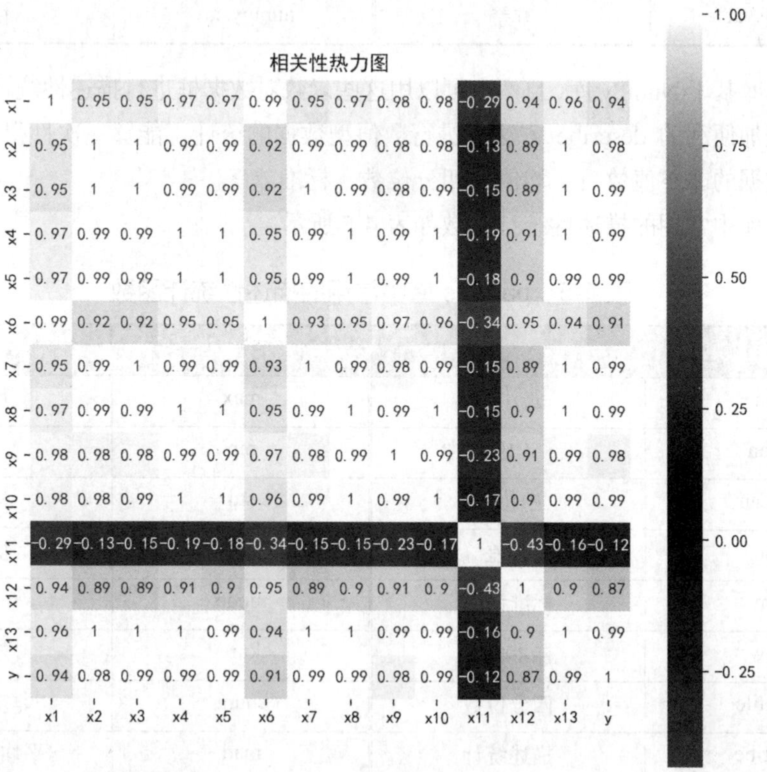

图 4-7 相关性热力图

由图 4-7 中颜色的深浅可以看出，各属性除了 x11 与 y 为负弱相关外，其他属性都与 y 强相关。

4.3 常用的 Python 探索性分析函数

Python 中提供许多函数和方法用于探索性分析，常用的基本统计分析函数和作图函数如下。

4.3.1 常用的 Python 基本统计分析函数

Python 的 NumPy 和 pandas 库都提供了函数或者方法用于描述性统计，这些函数或者方法主要用于计算数值型数据的最小值、均值、中位数、最大值、四分位数、极差、标准差、方差、协方差和变异系数等。

NumPy 中常用的描述性统计函数如表 4-4 所示。

表 4-4　NumPy 中常用的描述性统计函数

函数名称	说明	函数名称	说明
numpy.min	最小值	numpy.max	最大值
numpy.mean	均值	numpy.ptp	极差
numpy.median	中位数	numpy.std	标准差
numpy.var	方差	numpy.cov	协方差

pandas 库基于 NumPy 库，自然也可以用这些函数对数据框进行描述性统计，同时 pandas 还提供了更加便利的 describe 方法来进行数值型数据的统计，能够一次性得出数据框中所有数值型数据的非空值数目、均值、四分位数、标准差等。

pandas 库中常用的描述性统计函数如表 4-5 所示。

表 4-5　pandas 库中常用的描述性统计函数

函数名称	说明	函数名称	说明
min	最小值	max	最大值
mean	均值	ptp	极差
median	中位数	std	标准差
var	方差	cov	协方差
sem	标准误差	mode	众数
skew	样本偏度	kurt	样本峰度
quantile	四分位数	count	非空值数目
describe	描述统计	mad	平均绝对离差

4.3.2 常用的 Python 作图函数

Python 中的主要绘图库是 Matplotlib，Matplotlib 中常用的作图函数如下。

1. 散点图

Matplotlib 中绘制散点图的函数为 scatter，其语法格式如下。

```
matplotlib.pyplot.scatter(x, y, s=None, c=None, marker=None,cmap=None,
norm=None, vmin=None, vmax=None, alpha=None,linewidths=None,verts=None,
edgecolors=None, hold=None, data=None,**kwargs)
```

scatter 函数常用参数及其说明如表 4-6 所示。

表 4-6 scatter 函数常用参数及其说明

参数名称	说明
x、y	接收 array，表示 x 轴和 y 轴对应的数据。无默认值
s	接收数值或者一维 array。指定点的大小，若传入一维 array，则表示每个点的大小。默认为 None
c	接收颜色或者一维 array。指定点的颜色，若传入一维 array，则表示每个点的颜色。默认为 None
marker	接收特定 string，表示绘制的点的类型。默认为 None
alpha	接收 0~1 的小数。表示点的透明度。默认为 None

2. 折线图

Matplotlib 中绘制折线图的函数为 plot，其语法格式如下。

```
matplotlib.pyplot.plot(*args, **kwargs)
```

plot 函数在官方文档的语法中只要求填入不定长参数，其常用参数及其说明如表 4-7 所示。

表 4-7 plot 函数常用参数及其说明

参数名称	说明
x、y	接收 array，表示 x 轴和 y 轴对应的数据。无默认值
color	接收特定 string，指定线条的颜色。默认为 None
linestyle	接收特定 string，指定线条类型。默认为 "-"
marker	接收特定 string，表示绘制的点的类型。默认为 None
alpha	接收 0~1 的小数。表示点的透明度。默认为 None

其中 color 参数的 8 种常用颜色的缩写如表 4-8 所示。

表 4-8 常用颜色的缩写

缩写	代表的颜色	缩写	代表的颜色
b	蓝色	m	品红
g	绿色	y	黄色
r	红色	k	黑色
c	青色	w	白色

linestyle 参数的 4 种常用线条类型的取值及其意义如表 4-9 所示。

表 4-9 常用线条类型的取值及其意义

取值	意义	取值	意义
-	实线	-.	点线
--	长虚线	:	短虚线

marker 参数 20 种常用线条标记的取值及其意义如表 4-10 所示。

表 4-10 常用线条标记取值及其意义

取值	意义	取值	意义
o	圆圈	.	点
D	菱形	s	正方形
h	六边形 1	*	星号
H	六边形 2	d	小菱形
-	水平线	v	一角朝下的三角形
8	八边形	<	一角朝左的三角形
p	五边形	>	一角朝右的三角形
,	像素	^	一角朝上的三角形
+	加号	\	竖线
None	无	x	X

3. 柱形图

Matplotlib 中绘制柱形图的函数为 bar，其语法格式如下。

```
matplotlib.pyplot.bar(left, height, width = 0.8, bottom = None, hold = None,
data = None, ** kwargs)
```

bar 函数常用参数及其说明如表 4-11 所示。

表 4-11 bar 函数常用参数及其说明

参数名称	说明
left	接收 array，表示 *x* 轴数据。无默认值
height	接收 array，表示 *x* 轴所代表数据的数量。无默认值
width	接收 0～1 的 float，指定柱形图宽度。默认为 0.8
color	接收特定 string 或者包含颜色字符串的 array，表示柱形图颜色。默认为 None

4. 饼图

Matplotlib 中绘制饼图的函数为 pie，其语法格式如下。

```
matplotlib.pyplot.pie(x, explode=None, labels=None, colors=None,autopct=None,
pctdistance=0.6, shadow=False,labeldistance=1.1,startangle=None, radius=None,
counterclock=True,wedgeprops=None,textprops=None, center=(0, 0), frame=False,
hold=None, data=None)
```

pie 函数常用参数及其说明如表 4-12 所示。

表 4-12 pie 函数常用参数及其说明

参数名称	说明
x	接收 array，表示用于绘制饼图的数据。无默认值
explode	接收 array，表示指定项离饼图圆心的距离为半径的 *n* 倍。默认为 None
labels	接收 array，指定每一项的名称。默认为 None
color	接收特定 string 或者包含颜色字符串的 array，表示饼图颜色。默认为 None
autopct	接收特定 string，指定数值的显示方式。默认为 None
pctdistance	接收 float，指定每一项的比例和距离饼图圆心为半径的 *n* 倍。默认为 0.6
labeldistance	接收 float，指定每一项的名称和距离饼图圆心为半径的 *n* 倍。默认为 1.1
radius	接收 float，表示饼图的半径。默认为 None

5. 箱线图

Matplotlib 中绘制箱线图的函数为 boxplot，其基本使用语法如下。

```
matplotlib.pyplot.boxplot(x,  notch=None,  sym=None,  vert=None,whis=None,
positions=None, widths=None, patch_artist=None, bootstrap=None,usermedians=
None, conf_intervals=None,meanline=None,showmeans=None,showcaps=None,showbox=
None,showfliers=None,boxprops=None, labels=None,flierprops=None,medianprops=
None,meanprops=None,capprops=None,whiskerprops=None,     manage_xticks=True,
autorange=False,zorder=None, hold=None, data=None)
```

boxplot 函数常用参数及其说明如表 4-13 所示。

表 4-13 boxplot 函数常用参数及其说明

参数名称	说明
x	接收 array，表示用于绘制箱线图的数据。无默认值
notch	接收 boolean，表示中间箱体是否有缺口。默认为 None
sym	接收特定 string。指定异常点形状。默认为 None
vert	接收 boolean。表示图形是纵向或者横向。默认为 None

续表

参数名称	说明
positions	接收 array。表示图形的位置。默认为 None
widths	接收 scalar 或者 array。表示每个箱体的宽度。默认为 None
labels	接收 array。指定每一个箱线图的标签。默认为 None
meanline	接收 boolean。表示是否显示均值线。默认为 None

6. 热力图

Seaborn 库中的 heatmap 函数可以绘制热力图，其语法格式如下。

```
seaborn.heatmap(data,    vmin=None,    vmax=None,cmap=None,    center=None,
robust=False,annot=None,fmt='.2g',annot_kws=None,linewidths=0,linecolor=
'white',cbar=True,cbar_kws=None,cbar_ax=None, square=False,xticklabels='auto',
yticklabels='auto', mask=None, ax=None, **kwargs)
```

heatmap 函数常用参数及其说明如表 4-14 所示。

表 4-14 heatmap 函数常用参数及其说明

参数名称	说明
data	接收 rectangular dataset（矩形数据集）。表示用于绘制热力图的数据，可以是 array 或者 DataFrame，若是 DataFrame，则 DataFrame 的 Index 和 column 会分别对应热力图对应的 columns 和 rows。无默认值
vmin, vmax	接收 float，表示图例中最大值和最小值的显示值。默认为 None
cmap	接收 matplotlib 颜色表名称或 object，表示使用的颜色列表。默认为 None
center	接收 float，表示图例中心的数据值到色彩空间的映射，可以调整生成的图像颜色的整体深浅。默认为 None
annot	接收 bool，表示是否将数据填入热力图的各个方格中。默认为 None
annot_kws	接收 dict，表示设置掉入方格中字体的各个参数，包括大小、颜色、加粗、斜体字等，当 annot 为 True 时可用。默认为 None
linewidths	接收 float，表示热力图矩阵之间的间隔大小。默认为 0
xticklabels	接收“auto”、bool、list 或 int。若是 True，则绘制 DataFrame 的列名；若是 False，则不绘制列名；若是 list，则绘制 list 中的内容作为 xticklabels；若是整数 *n*，则绘制列名，但每 *n* 个列名绘制一个 label。默认为“auto”
yticklabels	接收“auto”、bool、list 或 int。若是 True，则绘制 DataFrame 的行名；若是 False，则不绘制行名；若是 list，则绘制 list 中的内容作为 yticklabels；若是整数 *n*，则绘制行名，但每间隔 *n* 行绘制一个 label。默认为“auto”

小结

本章主要介绍了探索性分析中的描述性统计分析和可视化分析。描述性统计分析主要对数据的集中趋势和离散程度依据一些常见的指标进行分析，如均值、中位数、众数、极差、标准差和四分位数间距等。可视化分析通过图形的方式揭示数据中隐藏的规律，并对一些常见的图表及其用途进行介绍，包括散点图、折线图、柱形图、饼图、箱线图和热力图等，同时还介绍了分析变量间的相关性的相关系数。

课后习题

1. 选择题

（1）下面不属于计算集中趋势的统计指标的是（　　）。

A. 均值　　B. 方差　　C. 中位数　　D. 众数

（2）下面不属于计算离散程度的统计指标的是（　　）。

A. 极差　　B. 标准差　　C. 上四分位数　　D. 四分位数间距

（3）下面不能用于分析相关性的方法是（　　）。

A. 绘制散点图　　B. 绘制箱线图　　C. 计算相关系数　　D. 绘制热力图

（4）下面能够用于分析周期性的方法是（　　）。

A. 绘制柱形图　　B. 绘制饼图　　C. 绘制折线图　　D. 绘制箱线图

（5）下面不能用于分析数据的分布情况的方法是（　　）。

A. 绘制散点图　　B. 绘制饼图

C. 绘制箱线图　　D. 绘制相关性热力图

2. 操作题

（1）读取 scikit-learn 库提供的鸢尾花（iris）数据集，对数据集中的数据进行描述性统计分析，计算各个属性的均值、标准差、中位数、极差、四分位数间距。

（2）读取 scikit-learn 库提供的鸢尾花（iris）数据集，对数据集中的数据进行可视化分析，绘制散点图和饼图，查看数据的分布情况，绘制箱线图并查看数据中是否存在异常值。

第5章 数据预处理

在数据分析中，原始数据中存在着大量不完整（有缺失值）、不一致、有异常的数据，严重影响到数据分析与建模时的执行效率，甚至可能导致分析结果的偏差，因此进行数据清洗显得尤为重要。数据清洗完成后进行的或者同时进行的数据合并、变换等一系列的处理，就是数据预处理。数据预处理一方面要提高数据的质量，另一方面要让数据更好地适应特定的分析技术或工具。统计发现，数据预处理工作量占到了整个数据分析过程的 60%。

数据预处理的主要处理过程包括数据清洗、数据合并和数据变换。数据预处理过程示意图如图 5-1 所示。

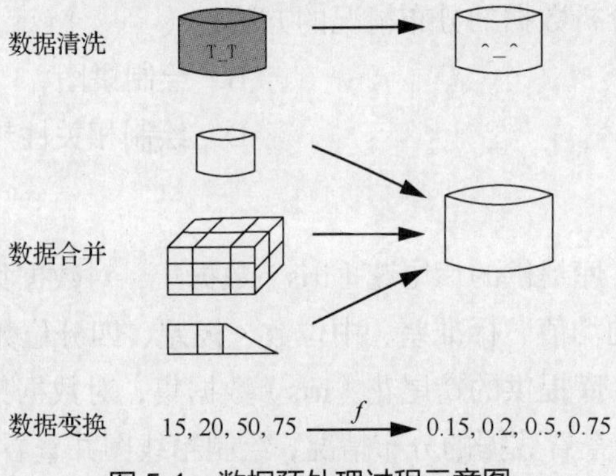

图 5-1　数据预处理过程示意图

学习目标

（1）掌握缺失值产生的原因、带来的影响和常见处理方法。

（2）掌握常见的异常值分析和处理方法。

（3）掌握多表合并和分组聚合的方法。

（4）了解函数变换的概念和作用，掌握常见的数据标准化和连续属性离散化方法。

（5）掌握 Python 的主要数据预处理函数。

5.1 数据清洗

数据清洗主要包括删除原始数据集中的重复数据，平滑噪声数据，筛选并去掉与分析主题无关的数据，处理缺失值、异常值等。

5.1.1 缺失值处理

数据的缺失主要包括记录的缺失和记录中某个字段信息的缺失，两者都会造成分析结果的不准确。

1. 缺失值产生的原因

（1）有些数据暂时无法获取，或者获取数据的代价太大。

（2）有些数据是被遗漏的，可能是因为输入时认为不重要、忘记填写或对数据的理解错误等一些人为因素而被遗漏，也可能是由于数据采集设备的故障、存储介质的故障、传输媒体的故障等非人为因素而被丢失。

（3）属性值不存在。在某些情况下，缺失值并不意味着数据有错误。对一些对象来说某些属性值是不存在的，如一个未婚者的配偶姓名、一个儿童的固定收入等。

2. 缺失值的影响

（1）数据分析建模将丢失大量的有用数据。

（2）数据分析模型所表现出的不确定性更加显著，模型中蕴含的规律更难把握。

（3）包含空值的数据会使建模过程陷入混乱，导致输出的不可靠。

3. 缺失值的处理方法

缺失值的处理方法可分为 3 类：删除记录、数据插补和不处理。其中常用的数据插补方法如表 5-1 所示。

表 5-1 常用的数据插补方法

数据插补方法	描述
平均数/中位数/众数插补	根据属性值的类型，用该属性值的平均数/中位数/众数进行插补
使用固定值	将缺失的属性值用一个常量替换。如 2015 年广州一个工厂普通外来务工人员的“基本工资”属性的空缺值可以用 2015 年广州市普通外来务工人员工资标准 1895 元/月替代
最近邻插补	在记录中找到与缺失样本最接近的样本的该属性值插补
回归方法	对带有缺失值的变量，根据已有数据和与其有关的其他变量（因变量）的数据建立拟合模型来预测缺失的属性值
插值法	插值法是利用已知点建立合适的插值函数 $f(x)$，未知值由对应点 x_i 求出的函数值 $f(x_i)$ 近似代替

如果通过简单地删除小部分记录可以达到既定的目标，那么删除含有缺失值的记录是最有效的一种方法。然而，这种方法有很大的局限性。它以减少历史数据来换取数据的完备性，会造成资源的大量浪费，丢弃大量隐藏在这些记录中的信息。尤其是在数据集本来就包含很少记录的情况下，删除少量记录可能会严重影响到分析结果的客观性和正确性。

因此，一些模型将缺失值视作一种特殊的取值，允许直接在含有缺失值的数据上进行建模。

在数据分析中常用的数据插补方法如表 5-1 所示，本部分重点介绍插值法中的拉格朗日插值法和牛顿插值法。其他的插值方法还有 Hermite 插值、分段插值、样条插值等。

（1）拉格朗日插值法

根据数学知识可知，对于空间上已知的 n 个点，可以找到一个 $n-1$ 次多项式 $y=a_0+a_1x+a_2x^2+\cdots+a_{n-1}x^{n-1}$，使此多项式曲线过这 n 个点。

① 求已知的过 n 个点的 $n-1$ 次多项式，如式（5-1）所示。

$$y = a_0 + a_1x + a_2x^2 + \cdots + a_{n-1}x^{n-1} \tag{5-1}$$

将 n 个点的坐标 $(x_1, y_1),(x_2, y_2),\cdots,(x_n, y_n)$ 代入多项式函数，得式（5-2）。

$$\begin{cases} y_1 = a_0 + a_1x_1 + a_2{x_1}^2 + \cdots + a_{n-1}{x_1}^{n-1} \\ y_2 = a_0 + a_1x_2 + a_2{x_2}^2 + \cdots + a_{n-1}{x_2}^{n-1} \\ \vdots \\ y_n = a_0 + a_1x_n + a_2{x_n}^2 + \cdots + a_{n-1}{x_n}^{n-1} \end{cases} \tag{5-2}$$

解出拉格朗日插值多项式，如式（5-3）所示。

$$\begin{aligned} y &= y_1\frac{(x-x_2)(x-x_3)\cdots(x-x_n)}{(x_1-x_2)(x_1-x_3)\cdots(x_1-x_n)} + \\ &\quad y_2\frac{(x-x_1)(x-x_3)\cdots(x-x_n)}{(x_2-x_1)(x_2-x_3)\cdots(x_2-x_n)} + \cdots + \\ &\quad y_n\frac{(x-x_1)(x-x_3)\cdots(x-x_{n-1})}{(x_n-x_1)(x_n-x_3)\cdots(x_n-x_{n-1})} \\ &= \sum_{i=0}^{n} y_i \left(\prod_{j=0, j\neq i}^{n} \frac{x-x_j}{x_i-x_j} \right) \end{aligned} \tag{5-3}$$

② 将缺失的函数值对应的点 x 的值代入插值多项式，得到缺失值的近似值 y。

拉格朗日插值公式结构紧凑，在理论分析中很方便，但是当插值节点增/减时，插值多项式就会随之变化，这在实际计算中是很不方便的，为了克服这一缺点，出现了牛顿插值法。

（2）牛顿插值法

在区间 $[a,b]$ 上，函数 $f(x)$ 关于节点 x_i 的零阶差商定义如式（5-4）所示，$f(x)$ 关于两个节点 x_i 和 x_j 的一阶差商定义如式（5-5）所示。一般地，k 阶差商就是 $k-1$ 阶差商的差商，称式（5-6）为 $f(x)$ 关于 $k+1$ 个节点 $x_0,x_1,x_2,\cdots,x_k$ 的 k 阶差，具体可以按照表 5-2 的格式有规律地计算差商。

$$f[x_i] = f(x_i) \tag{5-4}$$

$$f[x_i, x_j] = \frac{f(x_j) - f(x_i)}{x_j - x_i} \tag{5-5}$$

$$f[x_0, x_1, x_2, \cdots, x_k] = \frac{f[x_1, x_2, \cdots, x_k] - f[x_0, x_1, \cdots, x_{k-1}]}{x_k - x_0} \tag{5-6}$$

表 5-2 差商表（部分）

x_k	$f(x_k)$	一阶差商	二阶差商	三阶差商	四阶差商
x_0	$f(x_0)$				
x_1	$f(x_1)$	$f[x_0,x_1]$			
x_2	$f(x_2)$	$f[x_1,x_2]$	$f[x_0,x_1,x_2]$		
x_3	$f(x_3)$	$f[x_2,x_3]$	$f[x_1,x_2,x_3]$	$f[x_0,x_1,x_2,x_3]$	
x_4	$f(x_4)$	$f[x_3,x_4]$	$f[x_2,x_3,x_4]$	$f[x_1,x_2,x_3,x_4]$	$f[x_0,x_1,x_2,x_3,x_4]$

借助差商的定义，牛顿插值多项式可以表示为式（5-7）。

$$N_n(x)=f[x_0]w_0(x)+f[x_0,x_1]w_1(x)+f[x_0,x_1,x_2]w_2(x)+\cdots+ f[x_0,x_1,\cdots,x_n]w_n(x) \tag{5-7}$$

牛顿插值多项式的余项公式可以表示为式（5-8）。

$$R_n(x)=f[x,x_0,x_1,\cdots,x_n]w_{n+1}(x) \tag{5-8}$$

其中，$w_0(x)=1$，$w_k(x)=(x-x_0)(x-x_1)\cdots(x-x_{k-1})\ (k=1,2,\cdots,n+1)$。对于区间$[a,b]$中的任一点$x$，则有$f(x)=N_n(x)+R_n(x)$。

牛顿插值法也是多项式插值，采用了另一种构造插值多项式的方法，与拉格朗日插值相比，其具有承袭性和易于变动节点等优点。本质上来说，两者给出的结果是一样的（相同次数、相同系数的多项式），只不过表示的形式不同。因此，在 Python 的 SciPy 库中，只提供了拉格朗日插值法的函数（因为实现上比较容易）。如果需要使用牛顿插值法，则需要自行编写函数。

下面结合具体案例介绍拉格朗日插值法。

餐饮系统中的销量数据可能会出现缺失值。表 5-3 所示为某餐厅一段时间的销量，其中 2015 年 2 月 14 日的数据有缺失，用拉格朗日插值法对缺失值进行插补，如代码 5-1 所示。

表 5-3 某餐厅一段时间的销量数据

时间	2015/2/25	2015/2/24	2015/2/23	2015/2/22	2015/2/21	2015/2/20
销售额（元）	3442.1	3393.1	3136.6	3744.1	6607.4	4060.3
时间	2015/2/19	2015/2/18	2015/2/16	2015/2/15	2015/2/14	2015/2/13
销售额（元）	3614.7	3295.5	2332.1	2699.3		3036.8

代码 5-1 用拉格朗日插值法对缺失值进行插补

```
import pandas as pd  # 导入数据分析库pandas
from scipy.interpolate import lagrange  # 导入拉格朗日插值函数
```

```
inputfile = '../data/catering_sale.xls'  # 销量数据路径
outputfile = '../tmp/sales.xls'  # 输出数据路径

data = pd.read_excel(inputfile)  # 读入数据
data['销量'][(data['销量'] < 400) | (data['销量'] > 5000)] = None  # 过滤异常值，
将其变为空值

# 自定义列向量插值函数
# s 为列向量，n 为被插值的位置，k 为取缺失值前后的数据个数，默认为 5
def ployinterp_column(s, n, k=5):
    y = s[list(range(n-k, n)) + list(range(n+1, n+1+k))]  # 取数
    y = y[y.notnull()]  # 剔除空值
    return lagrange(y.index, list(y))(n)  # 插值并返回插值结果

# 逐个元素判断是否需要插值
for i in data.columns:
    for j in range(len(data)):
        if (data[i].isnull())[j]:  # 如果为空即插值
            data[i][j] = ployinterp_column(data[i], j)

data.to_excel(outputfile)  # 输出结果，写入文件
```

在代码 5-1 中，使用缺失值前后各 5 个有效数据参与建模，数据插值结果如表 5-4 所示。

表 5-4 数据插值结果

时间	原始值	插值
2015/2/21	6607.4	4275.255
2015/2/14		4156.86

在进行插值之前对数据进行异常值检测，发现 2015 年 2 月 21 日的数据是异常的（数据大于 5000），所以把此日期数据定义为空缺值，进行补数。利用拉格朗日插值对 2015 年 2 月 14 日和 2015 年 2 月 21 日的数据进行插补，结果分别为 4275.255 和 4156.86，这两天都是周末，而周末的销售额一般要比周一到周五的销售额多，所以插值结果比较符合实际情况。

5.1.2 异常值处理

异常值是样本中的个别值，其数值明显偏离其余的观测值。忽视异常值的存在是十分

"危险"的，不加处理地把异常值加入数据的计算分析过程中，会对结果带来影响。

1. 异常值分析

异常值分析用于检验数据是否有录入错误以及含有不合常理的数据。重视出现的异常值，分析其产生的原因，常常成为发现问题进而改进决策的契机。

异常值也称为离群点，异常值分析也称为离群点分析。

（1）简单统计量分析

可以先对变量进行描述性统计，进而查看哪些数据是不合理的。十分常用的统计量是最大值和最小值，其用来判断变量的取值是否超出了合理范围。如客户年龄的最大值为 199 岁，则该变量的取值存在异常。

（2）3σ 原则

如果数据服从正态分布，那么在 3σ 原则下，异常值被定义为一组测定值中与平均值的偏差超过 3 倍标准差的值。在正态分布的假设下，出现距离平均值 3σ 之外的值的概率为 $P(|x-\mu|>3\sigma)\leqslant 0.003$，属于小概率事件。

如果数据不服从正态分布，那么可以用偏离平均值的 n 倍标准差来描述。

（3）箱线图分析

箱线图提供了识别异常值的一个标准：异常值通常被定义为小于 $Q_L-1.5\text{IQR}$ 或大于 $Q_U+1.5\text{IQR}$ 的值。Q_L 称为下四分位数，表示全部观察值中有四分之一的数据的取值比它小；Q_U 称为上四分位数，表示全部观察值中有四分之一的数据的取值比它大；IQR（Interquartile Range，四分位间距）是上四分位数 Q_U 与下四分位数 Q_L 之差，四分位间距内的数据占了全部观察值的一半。

便利店的销售额数据中可能会出现缺失值和异常值，如表 5-5 所示。

表 5-5 便利店销售额数据示例

时间	2016/05/01	2016/05/02	2016/05/03	2016/05/04	2016/05/05
销量额（元）	732	1357	1650	1980	

观察便利店每日销售额数据可以发现，其中有部分数据是缺失的，如 2016 年 5 月 5 日的销量额。当数据集中记录数和属性数较多时，使用人工分辨缺失数据的方法是不切合实际的，所以需要编写程序来检测出含有缺失值的记录和属性，以及缺失值个数和缺失率等。

通过 pandas 库的 describe 方法可以查看数据的基本情况。查看便利店数据基本情况，如代码 5-2 所示，结果如表 5-6 所示。

代码 5-2 使用 describe 方法查看数据的基本情况

```
#异常值处理
data = pd.read_excel('../data/food.xls', index_col='日期')  # 读取数据，指定“日期”列为索引列
print(data.describe())
```

表 5-6　便利店数据的基本情况

统计指标	统计指标的值
count	91
mean	1557.956044
std	835.075564
min	155
25%	859
50%	1440
75%	2016.5
max	5390

在表 5-6 中，count 表示非空值数，通过 len(data)命令可以知道数据记录为 92 条，因此缺失值数量为 1。此外，基本参数还有平均值（mean）、标准差（std）、最小值（min）、最大值（max）以及下四分位数（25%）、中位数（50%）、上四分位数（75%）。

箱线图可以更直观地展示便利店销售额数据，并且可以检测异常值。对便利店销售额数据中的异常值进行检测，如代码 5-3 所示，结果如图 5-2 所示。

代码 5-3　便利店销售额数据异常值检测

```
import matplotlib.pyplot as plt
plt.rcParams['font.sans-serif'] = ['SimHei']  # 用于正常显示中文标签
plt.rcParams['axes.unicode_minus'] = False  # 用于正常显示负号

plt.figure() # 建立图像
p = data.boxplot(return_type='dict')  # 画箱线图
x = p['fliers'][0].get_xdata() # fliers 即为异常值的标签
y = p['fliers'][0].get_ydata()
y.sort() # 从小到大排序，该方法直接改变原对象

for i in range(len(x)):
    if i>0:
        plt.annotate(y[i], xy=(x[i],y[i]), xytext=(x[i]+0.05 -0.8/(y[i]-y[i-1]),
y[i]))
    else:
        plt.annotate(y[i], xy=(x[i],y[i]), xytext=(x[i]+0.08,y[i]))

plt.rc('font', size=10)
plt.show()  # 展示箱线图
```

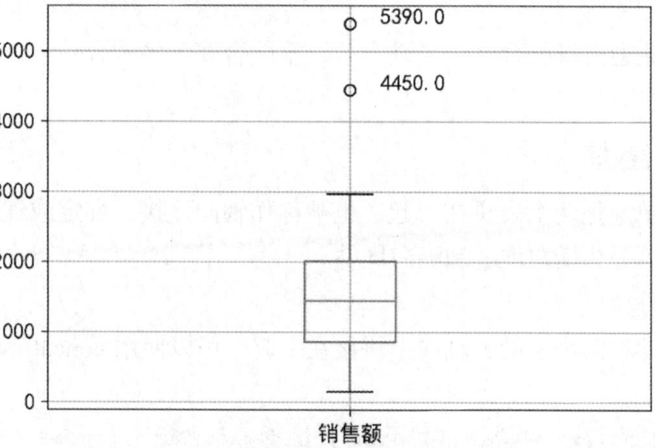

图 5-2 销售额异常值检测箱线图

由图 5-2 可知，箱线图中超过上边缘的两个销售额数据 4450.0 和 5390.0 为异常值。

2. 异常值的处理方法

在数据预处理时，是否剔除异常值需视具体情况而定，因为有些异常值可能蕴含着有用的信息。异常值处理的常用方法如表 5-7 所示。

表 5-7 异常值处理的常用方法

异常值处理常用方法	描述
删除含有异常值的记录	直接将含有异常值的记录删除
视为缺失值	将异常值视为缺失值，利用处理缺失值的方法进行处理
平均值修正	可用前后两个观测值的平均值修正该异常值
不处理	直接在具有异常值的数据集上进行分析建模

将含有异常值的记录直接删除这种方法简单易行，但缺点也很明显。在观测值很少的情况下，这会造成样本量不足，可能会改变变量的原有分布，从而造成分析结果的不准确。视其为缺失值进行处理的好处是可以利用现有变量的信息，对异常值进行填补。

很多情况下，要先分析异常值出现的原因，再判断异常值是否应该被舍弃。如果是正确的数据，可以直接在具有“异常值”的数据集上进行分析建模。

5.2 数据合并

数据合并作为数据预处理中的重要组成部分，主要包括了多表合并和分组聚合两部分内容。

5.2.1 多表合并

多表合并是指通过堆叠合并、主键合并、重叠合并等多种合并方式，将关联的数据合并在一张表中。

1. 堆叠合并数据

堆叠就是简单地把两个表拼在一起，也被称作轴向连接、绑定或连接。依照连接轴的方向，数据堆叠可分为横向堆叠和纵向堆叠。

（1）横向堆叠

横向堆叠，即将两个表沿 x 轴向上拼接在一起，可以使用 concat 函数完成。concat 函数的使用格式如下。

```
pandas.concat(objs,axis=0,join='outer',join_axes=None,ignore_index=False, keys=None, levels=None, names=None,verify_integrity=False, copy=True)
```

concat 函数的常用参数及相关说明如表 5-8 所示。

表 5-8 concat 函数的常用参数及相关说明

参数名称	说明
objs	接收多个 Series、DataFrame、Panel 的组合，表示参与连接的 pandas 对象的列表的组合。无默认值
axis	接收 0 或 1，表示连接的轴向。默认为 0
join	接收 inner 或 outer，表示其他轴方向上的索引是按交集（inner）还是并集（outer）进行合并。默认为 outer
join_axes	接收 Index（索引）对象，表示用于其他 n–1 条轴的索引，不执行并集/交集运算
ignore_index	接收 boolean，表示是否不保留连接轴上的索引，产生一组新索引 range(total_length)。默认为 False
keys	接收 sequence，表示与连接对象有关的值，用于形成连接轴向上的层次化索引。默认为 None
levels	接收包含多个 sequence 的 list，表示在指定 keys 参数后，指定用作层次化索引各级别上的索引。默认为 None
names	接收 list，表示在设置了 keys 和 levels 参数后，用于创建分层级别的名称。默认为 None
verify_integrity	接收 boolean，检查新连接的轴是否包含重复项。如果发现重复项，则引发异常。默认为 False

当 axis=1 的时候，concat 函数执行行对齐，并将不同列名称的两张或多张表合并。当两个表索引不完全一样时，可以使用 join 参数选择是内连接还是外连接。在内连接的情况下，仅仅返回索引交集部分；在外连接的情况下，则显示索引的并集部分数据。不足的地方则使用空值填补，其连接示例如图 5-3 所示。

表1

	A	B	C	D
1	A1	B1	C1	D1
2	A2	B2	C2	D2
3	A3	B3	C3	D3
4	A4	B4	C4	D4

表2

	B	D	F
2	B2	D2	F2
4	B4	D4	F4
6	B6	D6	F6
8	B8	D8	F8

合并后的表3

	A	B	C	D	B	D	F
1	A1	B1	C1	D1	NaN	NaN	NaN
2	A2	B2	C2	D2	B2	D2	F2
3	A3	B3	C3	D3	NaN	NaN	NaN
4	A4	B4	C4	D4	B4	D4	F4
6	NaN	NaN	NaN	NaN	B6	D6	F6
8	NaN	NaN	NaN	NaN	B8	D8	F8

图 5-3　横向堆叠外连接示例

当两张表完全一样时，不论 join 参数的取值是 inner 还是 outer，结果都是将两个表完全沿 *x* 轴拼接起来。以两张索引完全相同的表为例，对数据进行横向堆叠，如代码 5-4 所示。横向堆叠前后的数据形状如表 5-9 所示。

代码 5-4　索引完全相同时的横向堆叠

```
import numpy as np
import pandas as pd
meal_order_detail = '../data/meal_order_detail.xlsx'
detail1 = pd.read_excel(meal_order_detail)
df1 = detail1.iloc[:,:10]  # 取出 detail1 的前 10 列数据
df2 = detail1.iloc[:,9:]  # 取出 detail1 的后 9 列数据
print('合并 df1 的大小为%s, df2 的大小为%s。'%(df1.shape,df2.shape))
print('外连接合并后的表大小为',pd.concat([df1,df2],
        axis=1,join='outer').shape)
print('内连接合并后的表大小为',pd.concat([df1,df2],
        axis=1,join='inner').shape)
```

表 5-9　横向堆叠前后的数据形状

数据	行数	列数
df1 表	2779	10
df2 表	2779	9
外连接横向合并后的表	2779	19
内连接横向合并后的表	2779	19

（2）纵向堆叠

与横向堆叠相对应，纵向堆叠是将两个表沿 *y* 轴向上拼接。concat 函数和 append 方法都可以实现纵向堆叠。

使用 concat 函数时，在默认情况下，即 axis=0 时，concat 执行列对齐，将不同行索引

的两张或多张表纵向合并。在两张表的列名并不完全相同的情况下，可以使用 join 参数：取值为 inner 时，返回的仅仅是列名的交集所代表的列；取值为 outer 时，返回的是列名的并集所代表的列。纵向堆叠外连接示例如图 5-4 所示。

表1

	A	B	C	D
1	A1	B1	C1	D1
2	A2	B2	C2	D2
3	A3	B3	C3	D3
4	A4	B4	C4	D4

表2

	B	D	F
2	B2	D2	F2
4	B4	D4	F4
6	B6	D6	F6
8	B8	D8	F8

合并后的表3

	A	B	C	D	F
1	A1	B1	C1	D1	NaN
2	A2	B2	C2	D2	NaN
3	A3	B3	C3	D3	NaN
4	A4	B4	C4	D4	NaN
2	NaN	B2	NaN	D2	F2
4	NaN	B4	NaN	D4	F4
6	NaN	B6	NaN	D6	F6
8	NaN	B8	NaN	D8	F8

图 5-4 纵向堆叠外连接示例

不论 join 参数的取值是 inner 还是 outer，结果都是将两个表完全沿 y 轴拼接起来。以两张索引完全相同的表为例，对数据进行纵向堆叠，如代码 5-5 所示。纵向堆叠前后的数据形状如表 5-10 所示。

代码 5-5 索引完全相同时的纵向堆叠

```
df3 = detail1.iloc[:1500,:]  # 取出 detail1 前 1500 行数据
df4 = detail1.iloc[1500:,:]  # 取出 detail1 第 1500 行后的数据
print('合并 df3 的大小为%s，df4 的大小为%s。'%(df3.shape,df4.shape))
print('内连接纵向合并后的数据框大小为',pd.concat([df3,df4],
      axis=1, join='outer').shape)
print('外连接纵向合并后的数据框大小为',pd.concat([df3,df4],
      axis=1, join='inner').shape)
```

表 5-10 纵向堆叠前后的数据形状

数据	行数	列数
df3 表	1500	19
df4 表	1279	19
内连接纵向合并后的表	0	38
外连接纵向合并后的表	2779	38

除了 concat 函数之外，append 方法也可以用于纵向合并两张表。但是使用 append 方法

实现纵向表堆叠有一个前提条件，即两张表的列名需要完全一致。append 方法的使用格式如下。

```
pandas.DataFrame.append(self,other,ignore_index=False,verify_integrity=
False)
```

append 方法的常用参数及其说明如表 5-11 所示。

表 5-11 append 方法的常用参数及其说明

参数名称	说明
other	接收 DataFrame 或 Series，表示要添加的新数据。无默认值
ignore_index	接收 boolean，如果输入 True，就会对新生成的 DataFrame 使用新的索引（自动产生），而忽略原来数据的索引。默认为 False
verify_integrity	接收 boolean，如果输入 True，那么当 ignore_index 为 False 时，会检查添加的数据索引是否冲突，如果冲突，则会添加失败。默认为 False

以两张索引完全相同的表为例，对数据使用 append 方法进行纵向表堆叠，如代码 5-6 所示。纵向堆叠前后的数据形状如表 5-12 所示。

代码 5-6 使用 append 方法进行纵向表堆叠

```
print('堆叠前 df3 的大小为%s，df4 的大小为%s。'%(df3.shape,df4.shape))
print('append 纵向堆叠后的数据框大小为',df3.append(df4).shape)
```

表 5-12 纵向堆叠前后的数据形状

数据	行数	列数
df3 表	1500	19
df4 表	1279	19
df3 和 df4 纵向堆叠后的表	2779	19

2. 主键合并数据

主键合并，即通过一个或多个键将两个数据集的行连接起来，类似于 SQL 中的 join。针对两张包含不同字段的表，将其根据某几个字段一一对应地拼接起来，结果集的列数为两个原数据的列数和再减去连接键的数量，如图 5-5 所示。

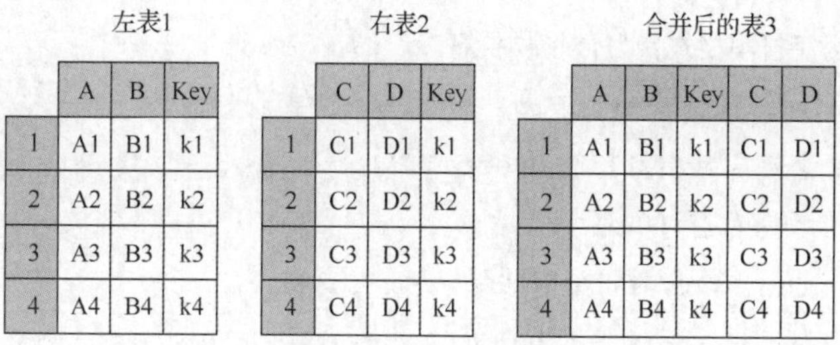

图 5-5 主键合并示例

pandas 库中的 merge 函数和 join 方法都可以实现主键合并，但两者的实现方式并不相同。merge 函数的使用格式如下。

```
pandas.merge(left, right, how='inner', on=None,left_on=None,right_on=None,
left_index=False,right_index=False, sort=False, suffixes=('_x', '_y'), copy=
True, indicator=False)
```

和数据库的 join 一样，merge 函数也有左连接（left）、右连接（right）、内连接（inner）和外连接（outer）。但比起数据库 SQL 语言中的 join，merge 函数还有其独到之处，例如，可以在合并过程中对数据集中的数据进行排序等。根据 merge 函数中的参数说明，并按照需求修改相关参数，即可以使用多种方法实现主键合并。merge 函数的常用参数及其说明如表 5-13 所示。

表 5-13　merge 函数的常用参数及其说明

参数名称	说明
left	接收 DataFrame 或 Series，表示要添加的新数据 1。无默认值
right	接收 DataFrame 或 Series，表示要添加的新数据 2。无默认值
how	接收 inner、outer、left、right，表示数据的连接方式。默认为 inner
on	接收 string 或 sequence，表示两个数据合并的主键（必须一致）。默认为 None
left_on	接收 string 或 sequence，表示 left 参数接收数据用于合并的主键。默认为 None
right_on	接收 string 或 sequence，表示 right 参数接收数据用于合并的主键。默认为 None
left_index	接收 boolean，表示是否将 left 参数接收数据的 index 作为连接主键。默认为 False
right_index	接收 boolean，表示是否将 right 参数接收数据的 index 作为连接主键。默认为 False
sort	接收 boolean，表示是否根据连接键对合并后的数据进行排序。默认为 False
suffixes	接收 tuple，表示当 left 和 right 参数接收的数据列名相同时追加的后缀。默认为('_x', '_y')

以订单详情表和订单信息表为例，使用 merge 函数合并数据，如代码 5-7 所示。合并前后的数据形状如表 5-14 所示。

代码 5-7　使用 merge 函数合并数据

```
meal_order_info = '../data/meal_order_info.csv'
order = pd.read_csv(meal_order_info,sep=',',encoding='gb18030')  # 读取订单信
息表
# 将 info_id 转换为字符串格式，为合并做准备
order['info_id'] = order['info_id'].astype('str')
detail1['order_id'] = detail1['order_id'].astype('str')
# 订单详情表和订单信息表都有订单编号
# 在订单详情表中为 order_id，在订单信息表中为 info_id
order_detail = pd.merge(detail1,order,left_on='order_id',right_on = 'info_id')
```

```
print('detail1 订单详情表的原始形状为',detail1.shape)
print('order 订单信息表的原始形状为',order.shape)
print('订单详情表和订单信息表主键合并后的形状为',order_detail.shape)
```

表 5-14　合并前后的数据形状

数据	行数	列数
detail1 订单详情表	2779	19
order 订单信息表	945	21
订单详情表和订单信息表主键合并表	2779	40

除了使用 merge 函数以外，join 方法也可以实现部分主键合并的功能。但是使用 join 方法时，两个主键的名字必须相同，其使用格式如下。

```
pandas.DataFrame.join(self, other, on=None, how='left',lsuffix='',rsuffix='',
sort=False)
```

join 方法的常用参数及其说明如表 5-15 所示。

表 5-15　join 方法的常用参数及其说明

参数名称	说明
other	接收 DataFrame、Series 或者包含了多个 DataFrame 的 list，表示参与连接的其他 DataFrame。无默认值
on	接收列名或者包含列名的 list 或 tuple，表示用于连接的列名。默认为 None
how	接收特定 string。取值为“inner”时代表内连接；取值为“outer”时代表外连接；取值为“left”时代表左连接；取值为“right”时代表右连接。默认为“inner”
lsuffix	接收 sring，表示用于追加到左侧重叠列名的后缀名。无默认值
rsuffix	接收 string，表示用于追加到右侧重叠列名的后缀名。无默认值
sort	接收 boolean，根据连接键对合并后的数据进行排序。默认为 False

以订单详情表和订单信息表为例，使用 join 方法实现主键合并，如代码 5-8 所示。主键合并前后的数据形状如表 5-16 所示。

代码 5-8　使用 join 方法实现主键合并

```
order.rename({'info_id':'order_id'},inplace=True)
detail1['order_id'] = detail1['order_id'].astype('int')
order_detail1 = detail1.join(order,on='order_id',rsuffix='1')
print('订单详情表和订单信息表 join 合并后的形状为',order_detail1.shape)
```

表 5-16　主键合并前后的数据形状

数据	行数	列数
detail1 订单详情表	2779	19

续表

数据	行数	列数
order 订单信息表	945	21
订单详情表和订单信息表主键合并表	2779	40

3. 重叠合并数据

数据分析和处理过程中，偶尔会出现两份数据几乎一致的情况，但是某些特征在其中一张表上是完整的，而在另外一张表上是缺失的。这时除了将数据一对一进行比较，然后进行填充的方法外，还有一种方法就是重叠合并。重叠合并在其他工具或者语言中并不常见，但是 pandas 库的开发者希望 pandas 能够解决几乎所有的数据分析问题，因此提供了 combine_first 方法来进行重叠合并，其示例如图 5-6 所示。

表1

	0	1	2
0	NaN	3.0	5.0
1	NaN	4.6	NaN
2	NaN	7.0	NaN

表2

	0	1	2
1	42	NaN	8.2
2	10	7.0	4.0

合并后表3

	0	1	2
0	NaN	3.0	5.0
1	42	4.6	8.2
2	10	7.0	4.0

图 5-6 重叠合并示例

combine_first 方法的使用格式如下。

```
pandas.DataFrame.combine_first(other)
```

combine_first 方法的常用参数及其说明如表 5-17 所示。

表 5-17 combine_first 方法的常用参数及其说明

参数名称	说明
other	接收 DataFrame，表示参与重叠合并的另一个 DataFrame。无默认值

新建两个 DataFrame 来介绍重叠合并，如代码 5-9 所示。重叠合并后的数据如表 5-18 所示。

代码 5-9 重叠合并

```
#建立两个字典，除了 ID 外，别的特征互补
dict1 = {'ID':[1,2,3,4,5,6,7,8,9],
          'System':['win10','win10',np.nan,'win10',
                    np.nan,np.nan,'win7','win7','win8'],
        'CPU':['i7','i5',np.nan,'i7',np.nan,np.nan,'i5','i5','i3']}
dict2 = {'ID':[1,2,3,4,5,6,7,8,9],
          'System':[np.nan,np.nan,'win7',np.nan,
```

```
                        'win8','win7',np.nan,np.nan,np.nan],
          'CPU':[np.nan,np.nan,'i3',np.nan,'i7',
                        'i5',np.nan,np.nan,np.nan]}
# 转换两个字典为 DataFrame
df5 = pd.DataFrame(dict1)
df6 = pd.DataFrame(dict2)
print('经过重叠合并后的数据为\n',df5.combine_first(df6))
```

表 5-18 重叠合并后的数据

Index	ID	System	CPU
0	1	win10	i7
1	2	win10	i5
2	3	win7	i3
3	4	win10	i7
4	5	win8	i7
5	6	win7	i5
6	7	win7	i5
7	8	win7	i5
8	9	win8	i3

5.2.2 分组聚合

依据某个或者某几个字段对数据集进行分组，并对各组应用一个方法，无论是聚合还是转换，都是数据分析的常用操作。pandas 提供了一个灵活高效的 groupby 方法，配合 agg 方法或 apply 方法，能够实现分组聚合的操作。分组聚合的原理如图 5-7 所示。

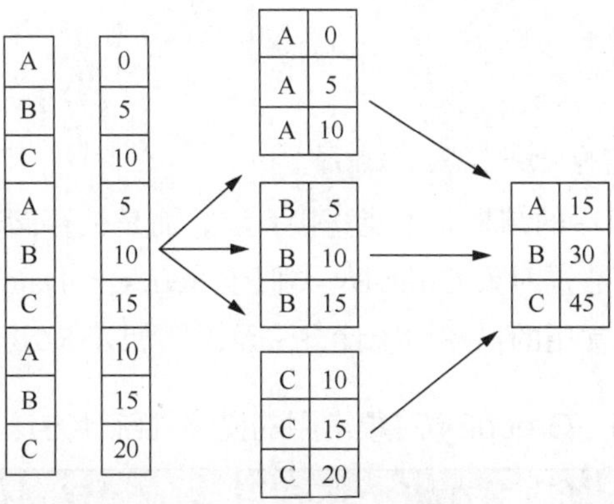

图 5-7 分组聚合的原理

1. 使用 groupby 方法拆分数据

groupby 方法提供的是分组聚合中的拆分功能，能够根据索引或者字段对数据进行分组。其常用参数与使用格式如下。

```
DataFrame.groupby(by=None,axis=0, level=None,as_index=True, sort=True,group_
keys=True, squeeze=False, **kwargs)
```

groupby 方法的常用参数及说明如表 5-19 所示。

表 5-19 groupby 方法的常用参数及说明

参数名称	说明
by	接收 list、string、mapping 或 generator，用于确定进行分组的依据。如果传入的是一个函数，则对索引进行计算并分组；如果传入的是一个字典或者 Series，则字典或者 Series 的值用来作为分组依据；如果传入一个 NumPy 数组，则数据的元素作为分组依据；如果传入的是字符串或者字符串列表，则使用这些字符串所代表的字段作为分组依据。无默认值
axis	接收 int，表示操作的轴向，默认对列进行操作。默认为 0
level	接收 int 或者索引名，代表标签所在级别。默认为 None
as_index	接收 boolean，表示聚合后的聚合标签是否以 DataFrame 索引形式输出。默认为 True
sort	接收 boolean，表示是否对分组依据、分组标签进行排序。默认为 True
group_keys	接收 boolean，表示是否显示分组标签的名称。默认为 True
squeeze	接收 boolean，表示是否在允许的情况下对返回数据进行降维。默认为 False

以某餐饮企业的菜品订单详情表为例，对该表中的数据依据订单编号进行分组，如代码 5-10 所示。

代码 5-10 对菜品订单详情表中的数据依据订单编号分组

```
import pandas as pd;
import numpy as np
meal_order_detail = '../data/meal_order_detail.xlsx'
detail = pd.read_excel(meal_order_detail)
detailGroup = detail[['order_id','counts',
'amounts']].groupby(by = 'order_id')
print('分组后的订单详情表为',detailGroup)
```

在代码 5-10 中，分组后的结果并不能直接查看，而是被存储在内存中，输出的是内存地址。实际上，分组后的数据对象 GroupBy 类似于 Series 与 DataFrame，是 pandas 提供的一种对象。GroupBy 对象常用的描述性统计方法及说明如表 5-20 所示。

表 5-20 GroupBy 对象常用的描述性统计方法及说明

方法名称	说明	方法名称	说明
count	计算分组的数目，包括缺失值	cumcount	对每个分组中的组员进行标记，标号为 0～n−1，n 为组员个数
head	返回每组的前 n 个值	size	返回每组的大小
max	返回每组的最大值	min	返回每组的最小值

续表

方法名称	说明	方法名称	说明
mean	返回每组的均值	std	返回每组的标准差
median	返回每组的中位数	sum	返回每组的和

这些方法为查看每一组数据的整体情况、分布状态提供了良好的支持。基于某餐饮企业的菜品订单表，求分组后每一组的均值、标准差、大小，如代码 5-11 所示。订单详情分组后前 5 组每组的均值、标准差、大小的结果分别如表 5-21、表 5-22、表 5-23 所示。

代码 5-11 求分组后每一组的均值、标准差、大小

```
print('订单详情表分组后前 5 组每组的均值为\n',
        detailGroup.mean(). head())
print('订单详情表分组后前 5 组每组的标准差为\n',
        detailGroup.std().head())
print('订单详情表分组后前 5 组每组的大小为','\n',
        detailGroup.size().head())
```

表 5-21 菜品订单详情表分组后前 5 组每组的均值

order_id	counts（菜品销量）	amounts（菜品售价）
137	1.500000	32.333333
165	1.166667	52.944444
166	1.400000	48.200000
171	1.428571	36.285714
177	1.000000	34.250000

表 5-22 菜品订单详情表分组后前 5 组每组的标准差

order_id	counts（菜品销量）	amounts（菜品售价）
137	1.224 45	35.200379
165	0.383482	52.193613
166	0.547723	41.829415
171	1.133893	19.267540
177	0.000000	15.019432

表 5-23 菜品订单详情表分组后前 5 组每组的大小

order_id	大小
137	6
165	18
166	5
171	7
177	4

2. 使用 agg 方法聚合数据

agg 和 aggregate 方法都支持对每个分组应用函数，包括 Python 内置函数或自定义函数。同时，这两个方法也能够直接对 DataFrame 进行函数应用操作。但值得注意的是，agg 方法能够对 DataFrame 对象进行操作是从 pandas 0.20 开始的，在之前的版本中，agg 方法并无此功能。针对 DataFrame 的 agg 与 aggregate 方法的使用格式如下。

```
DataFrame.agg(func,axis=0, *args, **kwargs)
DataFrame.aggregate(func,axis=0, *args, **kwargs)
```

agg 和 aggregate 方法的常用参数及其说明如表 5-24 所示。

表 5-24 agg 和 aggregate 方法的常用参数及其说明

参数名称	说明
func	接收 list、dict、function，表示应用于每行或每列的函数。无默认值
axis	接收 0 或 1，代表操作的轴向。默认为 0

在正常使用过程中，agg 方法和 aggregate 方法对 DataFrame 对象操作时实现的功能几乎完全相同，因此只需要掌握其中一个函数即可。以某餐饮企业的菜品订单信息表为例，对当前数据使用 agg 方法一次求出所有菜品销量和售价的和与均值，如代码 5-12 所示。菜品销量与售价的和与均值如表 5-25 所示。

代码 5-12 使用 agg 方法求出当前数据对应的统计量

```
print('菜品销量与售价的和与均值为\n',
      detail[['counts','amounts']].agg([np.sum,np.mean]))
```

表 5-25 菜品销量与售价的和与均值

属性	sum	mean
counts（菜品销量）	3088.000000	1.111191
amounts（菜品售价）	125992.000000	45.337172

在代码 5-12 中，使用对应方法求出“counts”“amounts”两个字段的和与均值。但在某些时候，对于某个字段希望只求均值，而对另一个字段则希望只求和。以菜品订单详情表为例，对数据仅需要计算菜品销量的和与售价的均值时，用字典的方式将两个字段名分别作为 key，然后将 NumPy 库的求和与求均值的方法分别作为 value，如代码 5-13 所示。

代码 5-13 使用 agg 方法分别求字段的不同统计量

```
print('菜品销量总和与售价的均值为\n',
      detail.agg({'counts':np.sum,'amounts':np.mean}))
```

在代码 5-13 的结果中，菜品销量的和为 3088.000000，售价的均值为 45.337172。

在某些时候希望求出某个字段的多个统计量，对其他字段则只需要求一个统计量，此时只需要将字典对应 key 的 value 转换为列表，将列表元素转换为多个目标的统计量即可。

以菜品订单详情表为例，对数据使用agg方法求不同字段的不同数目的统计量，如代码5-14所示。菜品销量总和与售价的总和、均值如表5-26所示。

代码5-14 使用agg方法求不同字段的不同数目的统计量

```
print('菜品销量总和与售价的总和与均值为\n',
      detail.agg({'counts':np.sum,'amounts':[np.mean,np.sum]}))
```

表5-26 菜品销量总和与售价的总和、均值

属性	mean	sum
counts（菜品销量）	NaN	3088.0
amounts（菜品售价）	45.337172	125992.000000

不论是代码5-12、代码5-13还是代码5-14，使用的都是NumPy库的方法。以菜品订单详情表为例，可在agg方法中使用自定义函数求菜品销量两倍总和，如代码5-15所示。

代码5-15 在agg方法中使用自定义函数

```
#自定义函数求两倍的和
def DoubleSum(data):
    s = data.sum()*2
    return s
print('菜品销量两倍总和为','\n',
      detail.agg({'counts':DoubleSum},axis = 0))
```

在代码5-15的结果中，菜品销量两倍总和为6176。此处使用的是自定义函数，需要注意的是，NumPy库中的np.mean、np.median、np.prod、np.sum、np.std和np.var等函数能够在agg方法中直接使用，但是在自定义函数中使用NumPy库中的这些函数时，若计算的是单个序列，则无法得到想要的结果；若是多列数据同时计算，则不会出现这种问题。以订单详情表为例，可在agg方法中，对数据使用含NumPy中的函数的自定义函数求菜品销量两倍总和，如代码5-16所示。菜品销量两倍总和、菜品销量与售价的和的两倍如表5-27、表5-28所示。

代码5-16 在agg方法中使用含NumPy中的函数的自定义函数

```
#自定义函数求两倍的和
def DoubleSum1(data):
    s = np.sum(data)*2
    return s
print('菜品销量两倍总和为\n',
      detail.agg({'counts':DoubleSum1},axis = 0).head())
print('菜品销量与售价的和的两倍为\n',
      detail[['counts','amounts']].agg(DoubleSum1))
```

表 5-27　菜品销量两倍总和

Index（索引）	counts（菜品销量）
0	2
1	2
2	2
3	2
4	2

表 5-28　菜品销量与售价的和的两倍

数据	counts（菜品销量）	amounts（菜品售价）
订单详情表	6176	251984

以订单详情表为例，使用 agg 方法也能够实现对每一个字段的每一组数据使用相同的函数进行简单聚合，如代码 5-17 所示。菜品订单详情表分组后前 3 组每组的均值、标准差分别如表 5-29、表 5-30 所示。

代码 5-17　使用 agg 方法进行简单聚合

```
print('菜品订单详情表分组后前 3 组每组的均值为\n',
      detailGroup.agg(np.mean).head(3))
print('菜品订单详情表分组后前 3 组每组的标准差为\n',
      detailGroup.agg(np.std).head(3))
```

表 5-29　菜品订单详情表分组后前 3 组每组的均值

order_id	counts（菜品销量）	amounts（菜品售价）
137	1.500000	32.333333
165	1.166667	52.944444
166	1.400000	48.200000

表 5-30　菜品订单详情表分组后前 3 组每组的标准差

order_id	counts（菜品销量）	amounts（菜品售价）
137	1.224745	32.333333
165	0.383482	52.944444
166	0.547723	48.200000

若需要对不同的字段应用不同的函数，则与 DataFrame 中使用 agg 方法的操作相同。以菜品订单详情表为例，对分组后的菜品订单详情表求取每组菜品总数和售价均值，如代码 5-18 所示。菜品订单详情表分组前 3 组每组菜品总数和售价均值如表 5-31 所示。

代码 5-18 使用 agg 方法对分组数据使用不同的聚合函数

```
print('菜品订单详情表分组前 3 组每组菜品总数和售价均值为\n',
      detailGroup.agg({'counts':np.sum,
      'amounts':np.mean}).head(3))
```

表 5-31 菜品订单详情表分组前 3 组每组菜品总数和售价均值

order_id	counts（菜品销量）	amounts（菜品售价）
137	9	32.333333
165	21	52.944444
166	7	48.200000

3. 使用 apply 方法聚合数据

apply 方法类似于 agg 方法，能够将函数应用于每一列。不同之处在于，apply 方法传入的函数只能够作用于整个 DataFrame 或者 Series，无法像 agg 方法一样能够对不同字段应用不同函数来获取不同结果。apply 方法的常用参数与使用格式如下。

```
DataFrame.apply(func,axis=0, broadcast=False, raw=False, reduce=None,args=(),
**kwds)
```

apply 方法的常用参数及其说明如表 5-32 所示。

表 5-32 apply 方法的常用参数及其说明

参数名称	说明
func	接收 functions，表示应用于每行或每列的函数。无默认值
axis	接收 0 或 1，代表操作的轴向。默认为 0
broadcast	接收 boolean，表示是否进行广播。默认为 False
raw	接收 boolean，表示是否直接将 ndarray 对象传递给函数。默认为 False
reduce	接收 boolean 或者 None，表示返回值的格式。默认为 None

apply 方法和 agg 方法的使用方式相同，以菜品订单详情表为例，对数据使用 apply 方法求菜品销量与售价的均值，如代码 5-19 所示。

代码 5-19 apply 方法的使用

```
print('菜品订单详情表的菜品销量与售价的均值为\n',
     detail[['counts','amounts']].apply(np.mean))
```

在代码 5-19 的结果中，菜品销量均值为 1.111191、售价的均值为 45.337172。

使用 apply 方法对 GroupBy 对象进行聚合操作的方法和 agg 方法也相同，只是使用 agg 方法能够实现对不同的字段应用不同的函数，而 apply 方法则不行。以菜品订单详情表为例，对数据使用 apply 方法进行聚合，如代码 5-20 所示。菜品订单详情表分组后前 3 组每组的均值、标准差如表 5-33、表 5-34 所示。

代码 5-20　对数据使用 apply 方法进行聚合

```
print('菜品订单详情表分组后前 3 组每组的均值为','\n',
      detailGroup.apply(np.mean).head(3))
print('菜品订单详情表分组后前 3 组每组的标准差为','\n',
      detailGroup.apply(np.std).head(3))
```

表 5-33　菜品订单详情表分组后前 3 组每组的均值

order_id	counts（菜品销量）	amounts（菜品售价）
137	1.500000	32.333333
165	1.166667	52.944444
166	1.400000	48.200000

表 5-34　菜品订单详情表分组后前 3 组每组的标准差

order_id	counts（菜品销量）	amounts（菜品售价）
137	1.118034	32.133402
165	0.372678	50.723074
166	0.489898	37.413367

4．使用 transform 方法聚合数据

transform 方法能够对整个 DataFrame 的所有元素进行操作。transform 方法只有一个参数 func，表示对 DataFrame 操作的函数。以订单详情表为例，对销量和售价使用 transform 方法进行翻倍，如代码 5-21 所示。菜品销量与售价的两倍如表 5-35 所示。

代码 5-21　使用 transform 方法将销量和售价翻倍

```
print('菜品销量与售价的两倍为\n',
    detail[['counts','amounts']].transform(lambda x:x*2).head(4))
```

表 5-35　菜品销量与售价的两倍

Index（索引）	counts（菜品销量）	amounts（菜品售价）
0	2	98
1	2	96
2	2	60
3	2	50

5.3 数据变换

数据变换主要是对数据进行函数变换、标准化、离散化和属性构造等处理，将数据转换成适当的形式，以满足分析任务及算法的需要。

5.3.1 函数变换

简单的函数变换是对原始数据进行某些数学函数变换，常用的包括平方、开方、取对数、差分运算等，分别如式（5-9）～式（5-12）所示。

$$x' = x^2 \tag{5-9}$$

$$x' = \sqrt{x} \tag{5-10}$$

$$x' = \log(x) \tag{5-11}$$

$$\nabla f(x_k) = f(x_{k+1}) - f(x_k) \tag{5-12}$$

简单的函数变换常用来将不具有正态分布的数据变换成具有正态分布的数据。在时间序列分析中，有时简单的对数变换或者差分运算可以将非平稳序列转换成平稳序列。在数据分析中，简单的函数变换可能更有必要，如年营收的取值范围为 10000 元～10 亿元，这是一个很大的区间，使用对数变换对其进行压缩是常用的一种变换处理的手段。

5.3.2 数据标准化

数据标准化（归一化）处理是数据分析的一项基础工作。不同评价指标往往具有不同的量纲，数值间的差别可能很大，不进行处理可能会影响数据分析的结果。为了消除指标之间的量纲和取值范围差异的影响，需要对数据进行标准化处理，将数据按照比例进行缩放，使之落入一个特定的区域，便于进行综合分析。如将工资收入属性值映射到[-1,1]或者[0,1]区间内。

数据标准化对基于距离的分析算法尤为重要。

1. 最小-最大标准化

最小-最大标准化也被称为离差标准化，是指对原始数据进行线性变换，将数值映射到[0,1]区间，如式（5-13）所示。

$$x^* = \frac{x - \min}{\max - \min} \tag{5-13}$$

其中 max 为样本数据的最大值，min 为样本数据的最小值。max−min 为极差。离差标准化保留了原来数据中存在的关系，是消除量纲和数据取值范围影响的简单方法。这种处理方法的缺点是，若数值集中某个数的绝对值很大，则规范化后各值会接近于 0，并且相差不大。假如遇到超过目前属性取值范围[min,max]的数据的时候，会引起系统出错，需要重新确定 min 和 max。

2. 零-均值标准化

零-均值标准化也被称为标准差标准化，经过处理的数据的均值为 0，标准差为 1。零-均值标准化如式（5-14）所示。

$$x^* = \frac{x - \bar{x}}{\sigma} \tag{5-14}$$

其中 $\bar{x}$ 为原始数据的均值，σ 为原始数据的标准差，零-均值标准化是当前用得最多的数据标准化方法之一。

3. 小数定标标准化

通过移动属性值的小数位数，将属性值映射到区间[-1,1]，移动的小数位数取决于属性值绝对值的最大值。小数定标标准化如式（5-15）所示。

$$x^* = \frac{x}{10^k} \tag{5-15}$$

对于一个含有 7 个记录、4 个属性的数据集，每一个属性的取值分别用最小-最大标准化、零-均值标准化、小数定标标准化进行标准化，如代码 5-22 所示。原始数据、最小-最大标准化后的数据、零-均值标准化后的数据、小数定标标准化后的数据分别如表 5-36～表 5-39 所示。

代码 5-22 数据标准化

```
import pandas as pd
import numpy as np
datafile = '../data/normalization_data.xls' # 参数初始化
data = pd.read_excel(datafile, header=None)  # 读取数据
print(data)

(data - data.min()) / (data.max() - data.min())  # 最小-最大标准化
(data - data.mean()) / data.std()  # 零-均值标准化
data / 10 ** np.ceil(np.log10(data.abs().max()))  # 小数定标标准化
```

表 5-36 原始数据

Index \ Column	0	1	2	3
0	78	521	602	2863
1	144	-600	-521	2245
2	95	-457	468	-1283
3	69	596	695	1054
4	190	527	691	2051
5	101	403	470	2487
6	146	413	435	2571

表 5-37 最小-最大标准化后的数据

Index \ Column	0	1	2	3
0	0.074380	0.937291	0.923520	1.000000
1	0.619835	0.000000	0.000000	0.850941

续表

Column / Index	0	1	2	3
2	0.214876	0.119565	0.813322	0.000000
3	0.000000	1.000000	1.000000	0.563676
4	1.000000	0.942308	0.996711	0.804149
5	0.264463	0.838629	0.814967	0.909310
6	0.636364	0.846990	0.786184	0.929571

表 5-38 零-均值标准化后的数据

Column / Index	0	1	2	3
0	−0.90538	0.635863	0.464531	0.798149
1	0.604678	−1.587675	−2.193167	0.369390
2	−0.516428	−1.304030	0.147406	−2.078279
3	−1.111301	0.784628	0.684625	−0.456906
4	1.657146	0.647765	0.675159	0.234 96
5	−0.379150	0.401807	0.152139	0.537286
6	0.650438	0.421642	0.069308	0.595564

表 5-39 小数定标标准化后的数据

Column / Index	0	1	2	3
0	0.078	0.521	0.602	0.2863
1	0.144	−0.600	−0.521	0.2245
2	0.095	−0.457	0.468	−0.1283
3	0.069	0.596	0.695	0.1054
4	0.190	0.527	0.691	0.2051
5	0.101	0.403	0.470	0.2487
6	0.146	0.413	0.435	0.2571

5.3.3 连续属性离散化

一些数据分析算法，特别是某些分类算法，如 ID3 算法、Apriori 算法等，要求数据具有分类属性。因此，常常需要将连续属性变换成分类属性，即连续属性离散化。

1. 离散化的过程

连续属性离散化就是在数据的取值范围内，设定若干个离散的划分点，将取值范围划分为一些离散化的区间，最后用不同的符号或整数值代表落在每个子区间内的数据。因此，离散化涉及两个子任务：确定划分的区间数以及如何将连续属性值映射到这些值区间。

2. 常用的离散化方法

常用的离散化方法有等宽法、等频法和一维聚类。

（1）等宽法

等宽法将属性的值域分成具有相同宽度的区间，区间的个数由数据本身的特点决定或者由用户指定，类似于制作频率分布表。

（2）等频法

等频法将相同数量的记录放进每个区间。

等宽法和等频法都比较简单，易于操作，但都需要人为地规定区间的个数。同时，等宽法的缺点在于它对离群点比较敏感，倾向于不均匀地把属性值分布到各个区间。有些区间包含许多数据，而有些区间的数据极少，这样会严重损坏建立的决策模型。等频法虽然避免了上述问题的产生，却可能将相同的数据值分到不同的区间，从而使每个区间的数据个数相同。

（3）一维聚类

一维聚类的方法包括两个步骤，首先将连续属性的值用聚类算法（如 K-Means 算法，即 K-均值算法）进行聚类，然后将聚类得到的簇进行处理，合并到一个簇的连续属性值记为同一个标识。聚类分析的离散化方法也需要用户指定簇的个数，从而决定产生的区间数。

下面使用上述 3 种离散化方法对“餐饮企业会员年龄数据”进行连续属性离散化，该属性的示例数据如表 5-40 所示。

表 5-40　餐饮企业会员年龄数据

年龄	21	22	22	21	22	23

分别用等宽法、等频法和一维聚类对数据进行离散化，将数据分成 4 类，然后将每一类记为同一个标识，如分别记为 A1、A2、A3、A4，再进行建模，如代码 5-23 所示。等宽法、等频法和一维聚类离散化结果分别如图 5-8、图 5-9、图 5-10 所示。

代码 5-23　数据离散化

```
import pandas as pd
import numpy as np

datafile = '../data/discretization_data.xlsx'  # 参数初始化
data = pd.read_excel(datafile)  # 读取数据
data = data['年龄'].copy()
k = 4

d1 = pd.cut(data, k, labels=range(k))  # 等宽离散化，各个类依次命名为 0、1、2、3

#等频离散化
w = [1.0*i/k for i in range(k+1)]
```

```
w = data.describe(percentiles=w)[4:4+k+1]  # 使用 describe 方法自动计算分位数
w[0] = w[0]*(1-1e-10)
d2 = pd.cut(data, w, labels=range(k))

from sklearn.cluster import KMeans  # 引入 K-Means 算法
kmodel = KMeans(n_clusters=k,n_jobs=4)  # 建立模型，n_jobs 是并行数，一般设置为等于CPU 数量较好
kmodel.fit(np.array(data).reshape((len(data), 1)))  # 训练模型
c = pd.DataFrame(kmodel.cluster_centers_).sort_values(0)  # 输出聚类中心，并且排序（默认随机排序）
w = c.rolling(2).mean()  # 相邻两项求中点，作为边界点
w = w.dropna()
w = [0] + list(w[0]) + [data.max()]  # 把首末边界点加上
d3 = pd.cut(data, w, labels=range(k))
def cluster_plot(d, k):  # 自定义作图函数来显示聚类结果
  import matplotlib.pyplot as plt
  plt.rcParams['font.sans-serif'] = ['SimHei']  # 用来正常显示中文标签
  plt.rcParams['axes.unicode_minus'] = False  # 用来正常显示负号

  plt.figure(figsize=(8, 3))
  for j in range(0, k):
    plt.plot(data[d==j], [j for i in d[d==j]], 'o')

  plt.ylim(-0.5, k-0.5)
  return plt

cluster_plot(d1, k).show()
cluster_plot(d2, k).show()
cluster_plot(d3, k).show()
```

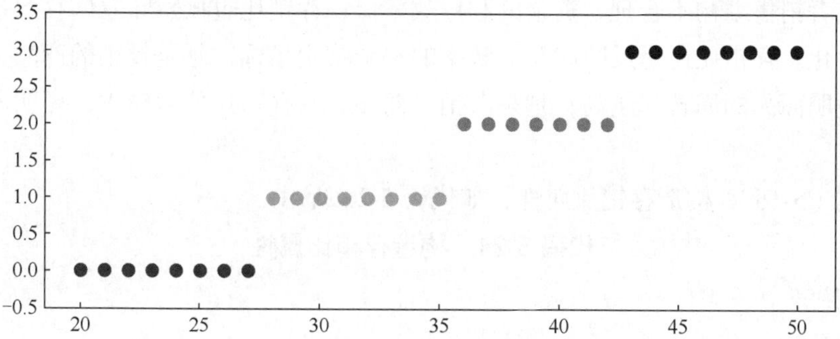

图 5-8　等宽法离散化结果

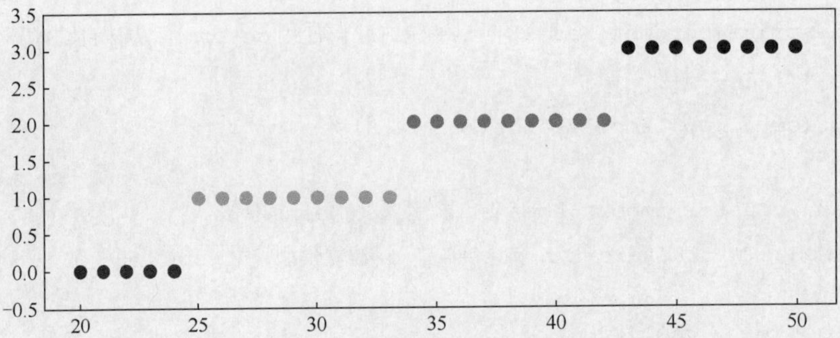

图 5-9　等频法离散化结果

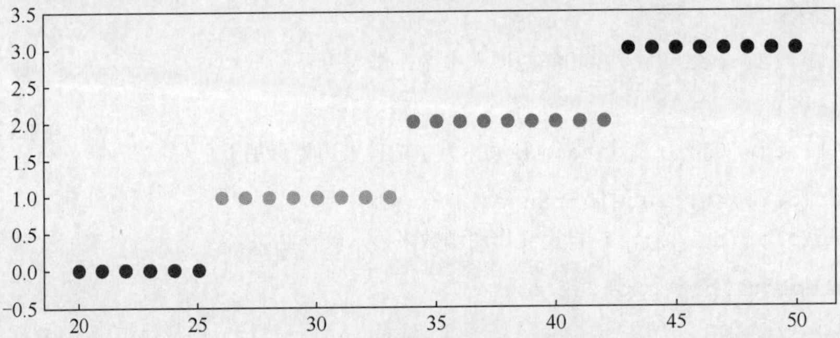

图 5-10　一维聚类离散化结果

5.3.4　属性构造

在数据分析的过程中，为了有助于提取更有用的信息，分析更深层次的模式，提高分析结果的精度，需要利用已有的属性集构造出新的属性，并将其加入现有的属性集合。

例如，进行商品库存的分析时，已有的属性包括商品类别、日期、销售数量、库存数量等。商品的库存数量多，销售就有了保障，但存货的积压风险也会有所增加。为了分析库存总量是否合理，可以构造一个新的指标——存销比，此过程就是属性构造。新构造的属性存销比可以通过式（5-16）计算。

$$存销比=\frac{期末库存数据}{周期内销售数量}\times 100\% \tag{5-16}$$

存销比可以揭示一个单位的销售额需要多少个单位的库存来支持。存销比过高意味着库存总量或者销售结构不合理，资金的利用效率低；存销比过低意味着库存数量不足，利润难以最大化。存销比还是反映库存周转率的一个常用指标，越是畅销的商品，其存销比值越小，说明商品的周转率越高；越是滞销的商品，其存销比值就越大，说明库存周转率越低。

根据式（5-16），构造存销比属性，如代码 5-24 所示。

代码 5-24　构造存销比属性

```
import pandas as pd
# 参数初始化
```

```
inputfile= '../data/commodity_stocks_data.csv'  # 商品库存数据
outputfile = '../tmp/commodity_stocks_data.csv'  # 属性构造后的数据文件

data = pd.read_csv(inputfile)  # 读入数据
# 计算周期内的销售数量
month_data = data.groupby(by=['商品类别']).agg({'销售数量':np.sum})
month_data = month_data.reset_index()
data = month_data.merge(data[data['日期']=='2018-09-30']
                        [['商品类别', '日期', '库存数量']],on=['商品类别'])
data['存销比'] = data3['库存数量']/data3['销售数量']
data.to_csv(outputfile, index=False)  # 保存结果
```

5.4 Python 的主要数据预处理函数

Python 中的插值、数据归一化、主成分分析等与数据预处理相关的常用模块与函数如表 5-41 所示。

表 5-41 Python 常用数据预处理模块与函数

模块/函数名	功能	所属扩展库
interpolate	一维、高维数据插值	SciPy
unique	去除数据中的重复元素，得到单值元素列表，它是对象的方法名	pandas/NumPy
isnull	判断是否为空值	pandas
notnull	判断是否为非空值	pandas
PCA	对指标变量矩阵进行主成分分析	scikit-learn
random	生成随机矩阵	NumPy

1. interpolate

interpolate 是 SciPy 的一个模块，其包含了大量的插值函数，如拉格朗日插值、样条插值、高维插值等。使用之前需要用 from scipy.interpolate import *引入相应的插值函数，读者可以根据需要到官网查找对应的函数名。interpolate 的使用格式如下。

```
f = scipy.interpolate.lagrange(x, y)
```

这展示了一维数据的拉格朗日插值的命令，其中 x 和 y 为对应的自变量和因变量数据。插值完成后，可以通过对象 f 计算新的插值结果。类似的还有样条插值、多维数据插值等，此处不一一展示。

2. unique

unique 可以去除数据中的重复元素，得到单值元素列表。它既是 NumPy 库的一个函数

（numpy.unique），也是 Series 对象的一个方法。unique 的使用格式如下。

```
numpy.unique(D)
```

其中 D 是一维数据，可以是 list、array、Series 类型。

```
D.unique()
```

其中 D 是 pandas 的 Series 对象。

以向量 ***D*** 为例，求向量 ***D*** 中的单值元素，并返回相关索引，如代码 5-25 所示。

代码 5-25　求向量 *D* 中的单值元素，并返回相关索引

```
import pandas as pd
import numpy as np
D = pd.Series([1, 1, 2, 3, 5])
D.unique()
np.unique(D)
```

3. isnull/notnull

isnull/notnull 用于判断每个元素是否为空值/非空值。isnull/notnull 的使用格式如下。

```
D.isnull()
D.notnull()
```

这里的 D 要求是 Series 对象，返回一个布尔 Series。可以通过 D[D.isnull()]或 D[D.notnull()]找出 D 中的空值/非空值。

4. random

random 是 NumPy 的一个模块（Python 本身也自带了 random，但 NumPy 的更加强大），可以用该模块下的各种函数生成服从特定分布的随机矩阵，抽样时可使用。random 的使用格式如下。

```
np.random.rand(k, m, n, ...)
```

生成一个 $k \times m \times n \times \cdots$ 随机矩阵，其元素均匀分布在区间(0,1)。

```
np.random.randn(k, m, n, ...)
```

生成一个 $k \times m \times n \times \cdots$ 随机矩阵，其元素服从标准正态分布。

5. PCA

PCA 可以对指标变量矩阵进行主成分分析。使用前需要用 from sklearn.decomposition import PCA 引入该函数。PCA 的使用格式如下。

```
model = PCA()
```

注意，scikit-learn 下的 PCA 是一个建模式的对象。也就是说，一般的流程是建模，然后是训练 model.fit(D)，D 为要进行主成分分析的数据矩阵，训练结束后获取模型的参数，如通过.components_获取特征向量，.explained_variance_ratio_获取各个属性的贡献率等。

对一个 10×4 维的随机矩阵使用 PCA 进行主成分分析，如代码 5-26 所示。

代码 5-26 对一个 10×4 维的随机矩阵进行主成分分析

```
from sklearn.decomposition import PCA
D = np.random.rand(10,4)
pca = PCA()
pca.fit(D)
pca.components_  # 返回模型的各个特征向量
pca.explained_variance_ratio_# 返回各个属性的贡献率
```

小结

本章介绍了数据预处理的数据清洗、数据合并和数据变换 3 个主要任务，以及 Python 的主要数据预处理模块与函数。其中，数据清洗主要介绍了对缺失值和异常值的处理；数据合并主要介绍了多表合并和分组聚合；数据变换主要介绍了如何从不同的应用角度对数换进行函数变换、标准化、离散化和属性构造。通过对原始数据进行相应的处理，将为后续的分析和建模提供良好的数据基础。

课后习题

1. 选择题

（1）以下不属于缺失值的处理方法的是（　　）。

A. 删除记录　　B. 使用固定值　　C. 插值法　　D. 视为异常值

（2）以下不能用于异常值分析的是（　　）。

A. 箱线图分析　　B. 中位数

C. 简单统计量分析　　D. 3σ 原则

（3）以下关于 groupby 方法的说法正确的是（　　）。

A. groupby 方法可用于拆分数据　　B. groupby 方法可用于聚合数据

C. groupby 方法类似于 agg 方法　　D. groupby 方法中含有 raw 参数

（4）以下不属于离散化方法的是（　　）。

A. 等频法　　B. 等宽法　　C. 等长法　　D. 一维聚类

（5）以下关于 unique 函数的说法正确的是（　　）。

A. unique 可以对指标变量矩阵进行主成分分析

B. unique 可以去除数据中的重复元素

C. unique 可以生成服从特定分布的随机矩阵

D. unique 可以判断每个元素是否为空值

2. 操作题

（1）航空公司的乘客数量呈现一定的周期性，missing_data.csv 表中存放了某航空公司每个月的乘客数量的数据，部分数据如表 5-42 所示，其中存在缺失值，现需要对缺失值进行插补。

表 5-42　乘客数量的部分数据

时间	每月乘客数
1949-01	112
1949-02	118
1949-03	132
1949-04	
1949-05	121

（2）顾客消费商品的类型数据和对应商品的销售数据分别存储于 type_data.csv 和 sales_data.csv 表中。为了统计各大类商品的销售情况，如今需要对由顾客编号构成的主键进行两个数据表的合并。

（3）某银行为分析信用卡客户的风险，需要对信用卡数据（feature.csv）进行分析，该数据包含了历史信用风险、经济风险情况和收入风险情况等特征，部分数据如表 5-43 所示。请分别用最小-最大标准化、零-均值标准化和小数定标标准化对该数据进行标准化处理，以便后续建模。

表 5-43　客户信用卡的部分数据

历史信用风险	经济风险情况	收入风险情况
0	2	2
0	3	2
0	3	3
0	3	2
0	3	2

第 6 章 构建模型

经过数据探索与数据预处理，得到了可以直接建模的数据。根据分析目标和数据形式可以建立分类与回归、聚类分析、关联规则、时序模式、智能推荐等模型，这些模型能够帮助企业提取数据中蕴含的商业价值，通过分析得出结论，从而提高企业的竞争力。本章主要介绍分类与回归、聚类分析、关联规则、时序模式和智能推荐等模型中的常见算法、实现方式和评价方法。

学习目标

（1）熟悉常用的分类与回归算法及评价方法。

（2）熟悉常用的聚类分析算法与评价方法。

（3）熟悉常用的关联规则算法。

（4）熟悉常见的时间序列算法。

（5）熟悉常见的智能推荐算法和评价方法。

6.1 分类与回归

就餐饮企业而言，经常会碰到如下问题。

（1）如何基于菜品历史销售情况，以及节假日、气候和竞争对手等影响因素，对菜品销量进行趋势预测。

（2）如何预测在未来一段时间哪些顾客会流失，哪些顾客最有可能成为 VIP 客户。

（3）如何预测一种新产品的销售量，以及该产品在哪种类型的客户中会较受欢迎。

除此之外，餐厅经理需要通过数据分析来了解具有某些特征的顾客的消费习惯；餐饮企业老板希望知道下个月的销售收入，原材料采购需要投入多少。这些都在分类与回归的应用范围内。

分类和预测是预测问题的两种主要类型，分类主要是预测分类标号（离散属性），而预测主要是建立连续值函数模型，预测给定自变量对应的因变量的值。

6.1.1　实现过程

1. 分类

分类是指构造一个分类模型，输入样本的属性值，将每个样本映射到预先定义好的类别，输出对应的类别。

分类模型建立在已有类标记的数据集上，模型对已有样本分类的准确率可以方便地计算出来，所以分类属于有监督的学习。图 6-1 所示为将销售量分为“高”“中”“低”三类的分类问题，其中空心圆圈代表“高”，加号代表“中”，实心点代表“低”。

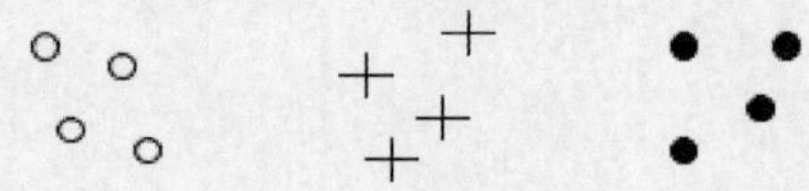

图 6-1　分类问题

2. 回归

回归是建立两种或两种以上变量间相互依赖关系的函数模型，然后进行预测或控制。

3. 实现过程概述

分类和回归的实现过程类似，以分类模型为例，其实现步骤如图 6-2 所示。

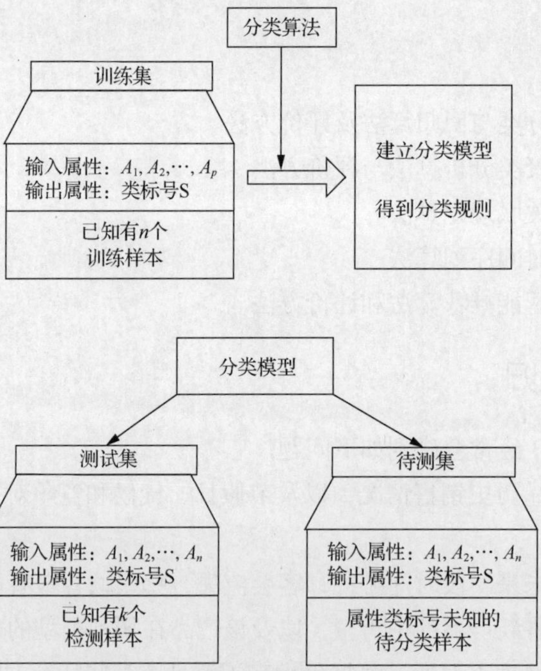

图 6-2　分类模型的实现步骤

分类模型的实现有两步：第一步是学习，分类算法通过归纳分析训练样本集来建立分类模型，得到分类规则；第二步是分类，用已知的测试样本集评估分类规则的准确率，如果准确率是可以接受的，则使用该模型对未知类标号的待测样本集进行预测。

回归模型的实现也有两步，类似于图 6-2 描述的分类模型，第一步是通过训练集建立预测属性（数值型）的函数模型，第二步是模型通过检验后进行预测或控制。

6.1.2　常用的分类与回归算法

常用的分类与回归算法如表 6-1 所示。

表 6-1　常用的分类与回归算法

算法名称	算法描述
回归分析	回归分析是确定预测属性（数值型）与其他变量间定量关系的最常用的统计学算法之一，包括线性回归、非线性回归、Logistic 回归、岭回归、主成分回归等算法
决策树	决策树采用自顶向下的递归方式，在内部节点进行属性值的比较，并根据不同的属性值从该节点向下分支，最终得到的叶子节点是学习划分的类
人工神经网络	人工神经网络是一种模仿大脑神经网络结构和功能而建立的信息处理系统，表示神经网络的输入与输出变量之间关系的算法
贝叶斯网络	贝叶斯网络又称信度网络，是贝叶斯算法的扩展，是目前不确定知识表达和推理领域最有效的算法之一
支持向量机	支持向量机是一种通过某种非线性映射，把低维的非线性可分转化为高维的线性可分，在高维空间进行线性分析的算法

6.1.3　回归分析

回归分析是通过建立模型来研究变量之间的密切程度、结构状态及进行模型预测的一种有效方法，在工商管理、经济学、社会学、医学和生物学等领域应用十分广泛。从 19 世纪初最小二乘估计被提出算起，回归分析的历史已有 200 多年。从经典的回归分析方法到近代的回归分析方法，按照研究方法划分，回归分析研究的范围大致如图 6-3 所示。

- 回归分析
  - 线性回归
    - 一元线性回归
    - 多元线性回归
    - 多个因变量与多个自变量的回归
  - 回归诊断
    - 如何从数据推断回归模型基本假设的合理性
    - 基本假设不成立时如何对数据进行修正
    - 判断回归方程拟合的效果
    - 选择回归函数的形式
  - 回归变量选择
    - 自变量选择的标准
    - 逐步回归分析法
  - 参数估计方法改进
    - 偏最小二乘回归
    - 岭回归
    - 主成分回归
  - 非线性回归
    - 一元非线性回归
    - 分段回归
    - 多元非线性回归
  - 含有定性变量的回归
    - 自变量含有定性变量的情况
    - 因变量含有定性变量的情况

图 6-3　回归分析研究的范围

在数据分析环境下，自变量与因变量具有相关关系，自变量的值是已知的，因变量是要预测的。

常用的回归分析算法如表 6-2 所示。

表 6-2　常用的回归分析算法

算法名称	适用条件	算法描述
线性回归	因变量与自变量是线性关系	对一个或多个自变量和因变量之间的线性关系进行建模，可用最小二乘估计求解模型系数
非线性回归	因变量与自变量之间不都是线性关系	对一个或多个自变量和因变量之间的非线性关系进行建模。如果非线性关系可以通过简单的函数变换转化成线性关系，则用线性回归的思想求解；如果不能转化，则用非线性最小二乘方法求解
Logistic 回归	因变量一般有 1/0（是/否）两种取值	是广义线性回归模型的特例，利用 Logistic 函数将因变量的取值范围控制在 0 和 1 之间，表示取值为 1 的概率
岭回归	参与建模的自变量之间具有多重共线性	是一种改进最小二乘估计的算法
主成分回归	参与建模的自变量之间具有多重共线性	主成分回归是根据主成分分析的思想提出来的，是对最小二乘估计的一种改进，它是参数估计的一种有偏估计，可以消除自变量之间的多重共线性

通过线性回归算法构建的模型是相对简单的回归模型，但通常因变量和自变量之间呈现某种曲线关系，所以需要建立非线性回归模型。

Logistic 回归属于概率型非线性回归，分为二分类和多分类。对于二分类的 Logistic 回归，因变量 y 只有“是”“否”两个取值，记为 1 和 0。假设在自变量 $x_1, x_2, \cdots, x_p$ 作用下，y 取“是”的概率是 p，则取“否”的概率是 $1-p$。Logistic 回归研究的是 y 取“是”的概率 p 与自变量 $x_1, x_2, \cdots, x_p$ 的关系。

当自变量之间出现多重共线性时，用最小二乘估计计算的回归系数将会不准确，为了消除多重共线性的参数，改进的估计方法主要有岭回归和主成分回归。

下面就较常用的二分类 Logistic 回归展开介绍。

1. Logistic 回归分析介绍

（1）Logistic 函数

对于二分类 Logistic 回归模型，假设在 p 个独立自变量 $x_1, x_2, \cdots, x_p$ 作用下，记 y 取 1 的概率是 $p=P(y=1|X)$，取 0 的概率是 $1-p$，取 1 和取 0 的概率之比为 $\frac{p}{1-p}$，这称为事件的 odds（优势比），对 odds 取自然对数即得 Logistic 变换 $\text{Logit}(p)=\ln\left(\frac{p}{1-p}\right)$。

令 $\text{Logit}(p)=\ln\left(\frac{p}{1-p}\right)=z$，则 $p=\frac{1}{1+e^{-z}}$ 为 Logistic 函数，如图 6-4 所示。

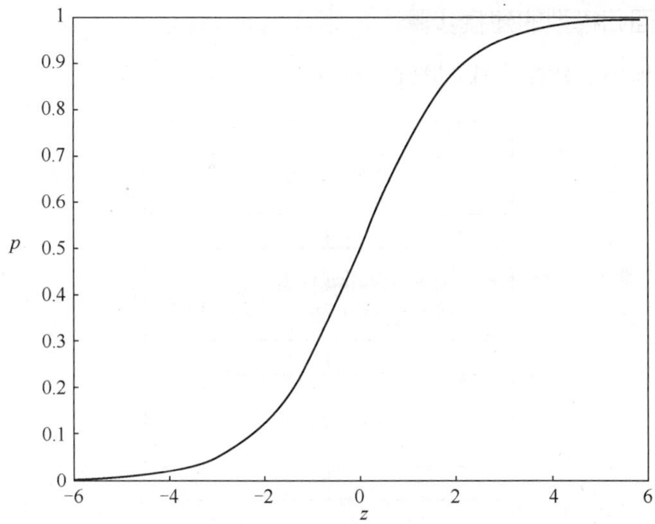

图 6-4　Logistic 函数

当 p 的变化范围为 $(0,1)$ 时，odds 的取值范围是 $(0,+\infty)$，则 $\ln\left(\frac{p}{1-p}\right)$ 的取值范围是 $(-\infty,+\infty)$。

（2）Logistic 回归模型

Logistic 回归模型是关于 $\ln\left(\frac{p}{1-p}\right)$ 与自变量的线性回归模型。

Logistic 回归模型为式（6-1）。

$$\ln\left(\frac{p}{1-p}\right)=\beta_0+\beta_1x_1+\cdots+\beta_px_p+\varepsilon \quad (6\text{-}1)$$

因为 $\ln\left(\frac{p}{1-p}\right)$ 的取值范围是 $(-\infty,+\infty)$，所以自变量 $x_1,x_2,\cdots,x_p$ 可在任意范围内取值。

记 $g(x)=\beta_0+\beta_1x_1+\cdots+\beta_px_p$，得到式（6-2）和式（6-3）。

$$p=P(y=1|X)=\frac{1}{1+e^{-g(x)}} \quad (6\text{-}2)$$

$$1-p=P(y=0|X)=1-\frac{1}{1+e^{-g(x)}}=\frac{1}{1+e^{g(x)}} \quad (6\text{-}3)$$

（3）Logistic 回归模型解释

由 Logistic 回归模型的定义可以得到式（6-4）。

$$\frac{p}{1-p}=e^{\beta_0+\beta_1x_1+\cdots+\beta_px_p+\varepsilon} \quad (6\text{-}4)$$

β_0 表示在没有自变量（$x_1,x_2,\cdots,x_p$ 全部取 0）时，y=1 与 y=0 发生概率之比的自然对数；β_p 表示某自变量 x_p 变化（x_p=1 与 x_p=0 相比）时，y=1 的 odds 的对数值。

2．Logistic 回归模型的建模步骤

Logistic 回归模型的建模步骤如图 6-5 所示。

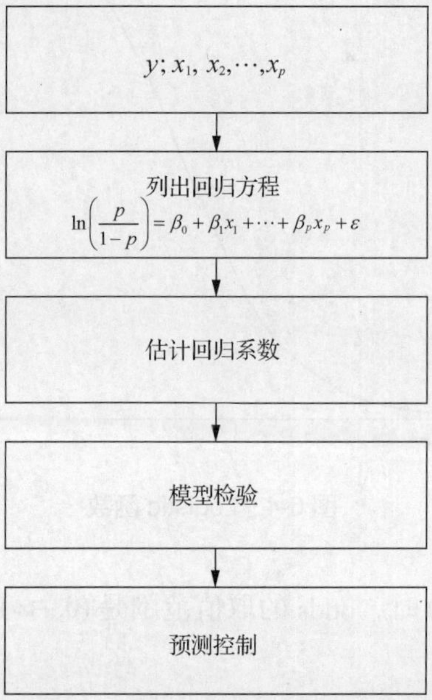

图 6-5　Logistic 回归模型的建模步骤

（1）根据分析目的设置指标变量（因变量和自变量），然后收集数据，根据收集到的数据，对特征再次进行筛选。

（2）y 取 1 的概率是 $p = P(y = 1 | X)$，取 0 的概率是 $1 - p$。用 $\ln\left(\frac{p}{1-p}\right)$ 和自变量列出线性回归方程，估计出模型中的回归系数。

（3）进行模型检验。模型有效性的检验指标有很多，最基本的有正确率，其次有混淆矩阵、ROC 曲线、KS 值等。

（4）预测控制。输入自变量的取值，就可以得到预测变量的值，或者根据预测变量的值去控制自变量的取值。

下面对某银行在贷款拖欠率的数据基础上进行逻辑回归建模，该数据示例如表 6-3 所示，其中地址已经过脱敏处理，转化为数字。

表 6-3　银行贷款拖欠率数据

年龄	教育	工龄	地址	收入（万元）	负债率	信用卡负债（万元）	其他负债（万元）	违约
41	3	17	12	176.00	9.30	11.36	5.01	1
27	1	10	6	31.00	17.30	1.36	4.00	0
40	1	15	14	55.00	5.50	0.86	2.17	0
41	1	15	14	120.00	2.90	2.66	0.82	0

续表

年龄	教育	工龄	地址	收入（万元）	负债率	信用卡负债（万元）	其他负债（万元）	违约
24	2	2	0	28.00	17.30	1.79	3.06	1
41	2	5	5	25.00	10.20	0.39	2.16	0
39	1	20	9	67.00	30.60	3.83	16.67	0
43	1	12	11	38.00	3.60	0.13	1.24	0
24	1	3	4	19.00	24.40	1.36	3.28	1
36	1	0	13	25.00	19.70	2.78	2.15	0

对表 6-3 的数据利用 scikit-learn 库建立逻辑回归模型，输出平均准确度，如代码 6-1 所示。

代码 6-1　建立逻辑回归模型

```
import pandas as pd
from sklearn.linear_model import LogisticRegression as LR

# 参数初始化
filename = '../data/bankloan.xls'
data = pd.read_excel(filename)
x = data.iloc[:,:8].as_matrix()
y = data.iloc[:,8].as_matrix()

lr = LR()  # 建立逻辑回归模型
lr.fit(x, y)  # 用筛选后的特征数据来训练模型
print('模型的平均准确度为%s' % lr.score(x, y))
```

运行代码 6-1，得到逻辑回归模型输出的平均准确度约为 80.6%。

6.1.4　决策树

决策树在分类、预测、规则提取等领域有着广泛应用。在 20 世纪 70 年代后期至 80 年代初期，机器学习研究者罗斯・昆兰（J.Ross Quinlan）提出了 ID3 算法以后，决策树在机器学习、数据分析领域得到极大发展。昆兰后来又提出了 C4.5 算法，它成为新的监督学习算法。1984 年几位统计学家提出了 CART（Classification And Regression Tree，分类回归树）算法。ID3 和 CART 算法大约同时被提出，都是采用类似的方法从训练样本中学习决策树。

决策树是树状结构，一个叶子节点对应着一个分类，非叶子节点对应着属性的划分，根据样本在属性上的不同取值，将其划分成若干子集。对于分类不确定的叶子节点，多数类的标号会给出到达这个节点的样本所属的类。构造决策树的核心问题是如何选择适当的属性对样本进行拆分。对一个分类问题，从已知类标记的训练样本中学习并构造出决策树，

是一个自上而下、分而治之的过程。

常用的决策树算法如表 6-4 所示。

表 6-4 常用的决策树算法

算法名称	算法描述
ID3 算法	其核心是在决策树的各级节点上，使用信息增益作为属性的选择标准，来帮助确定生成每个节点时所应采用的合适属性
C4.5 算法	C4.5 算法相对于 ID3 算法的重要改进是使用信息增益率来选择节点属性。C4.5 算法可以克服 ID3 算法存在的不足：ID3 算法只适用于离散的描述属性，而 C4.5 算法既能够处理离散的描述属性，也可以处理连续的描述属性
CART 算法	CART 算法是一种十分有效的非参数分类和回归方法，通过构建树、修剪树、评估树来构建一个二叉树。当最终节点是连续变量时，该树为回归树；当最终节点是分类变量时，该树为分类树

本小节将详细介绍 ID3 算法，它也是最经典的决策树分类算法之一。

1．ID3 算法简介及基本原理

ID3 算法基于信息熵选择最佳测试属性，信息熵用于评估样本集合的纯度。样本集合中的样本可能属于多个不同的类别，也可能只属于一个类别。如果样本集中的样本都属于一个类别，则这个样本集为纯，否则为不纯。ID3 算法选择当前样本集中具有最大信息增益值的属性作为测试属性。信息增益值表示某个属性的信息熵与其他属性的信息熵之和的差值；样本集的划分则依据测试属性的取值进行，测试属性有多少不同取值就将样本集划分为多少子样本集，同时在决策树上相应样本集的节点处长出新的叶子节点。ID3 算法根据信息论理论，采用划分后样本集的不确定性作为衡量划分好坏的标准，用信息增益值度量不确定性：信息增益值越大，不确定性越小。因此，ID3 算法在每个非叶子节点选择信息增益最大的属性作为测试属性，这样可以得到当前情况下最优的拆分，从而得到较小的决策树。

设 S 是 s 个数据样本的集合。假定类别属性具有 m 个不同的值：$C_i(i=1,2,\cdots,m)$。设 s_i 是类 C_i 中的样本数。对一个给定的样本，它总的信息熵为式（6-5）。

$$I\left(s_1,s_2,\cdots,s_m\right)=-\sum_{i=1}^{m}P_i\log_2 P_i \qquad (6\text{-}5)$$

其中，P_i 是任意样本属于 C_i 的概率，一般可以用 $\frac{s_i}{s}$ 估计。

设一个属性 A 具有 k 个不同的值 $\{a_1,a_2,\cdots,a_k\}$，利用属性 A 将集合 S 划分为 k 个子集 $\{S_1,S_2,\cdots,S_k\}$，其中 S_j 包含了集合 S 中属性 A 取 a_j 值的样本。若选择属性 A 作为测试属性，则这些子集是从集合 S 的节点生长出来的新的叶子节点。设 s_{ij} 是子集 S_j 中类别为 C_i 的样本数，则根据属性 A 划分样本的信息熵为式（6-6）。

$$E(A)=\sum_{j=1}^{k}\frac{s_{1j},s_{2j},\cdots,s_{mj}}{s}I\left(s_{1j},s_{2j},\cdots,s_{mj}\right) \tag{6-6}$$

其中，$I\left(s_{1j},s_{2j},\cdots,s_{mj}\right)=-\sum_{i=1}^{m}P_{ij}\log_2 P_{ij}$，$P_{ij}=\frac{s_{ij}}{s_{1j}+s_{2j}+\cdots+s_{mj}}$是子集$S_j$中类别为$C_i$的样本的概率。

最后，用属性A划分样本集S后所得的信息增益值（Gain）为式（6-7）。

$$\text{Gain}(A)=I\left(s_1,s_2,\cdots,s_m\right)-E(A) \tag{6-7}$$

显然$E(A)$越小，$\text{Gain}(A)$的值越大，说明选择测试属性A对分类提供的信息越多，选择A之后对分类的不确定性越小。属性A的k个不同的值对应的样本集S的k个子集或分支，通过递归调用上述过程（不包括已经选择的属性），生成其他属性作为节点的叶子节点和分支来生成整个决策树。ID3 算法作为一个典型的决策树学习算法，其核心是在决策树的各级节点上都用信息增益作为判断标准来进行属性的选择，使每个非叶子节点在进行测试时，都能获得最大的类别分类增益，使分类后的数据集的信息熵最小。这样的处理方法使得树的平均深度较小，从而有效地提高了分类效率。

2. ID3 算法的具体实现步骤

ID3 算法的具体实现步骤如下。

（1）对当前样本集合，计算所有属性的信息增益值。

（2）选择信息增益值最大的属性作为测试属性，把测试属性取值相同的样本划为同一个子样本集。

（3）若子样本集的类别属性只含单个属性，则分支为叶子节点，判断其属性值并标上相应的符号，然后返回调用处；否则对子样本集递归调用本算法。

下文将结合餐饮案例实现 ID3 算法。T 餐饮企业作为大型连锁企业，生产的产品种类比较多，另外涉及的分店所处的位置不同，数量也比较多。对于企业的高层来讲，了解周末和非周末销量是否有很大区别，以及天气、促销活动这些因素是否能够影响门店的销量，这些信息至关重要。因此，为了让决策者准确了解和销量有关的一系列影响因素，需要构建模型来分析天气好坏、是否周末和是否有促销对销量的影响，下面以单个门店来进行分析。

对于天气属性，数据源中存在多个不同的值，这里将那些属性值相近的值进行类别整合。如“多云”“多云转晴”“晴”等属性值相近的天气，均适宜外出，不会对产品销量有太大的影响，因此将它们归为一类，天气属性值设置为“好”；同理“雨”“小到中雨”等天气，均不适宜外出，因此将它们归为一类，天气属性值设置为“坏”。

对于是否周末属性，周末则设置为“是”，非周末则设置为“否”。

对于是否有促销属性，有促销则设置为“是”，无促销则设置为“否”。

产品的销售数量为数值型，需要对属性进行离散化，将销售数据划分为“高”“低”两类。将其平均值作为分界点，大于平均值的划分为“高”类别，小于平均值的划分为“低”类别。

通过代码 6-2 对餐饮案例数据进行以上预处理。处理后的数据集如表 6-5 所示。

代码 6-2　对餐饮案例数据进行预处理

```
import pandas as pd
# 参数初始化
filename = '../data/sales_data.xls'
data = pd.read_excel(filename, index_col='序号')  # 导入数据

# 数据是类别标签，要将它转换为数据
# 用 1 来表示“好”“是”“高”这 3 个属性，用-1 来表示“坏”“否”“低”3 个属性
data[data == '好'] = 1
data[data == '是'] = 1
data[data == '高'] = 1
data[data != 1] = -1
x = data.iloc[:,:3].as_matrix().astype(int)
y = data.iloc[:,3].as_matrix().astype(int)
```

表 6-5　处理后的数据集

序号	天气	是否周末	是否有促销	销售数量
1	坏	是	是	高
2	坏	是	是	高
3	坏	是	是	高
4	坏	否	是	高
⋮	⋮	⋮	⋮	⋮
32	好	否	是	低
33	好	否	否	低
34	好	否	否	低

采用 ID3 算法构建决策树模型的具体步骤如下。

（1）根据式（6-5），计算总的信息熵，其中数据中总记录数为 34，而销售数量为“高”的记录为 18 条，“低”的记录为 16 条。则：

$$I(18,16)=-\frac{18}{34}\log_2\frac{18}{34}-\frac{16}{34}\log_2\frac{16}{34}=0.997503$$

（2）根据式（6-5）和式（6-6），计算每个测试属性的信息熵。

对于天气属性，其属性值有“好”“坏”两种。其中天气为“好”的条件下，销售数量

为“高”的记录为 11 条，销售数量为“低”的记录为 6 条，可表示为(11,6)；天气为“坏”的条件下，销售数量为“高”的记录为 7 条，销售数量为“低”的记录为 10 条，可表示为(7,10)。则天气属性的信息熵计算过程如下。

$$I(11,6)=-\frac{11}{17}\log_2\frac{11}{17}-\frac{6}{17}\log_2\frac{6}{17}=0.936667$$

$$I(7,10)=-\frac{7}{17}\log_2\frac{7}{17}-\frac{10}{17}\log_2\frac{10}{17}=0.977418$$

$$E(\text{天气})=\frac{17}{34}I(11,6)+\frac{17}{34}I(7,10)=0.957043$$

对于是否周末属性，其属性值有“是”“否”两种。其中是否周末属性为“是”的条件下，销售数量为“高”的记录为 11 条，销售数量为“低”的记录为 3 条，可表示为(11,3)；是否周末属性为“否”的条件下，销售数量为“高”的记录为 7 条，销售数量为“低”的记录为 13 条，可表示为(7,13)。则节假日属性的信息熵计算过程如下。

$$I(11,3)=-\frac{11}{14}\log_2\frac{11}{14}-\frac{3}{14}\log_2\frac{3}{14}=0.749595$$

$$I(7,13)=-\frac{7}{20}\log_2\frac{7}{20}-\frac{13}{20}\log_2\frac{13}{20}=0.934068$$

$$E(\text{是否周末})=\frac{14}{34}I(11,3)+\frac{20}{34}I(7,13)=0.858109$$

对于是否有促销属性，其属性值有“是”“否”两种。其中是否有促销属性为“是”的条件下，销售数量为“高”的记录为 15 条，销售数量为“低”的记录为 7 条，可表示为(15,7)；是否有促销属性为“否”的条件下，销售数量为“高”的记录为 3 条，销售数量为“低”的记录为 9 条，可表示为(3,9)。则是否有促销属性的信息熵计算过程如下。

$$I(15,7)=-\frac{15}{22}\log_2\frac{15}{22}-\frac{7}{22}\log_2\frac{7}{22}=0.902393$$

$$I(3,9)=-\frac{3}{12}\log_2\frac{3}{12}-\frac{9}{12}\log_2\frac{9}{12}=0.811278$$

$$E(\text{是否有促销})=\frac{22}{34}I(15,7)+\frac{12}{34}I(3,9)=0.870235$$

（3）根据式（6-7），计算天气好坏、是否周末和是否有促销属性的信息增益值。

$$\text{Gain}(\text{天气})=I(18,16)-E(\text{天气})\approx 0.997503-0.957043=0.04046$$

$$\text{Gain}(\text{是否周末})=I(18,16)-E(\text{是否周末})\approx 0.997503-0.858109=0.139394$$

$$\text{Gain}(\text{是否有促销})=I(18,16)-E(\text{是否有促销})\approx 0.997503-0.870235=0.127268$$

（4）由步骤（3）的计算结果可以知道是否周末属性的信息增益值最大，它的两个属性值“是”“否”作为该根节点的两个分支。然后按照步骤（1）～步骤（3）的顺序继续对该根节点的 3 个分支进行节点的划分，针对每一个分支节点继续进行信息增益值的计算，如此循环反复，直到没有新的分支节点，最终构成一棵决策树。ID3 算法生成的决策树模型如图 6-6 所示。

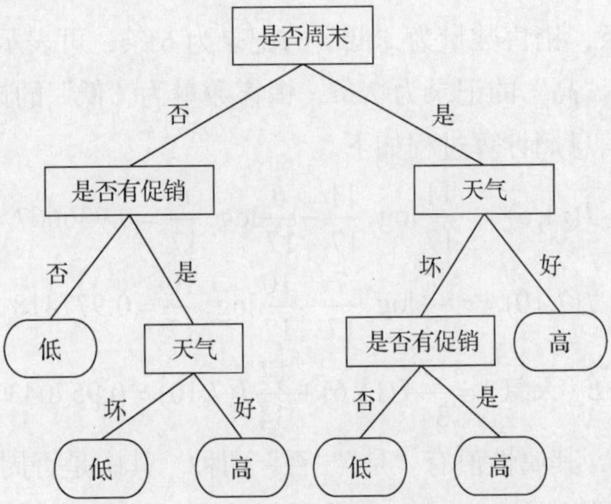

图 6-6 ID3 算法生成的决策树模型

从图 6-6 所示的决策树模型可以看出门店的销售数量高低和各个属性之间的关系，并可以提取出以下决策规则。

（1）若是否周末属性为“是”，天气为“好”，则销售数量为“高”。

（2）若是否周末属性为“是”，天气为“坏”，是否有促销属性为“是”，则销售数量为“高”。

（3）若是否周末属性为“是”，天气为“坏”，是否有促销属性为“否”，则销售数量为“低”。

（4）若是否周末属性为“否”，是否有促销属性为“否”，则销售数量为“低”。

（5）若是否周末属性为“否”，是否有促销属性为“是”，天气为“好”，则销售数量为“高”。

（6）若是否周末属性为“否”，是否有促销属性为“是”，天气为“坏”，则销售数量为“低”。

由于 ID3 算法采用了信息增益值作为选择测试属性的标准，因此会偏向于选择取值较多的，即所谓高度分支属性，而这类属性并不一定是最优的属性。同时 ID3 算法只能处理离散属性，对于连续属性，在分类前需要对其进行离散化。为了解决倾向于选择高度分支属性的问题，人们采用信息增益率作为选择测试属性的标准，信息增益率为节点的信息增益与节点分裂信息度量的比值，这样便得到 C4.5 算法。此外常用的决策树算法还有 CART 算法、SLIQ 算法、SPRINT 算法和 PUBLIC 算法等。

针对处理后的数据集建立基于信息熵的决策树模型，预测销售数量的高低，如代码 6-3 所示。运行代码后得到一个名为 tree.dot 的文本文件，具体内容如表 6-6 所示。

代码 6-3 使用 ID3 算法预测销售数量的高低

```
from sklearn.tree import DecisionTreeClassifier as DTC
dtc = DTC(criterion='entropy')  # 基于信息熵建立决策树模型
dtc.fit(x, y)  # 训练模型
```

```
# 导入相关函数，可视化决策树
# 导出的结果是一个 DOT 文件，需要安装 Graphviz 才能将它转换为 PDF 或 PNG 等格式
from sklearn.tree import export_graphviz
x = pd.DataFrame(x)
with open("../tmp/tree.dot", 'w') as f:
  f = export_graphviz(dtc, feature_names=x.columns, out_file=f)
```

表 6-6 tree.dot 文件的相关信息

文本文件名	文本内容

tree.dot	digraph Tree {
	edge [fontname="SimHei"]; /*添加这两行，指定中文字体（这里选择黑体）*/
	node [fontname="SimHei"]; /*添加这两行，指定中文字体（这里选择黑体）*/
	0 [label="是否周末 <= 0.0000\nentropy = 0.997502546369\nsamples = 34", shape="box"] ;
	1 [label="是否有促销 <= 0.0000\nentropy = 0.934068055375\nsamples = 20", shape="box"] ;
	…
	}

将 tree.dot 文件保存为 UTF-8 格式。为了进一步将它转换为可视化格式，需要安装 Graphviz（跨平台的、基于命令行的绘图工具），然后在系统的命令行终端中用如下方式进行编译。得到决策树的可视化结果如图 6-7 所示，基本等价于图 6-6。

```
dot -Tpdf tree.dot -o tree.pdf
```

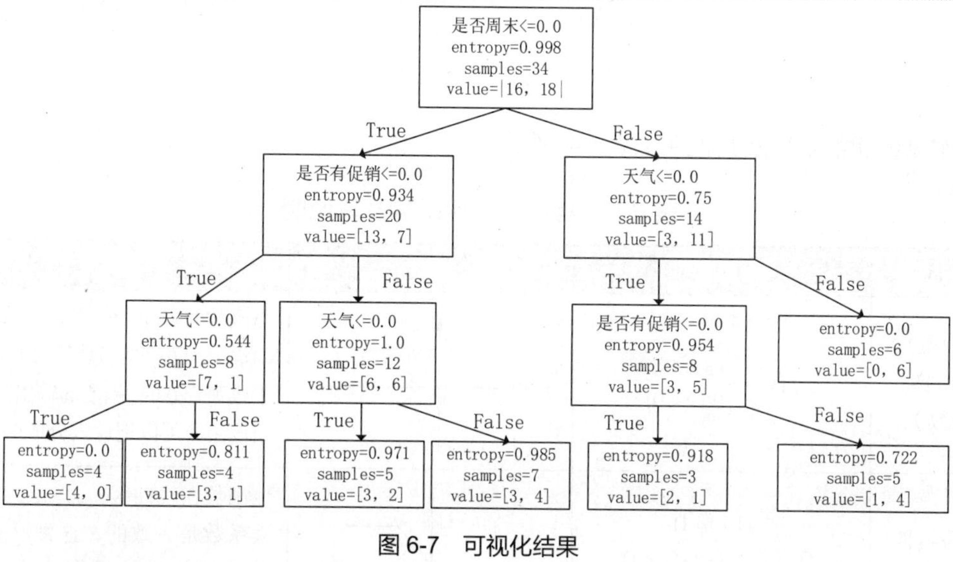

图 6-7 可视化结果

6.1.5 人工神经网络

人工神经网络（Artificial Neural Network，ANN），是一种模拟生物神经网络进行信息

处理的数学模型。它以大脑的生理研究成果为基础，其目的在于模拟大脑的某些机理与机制，实现一些特定的功能。

1943 年，美国心理学家沃伦·麦卡洛克（Warren McCulloch）和数学家沃尔特·皮茨（Walter Pitts）联合提出了形式神经元的数学模型——MP 模型，证明了单个神经元能执行逻辑功能，开创了人工神经网络研究的时代。1957 年，计算机科学家弗兰克·罗森布拉特（Frank Rosenblatt）用硬件完成了最早的神经网络模型，即感知器，并用来模拟生物的感知和学习能力。1969 年明斯基（M.Minsky）等仔细分析了以感知器为代表的神经网络系统的功能及局限后，出版了 *Perceptron*（《感知器》）一书，指出感知器不能解决高阶谓词问题，人工神经网络的研究进入一个低谷期。20 世纪 80 年代以后，超大规模集成电路、脑科学、生物学、光学等领域的迅速发展为人工神经网络的发展打下了基础，让人工神经网络的发展进入兴盛期。

人工神经元是人工神经网络操作的基本信息处理单位。人工神经元的模型如图 6-8 所示，它是人工神经网络的设计基础。一个人工神经元对输入信号 $\boldsymbol{X}=[x_1,x_2,\cdots,x_m]^{\mathrm{T}}$ 的输出 y 为 $y=f(u+b)$，其中 $u=\sum_{i=1}^{m} w_i x_i y$。

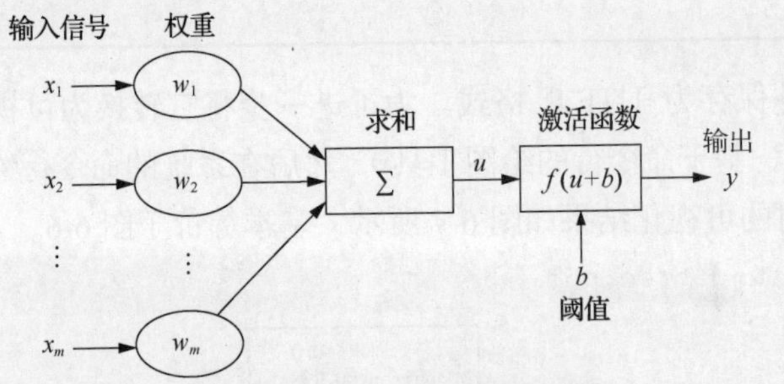

图 6-8 人工神经元的模型

常见的激活函数及其说明如表 6-7 所示。

表 6-7 常见的激活函数及其说明

激活函数	表达形式	图形	说明
域值函数（阶梯函数）	$f(v)=\begin{cases}1\ (v\geqslant 0)\\0\ (v<0)\end{cases}$	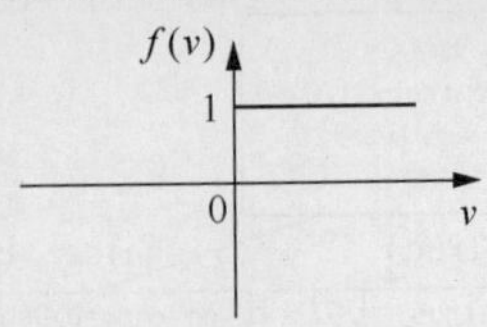	当函数的自变量小于 0 时，函数的输出为 0；当函数的自变量大于或等于 0 时，函数的输出为 1。用该函数可以把输入分成两类
分段线性函数	$f(v)=\begin{cases}1\ (v\geqslant 1)\\v\ (-1<v<1)\\-1\ (v\leqslant -1)\end{cases}$	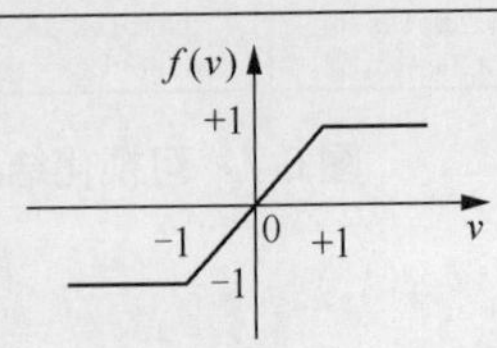	该函数在线性区（-1,+1）的放大系数是一致的，这种形式的激活函数可以看作非线性放大器

续表

激活函数	表达形式	图形	说明
非线性转移函数	$f(v)=\dfrac{1}{1+e^{-v}}$	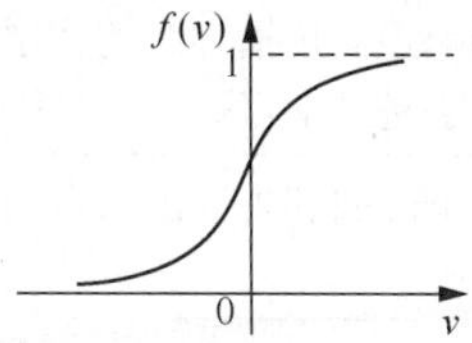	单极性 S 型函数为实数域 **R** 到闭集[0,1]的连续函数，代表了连续状态型神经元模型。其特点是函数本身及其导数都是连续的，能够体现数学计算上的优越性
ReLU 函数	$f(v)=\begin{cases} v & (v\geqslant 0) \\ 0 & (v<0) \end{cases}$	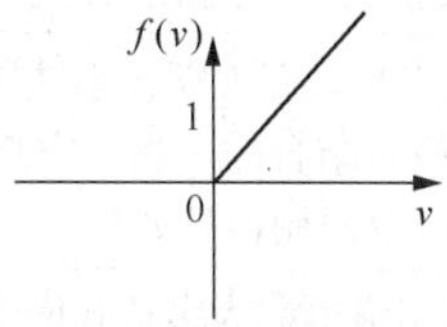	这是近年来提出的激活函数，它具有计算简单、效果更佳的特点，目前已经有取代其他激活函数的趋势。本书的神经网络模型大量使用了该激活函数

人工神经网络的学习也称为训练，指的是神经网络在外部环境的刺激下调整神经网络的参数，是神经网络以一种新的方式对外部环境做出反应的过程。在分类与预测中，人工神经网络主要使用监督学习，即根据给定的训练样本，调整人工神经网络的参数以使网络输出接近于已知的样本类标记或其他形式的因变量。

在人工神经网络的发展过程中，出现了多种不同的学习规则，没有一种特定的学习算法适用于所有的网络结构和具体问题。在分类与预测中，δ 学习规则（误差校正学习算法）是使用最广泛的一种。误差校正学习算法根据神经网络的输出误差对神经元的连接强度进行修正，属于监督学习。设神经网络中神经元 i 为输入神经元，神经元 j 为输出神经元，它们的连接权值为 w_{ij}，则对权值的修正为 $\Delta w_{ij}=\eta\boldsymbol{\delta}_j\boldsymbol{Y}_i$，其中 η 为学习率，$\boldsymbol{\delta}_j=\boldsymbol{T}_j-\boldsymbol{Y}_j$ 为 j 的偏差，即输出神经元 j 的输出和期望值之差，δ 学习规则示意图如图 6-9 所示。

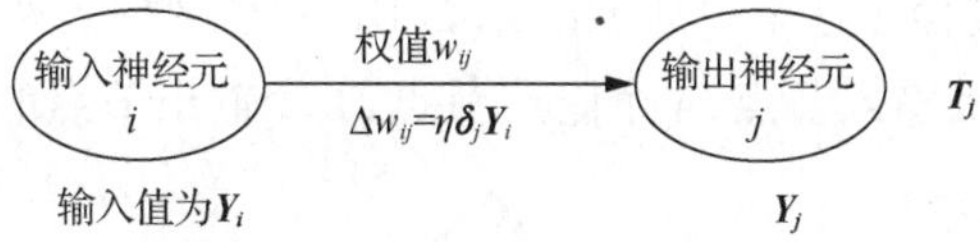

图 6-9　δ 学习规则示意图

神经网络训练是否完成常用误差函数（也称目标函数）E 来衡量。当误差函数小于某一个设定的值时即停止神经网络的训练。误差函数为衡量实际输出向量 $\boldsymbol{Y}_k$ 与期望值向量 $\boldsymbol{T}_k$ 误差大小的函数，常采用二乘误差函数来定义 $E=\dfrac{1}{2}\sum_{k=1}^{N}[\boldsymbol{Y}_k-\boldsymbol{T}_k]^2$（或 $E=\sum_{k=1}^{N}[\boldsymbol{Y}_k-\boldsymbol{T}_k]^2$）$k=1,2,\cdots,N$ 为训练样本个数。

使用人工神经网络模型需要确定网络连接的拓扑结构、神经元的特征和学习规则等。目前，已有近 40 种人工神经网络模型，常用的分类和预测的人工神经网络算法如表 6-8 所示。

表 6-8　常用的分类和预测的人工神经网络算法

算法名称	算法描述
BP 神经网络	是一种按误差逆向传播训练的多层前馈网络，是目前应用最广泛的神经网络之一，学习算法是 δ 学习规则
LM 神经网络	是基于梯度下降法和牛顿法结合的多层前馈网络，特点是迭代次数少、收敛速度快、精度高
RBF 神经网络	RBF 神经网络能够以任意精度“逼近”任意连续函数，从输入层到隐层的变换是非线性的，而从隐层到输出层的变换是线性的，特别适合于解决分类问题
FNN 神经网络	FNN 神经网络是具有模糊权系数或者输入信号是模糊量的神经网络，是模糊系统与神经网络相结合的产物，它集合了神经网络与模糊系统的优点，集联想、识别、自适应及模糊信息处理于一体
GMDH 神经网络	GMDH 神经网络也称为多项式网络，它是前馈神经网络中常用的一种用于预测的神经网络。它的特点是网络结构不固定，在训练过程中会不断调整网络结构
ANFIS 神经网络	ANFIS 神经网络镶嵌在一个全部模糊的结构之中，在不知不觉中向训练数据学习，自动产生、修正并高度概括出最佳的输入与输出变量的隶属函数以及模糊规则；另外该神经网络的各层结构与参数也都具有明确的、易于理解的物理意义

BP（Back Propagation，反向传播）神经网络算法（简称 BP 算法）采用 δ 学习规则，其目标函数采用 $E=\sum_{k=1}^{N}\left[\boldsymbol{Y}_k-\boldsymbol{T}_k\right]^2$。

BP 算法的特征是利用输出后的误差来估计输出层的直接前导层的误差，再用这个误差估计上一层的误差，如此一层一层地反向传播下去，最终获得所有隐层（除了输入与输出的中间层）的误差估计。这样就形成了将输出层表现出的误差沿着与传播相反的方向逐级向网络的输入层传播的过程。这里以典型的三层 BP 神经网络为例，描述标准的 BP 算法。图 6-10 所示为一个有 3 个输入节点、4 个隐层节点、1 个输出节点的三层 BP 神经网络结构。

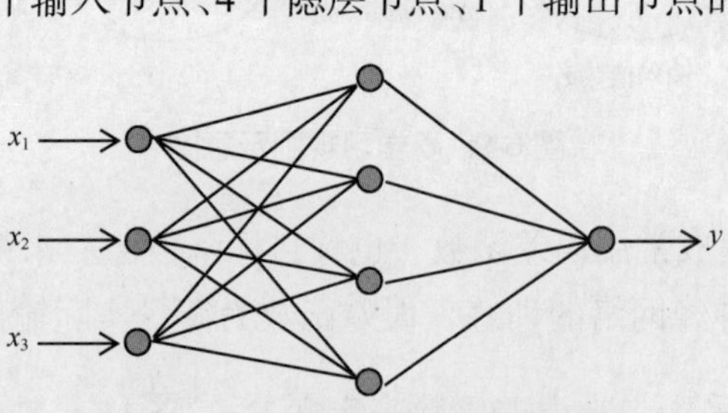

图 6-10　三层 BP 神经网络结构

BP 算法的学习过程由信号的正向传播与误差的逆向传播两个过程组成。正向传播时，输入信号经过隐层的处理后，传向输出层。若输出层节点未能得到期望的输出，则转入误差的逆向传播阶段，将输出误差按某种子形式，通过隐层向输入层返回，并“分摊”给隐层 4 个节点与输入层的 x_1、x_2、x_3 3 个输入节点，从而获得各层单元的参考误差（也称误差信号)，作为修改各单元权值的依据。这种信号正向传播与误差逆向传播的各层权矩阵的修改过程，是周而复始进行的。权值不断修改的过程，也就是网络的学习(也称训练)过程。此过程一直进行到网络输出的误差逐渐减小到可接受的程度或达到设定的学习次数为止，学习过程的流程图如图 6-11 所示。

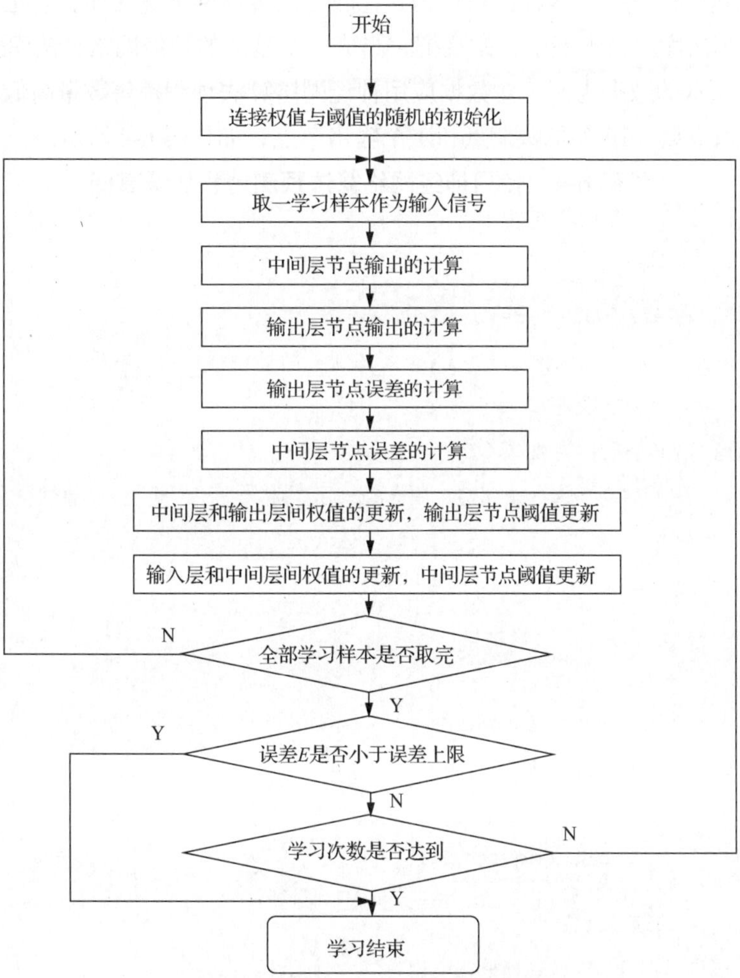

图 6-11 BP 算法学习过程的流程图

算法开始后，给定学习次数上限，初始化学习次数为 0，对权值和阈值赋予小的随机数，取值范围一般为[-1,1]。输入样本数据，网络正向传播，得到中间层与输出层的值。比较输出层的值与样本目标值之间的误差，用误差函数 E 来判断误差是否小于误差上限，如不小于误差上限，则对中间层和输出层权值和阈值进行更新，更新算法为 δ 学习规则。更新权值和阈值后，再次将样本数据作为输入进行计算，得到中间层与输出层的值，计算误差 E 是否小于上限，学习次数是否达到指定值，如果达到，则学习结束。

BP 算法只利用了均方误差函数对权值和阈值的一阶导数(梯度)的信息，使得算法存在收敛速度缓慢、易陷入局部极小等缺陷。为了解决这一问题，欣顿(Hinton)等人于 2006

年提出了非监督贪心逐层训练算法，为解决深层结构相关的优化难题带来了希望，并以此为基础发展成了如今脍炙人口的“深度学习”算法。本书中所建立的神经网络，在结构上跟传统的 BP 神经网络是类似的，但是求解算法已经用了新的逐层训练算法。限于篇幅，本文不可能对深度学习进行进一步讲解。有兴趣的读者请自行搜索并阅读相关资料。

在 Python 第三方库中，Keras 被认为是比较好的神经网络算法库，它是一个强大而常用的深度学习算法库。在本书中，姑且把它当成一个基本的神经网络算法库来看待。

以表 6-5 所示的数据为例，对数据应用神经网络算法预测销售数量高低，建立的神经网络有 3 个输入节点、10 个隐藏节点和 1 个输出节点，如代码 6-4 所示。

代码 6-4　使用神经网络算法预测销售数量高低

```
import pandas as pd
# 参数初始化
inputfile = '../data/sales_data.xls'
data = pd.read_excel(inputfile, index_col='序号')  # 导入数据

# 数据是类别标签，要将它转换为数据
# 用 1 来表示“好”“是”“高”这 3 个属性，用 0 来表示“坏”“否”“低”3 个属性
data[data == '好'] = 1
data[data == '是'] = 1
data[data == '高'] = 1
data[data != 1] = 0
x = data.iloc[:,:3].astype(int)
y = data.iloc[:,3].astype(int)

from keras.models import Sequential
from keras.layers.core import Dense, Activation

model = Sequential()  # 建立模型
model.add(Dense(input_dim=3, units=10))
model.add(Activation('relu'))  # 用 Relu 函数作为激活函数，能够大幅提升准确度
model.add(Dense(input_dim=10, units=1))
model.add(Activation('sigmoid'))  # 由于是 0-1 输出，因此用 sigmoid 函数作为激活函数

model.compile(loss='binary_crossentropy', optimizer='adam')
# 编译模型。由于做的是二元分类，因此指定损失函数为 binary_crossentropy
# 另外常见的损失函数还有 mean_squared_error、categorical_crossentropy 等，请阅读帮助
# 文件
```

```
# 求解方法指定用 adam，还有 sgd、rmsprop 等可选

model.fit(x, y, epochs=1000, batch_size=10)  # 训练模型，学习 1000 次
yp = model.predict_classes(x).reshape(len(y))  # 分类预测
```

需要指出的是，这里的案例比较简单，没有考虑过拟合的问题，即没考虑模型的泛化能力。事实上，神经网络的拟合能力是很强的，容易出现过拟合现象，导致训练出来的模型泛化能力较低。跟传统的添加“惩罚项”的做法不同，目前神经网络（尤其是深度神经网络）中流行的防止过拟合的方法是，随机地让部分神经网络节点休眠。

6.1.6 分类与回归算法评价

分类与回归模型对训练集进行预测而得出的准确率并不能很好地反映预测模型未来的性能，为了有效判断一个预测模型的性能，需要一个没有参与预测模型建立的数据集，并在该数据集上评价预测模型的准确率，这个独立的数据集叫测试集。模型预测效果通常用绝对误差与相对误差、平均绝对误差、均方误差、均方根误差等指标来衡量。

1. 绝对误差与相对误差

设 Y 表示实际值，$\hat{Y}$ 表示预测值，则称 E 为绝对误差（Absolute Error），计算公式如式（6-8）所示。

$$E = Y - \hat{Y} \tag{6-8}$$

e 为相对误差（Relative Error），计算公式如式（6-9）所示。

$$e = \frac{Y - \hat{Y}}{Y} \tag{6-9}$$

有时相对误差也用百分数表示，如式（6-10）所示，这是一种直观的误差表示方法。

$$e = \frac{Y - \hat{Y}}{Y} \times 100\% \tag{6-10}$$

2. 平均绝对误差

平均绝对误差（Mean Absolute Error，MAE）的定义如式（6-11）所示。

$$\text{MAE} = \frac{1}{n}\sum_{i=1}^{n}|E_i| = \frac{1}{n}\sum_{i=1}^{n}|Y_i - \hat{Y}_i| \tag{6-11}$$

式（6-11）中，E_i 表示第 i 个实际值与预测值的绝对误差，Y_i 表示第 i 个实际值，$\hat{Y}_i$ 表示第 i 个预测值。

由于预测误差有正有负，为了避免正负相抵消，将误差的绝对值进行求和后取平均数，这是误差分析的综合指标法之一。

3. 均方误差

均方误差（Mean Squared Error，MSE）的定义如式（6-12）所示。

$$MSE = \frac{1}{n}\sum_{i=1}^{n} E_i^2 = \frac{1}{n}\sum_{i=1}^{n}(Y_i - \hat{Y}_i)^2 \tag{6-12}$$

式（6-12）中的符号含义同式（6-11）。

均方误差适用于还原平方失真度。

均方误差是预测误差平方之和的平均数，它避免了正负误差不能相加的问题。由于均方误差对误差 E 进行了平方运算，加强了数值大的误差在指标中的作用，因此提高了这个指标的灵敏性，这是均方误差的一大优点。与平均绝对误差类似，均方误差也是误差分析的综合指标法之一。

4．均方根误差

均方根误差（Root Mean Squared Error，RMSE）的定义如式（6-13）所示。

$$RMSE = \sqrt{\frac{1}{n}\sum_{i=1}^{n} E_i^2} = \sqrt{\frac{1}{n}\sum_{i=1}^{n}(Y_i - \hat{Y}_i)^2} \tag{6-13}$$

式（6-13）中的符号含义同式（6-11）。

均方根误差是均方误差的平方根，代表了预测值的离散程度，也叫标准误差，最佳拟合情况为 RMSE=0。均方根误差也是误差分析的综合指标法之一。

5．平均绝对百分误差

平均绝对百分误差（Mean Absolute Percentage Error，MAPE）的定义如式（6-14）所示。

$$MAPE = \frac{1}{n}\sum_{i=1}^{n}| E_i / Y_i | = \frac{1}{n}\sum_{i=1}^{n}| (Y_i - \hat{Y}_i) / Y_i | \tag{6-14}$$

一般认为 MAPE < 10 时，预测精度较高。

6．Kappa 统计

Kappa 统计是比较两个或更多个观测者对同一事物，或观测者对同一事物的两次或更多次观测结果是否一致，以由于随机造成的一致性和实际观测的一致性之间的差别大小作为评价基础的统计指标。Kappa 统计量和加权 Kappa 统计量不仅可以用于无序和有序分类变量资料的一致性、重现性检验，而且能给出一个反映一致性大小的“量”值。

Kappa 的取值范围是[-1,1]，其值的大小均有不同意义，具体如下。

（1）当 Kappa=1 时，说明两次判断的结果完全一致。

（2）当 Kappa=-1 时，说明两次判断的结果完全不一致。

（3）当 Kappa=0 时，说明两次判断的结果是随机的。

（4）当 Kappa < 0 时，说明一致程度比随机的还差，两次检查结果很不一致，在实际应用中无意义。

（5）当 Kappa > 0 时，说明有意义，且 Kappa 越大，说明一致性越好。

（6）当 Kappa≥0.75 时，说明已经取得相当满意的一致程度。

（7）当 0 < Kappa < 0.4 时，说明一致程度不够。

7. 准确率

准确率（Accuracy）的定义如式（6-15）所示。

$$\text{Accuracy}=\frac{\text{TP+TN}}{\text{TP+TN+FP+FN}}\times 100\% \qquad (6\text{-}15)$$

式（6-15）中各项所代表的预测结果如表6-9所示。

表6-9 预测结果

		预测结果	
		正例	反例
实际结果	正例	TP	FN
	反例	FP	TN

具体说明如下。

（1）TP（True Positives，真）：正确地将正样本预测为正样本的分类数。

（2）TN（True Negatives，真）：正确地将负样本预测为负样本的分类数。

（3）FP（False Positives，假）：错误地将负样本预测为正样本的分类数。

（4）FN（False Negatives，假）：错误地将正样本预测为负样本的分类数。

8. 精确率

精确率（Precision）的定义如式（6-16）所示。

$$\text{Precision}=\frac{\text{TP}}{\text{TP+FP}}\times 100\% \qquad (6\text{-}16)$$

9. 召回率

召回率（Recall）的定义如式（6-17）所示。

$$\text{Recall}=\frac{\text{TP}}{\text{TP+FN}}\times 100\% \qquad (6\text{-}17)$$

10. F_1值

F_1值是一种综合考量精确率（P）和召回率（R），并从整体衡量模型分类效果的指标，如式（6-18）所示。显然只有模型的P和R都较大时，才会得到较大的F_1值。

$$F_1=\frac{2PR}{P+R} \qquad (6\text{-}18)$$

11. ROC曲线

ROC曲线是一种非常有效的模型评价方法，可为选定临界值给出定量提示。将灵敏度（Sensitivity）设在y轴，1-特异性（1-Specificity）设在x轴，即可得出ROC曲线图。该曲线下的积分面积（Area）大小与算法优劣密切相关，反映分类器正确分类的统计概率，其值越接近 1 说明该算法效果越好。

12. 混淆矩阵

混淆矩阵（Confusion Matrix）是模式识别领域中一种常用的表达形式。它描绘样本数据的真实属性与识别结果类型之间的关系，是评价分类器性能的一种常用方法。假设 N 类模式的分类任务为，识别数据集 D 包括 T_0 个样本，每类模式分别含有 T_i 个数据（$i=1,2,\cdots,N$）。采用某种识别算法构造分类器 C，cm_{ij} 表示第 i 类模式被分类器 C 判断成第 j 类模式的数据占第 i 类模式样本总数的百分率，则可得到 $N\times N$ 维混淆矩阵 $\boldsymbol{CM}(C,D)$，如式（6-19）所示。

$$\boldsymbol{CM}(C,D)=\begin{pmatrix} \mathrm{cm}_{11} & \mathrm{cm}_{12} & \cdots & \mathrm{cm}_{1j} & \cdots & \mathrm{cm}_{1N} \\ \mathrm{cm}_{21} & \mathrm{cm}_{22} & \cdots & \mathrm{cm}_{2j} & \cdots & \mathrm{cm}_{2N} \\ \vdots & \vdots & & \vdots & & \vdots \\ \mathrm{cm}_{i1} & \mathrm{cm}_{i2} & \cdots & \mathrm{cm}_{ij} & \cdots & \mathrm{cm}_{iN} \\ \vdots & \vdots & & \vdots & & \vdots \\ \mathrm{cm}_{N1} & \mathrm{cm}_{N2} & \cdots & \mathrm{cm}_{Nj} & \cdots & \mathrm{cm}_{NN} \end{pmatrix} \tag{6-19}$$

混淆矩阵中元素的行下标对应目标的真实属性，列下标对应分类器产生的识别属性。对角线元素表示各模式能够被分类器 C 正确识别的百分率，而非对角线元素则表示发生错误判断的百分率。

通过混淆矩阵，可以获得分类器的正确识别率和错误识别率。

各模式正确识别率如式（6-20）所示。

$$R_i=\mathrm{cm}_{ii}\ (i=1,2,\cdots,N) \tag{6-20}$$

平均正确识别率如式（6-21）所示。

$$R_A=\sum_{i=1}^{N}(\mathrm{cm}_{ii}\cdot T_i)/T_0 \tag{6-21}$$

各模式错误识别率如式（6-22）所示。

$$W_i=\sum_{j=1,j\neq i}^{N}\mathrm{cm}_{ij}=1-\mathrm{cm}_{ii}=1-R_i \tag{6-22}$$

平均错误识别率如式（6-23）所示。

$$W_A=\sum_{i=1}^{N}\sum_{j=1,j\neq i}^{N}(\mathrm{cm}_{ij}\cdot T_i)/T_0=1-R_A \tag{6-23}$$

对于一个二分类预测模型，分类结束后的混淆矩阵如表 6-10 所示。

表 6-10　混淆矩阵

混淆矩阵		预测类	
		类=1	类=0
实际类	类=1	A	B
	类=0	C	D

如有 150 个样本数据，将这些数据分成 3 类，每类 50 个数据。分类结束后得到的混淆矩阵示例如表 6-11 所示。

表 6-11 混淆矩阵示例

43	5	2
2	45	3
0	1	49

在表 6-11 中，第 1 行的数据说明有 43 个样本正确分类，有 5 个样本应该属于第 1 类，却被错误分到了第 2 类，有 2 个样本应属于第 1 类，却被错误地分到了第 3 类。

6.1.7 常用的 Python 分类与回归算法

常用的 Python 分类与回归算法如表 6-12 所示。

表 6-12 常用的 Python 分类与回归算法

算法	算法说明	所在库
逻辑回归	比较基础的线性分类算法，很多时候是简单而有效的选择	sklearn.linear_model
支持向量机	强大的算法，可以用来回归、预测、分类等，而根据选取的不同的核函数，构建的模型可以是线性的也可以是非线性的	sklearn.svm
决策树	基于“分类讨论、逐步细化”思想的分类算法，构建的模型直观，易解释	sklearn.tree
随机森林	思想跟决策树类似，精度通常比决策树要高，缺点是由于其随机性，丧失了决策树的可解释性	sklearn.ensemble
朴素贝叶斯	基于概率思想的简单而有效的分类算法，能够给出容易理解的概率解释	sklearn.naive_bayes
神经网络	具有强大的拟合能力，可以用于拟合、分类等，它有很多个增强版本，如递归神经网络、卷积神经网络、自编码器等，这些是深度学习的算法基础	Keras

经过前文的分类与回归的学习，我们基本认识了 Python 建模的特点。首先，需要认识到：Python 本身是一门面向对象的编程语言。建模时会发现，不管是在 scikit-learn 库还是 Keras 库，建模的第一个步骤是建立一个对象，这个对象是空白的，需要进一步训练。然后，设置模型的参数，通过 fit 方法对模型进行训练。最后，通过 predict 方法预测结果。当然，还有其他方法有助于完成对模型的评价，如 score 方法等。

6.2 聚类分析

餐饮企业经常会碰到如下问题。

（1）如何通过对餐饮客户消费行为的测量，进一步评判餐饮客户的价值和对餐饮客户进行细分，找到有价值的客户群和需关注的客户群呢?

（2）如何合理对菜品进行分析，以便区分哪些菜品畅销且毛利高，哪些菜品滞销且毛利低呢?

餐饮企业遇到的这些问题，可以通过聚类分析解决。

6.2.1 常用的聚类分析算法

与分类不同，聚类分析是在没有给定划分类别的情况下，根据数据相似度进行样本分组的一种方法。与分类模型需要使用有类标记样本构成的训练数据不同，聚类模型可以建立在无类标记的数据上，聚类分析算法是一种非监督的学习算法。聚类的输入是一组未被标记的样本，聚类根据数据自身的距离或相似度将数据划分为若干组，划分的原则是组内（内部）距离最小化而组间（外部）距离最大化，如图 6-12 所示。

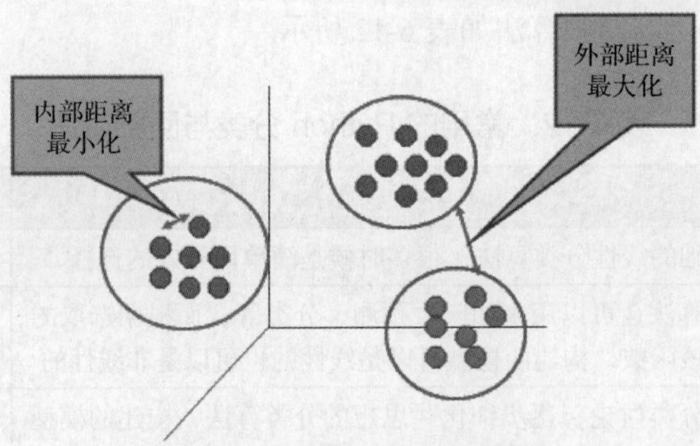

图 6-12 聚类分析建模原理

按照聚类方法的不同，可分为基于划分、层次分析、基于密度等聚类方法，常见的聚类方法如表 6-13 所示。

表 6-13 常见的聚类方法

方法	包含的算法名称
基于划分（分裂）的方法	K-Means（K-均值）算法、K-MEDOIDS（K-中心点）算法、CLARANS 算法（基于选择的算法）
层次分析方法	BIRCH（平衡迭代归约和聚类）算法、CURE（代表点聚类）算法、CHAMELEON（动态模型）算法
基于密度的方法	DBSCAN（基于区域密度聚类）算法、DENCLUE（密度分布函数）算法、OPTICS（对象排序聚类）算法
基于网格的方法	STING（统计信息网格）算法、CLIOUE（聚类高维空间）算法、WAVE-CLUSTER（小波聚类）算法
基于模型的方法	统计学方法、神经网络算法

常用的聚类分析算法如表 6-14 所示。

表 6-14 常用的聚类分析算法

算法	算法描述
K-Means	K-Means 聚类也叫快速聚类法，在最小化误差函数的基础上将数据划分为预定的类数 K。该算法原理简单并且便于处理大量数据
K-中心点	为了解决 K-Means 算法对孤立点的敏感性问题，K-中心点算法不采用簇中对象的平均值作为簇中心，而选用簇中离平均值最近的对象作为簇中心
系统聚类	系统聚类也叫多层次聚类，分类的单位由高到低呈树形结构，且所处的位置越低，其所包含的对象就越少，但这些对象间的共同特征就越多。该聚类方法只适合在数据量小的时候使用，数据量大的时候速度会非常慢

6.2.2 K-Means 算法

K-Means 算法是典型的基于距离的非层次聚类算法。在最小化误差函数的基础上将数据划分为预定的类数 K，采用距离作为相似性的评价指标，即认为两个对象的距离越近，其相似度就越大。

1. 算法过程

K-Means 算法过程如下。

（1）从 N 个样本数据中随机选取 K 个对象作为初始的聚类中心。

（2）分别计算每个样本到各个聚类中心的距离，将样本分配到距离最近的聚类中。

（3）所有样本分配完成后，重新计算 K 个聚类的中心。

（4）与前一次计算得到的 K 个聚类中心比较，如果聚类中心发生变化，转步骤（2），否则转步骤（5）。

（5）当聚类中心不发生变化时，停止计算并输出聚类结果。

聚类的结果可能依赖于初始聚类中心的随机选择，使得结果严重偏离全局最优分类。实践中，为了得到较好的结果，通常选择不同的初始聚类中心，多次运行 K-Means 算法。所有对象分配完成后，重新计算 K 个聚类的中心时，对于连续数据，聚类中心取该簇的均值，但是当样本的某些属性是分类变量时，均值可能无定义，可以使用 K-众数方法。

2. 数据类型与相似性的度量

（1）连续属性

对于连续属性，要先对各属性值进行零-均值规范，再进行距离的计算。K-Means 算法中，一般需要度量样本之间的距离、样本与簇之间的距离以及簇与簇之间的距离。

度量样本之间的相似性最常用的是欧几里得距离、曼哈顿距离和闵可夫斯基距离等。样本与簇之间的距离可以用样本到簇中心的距离 $d(e_i,x)$；簇与簇之间的距离可以用簇中心的距离 $d(e_i,e_j)$。

设有 p 个属性来表示 n 个样本的数据矩阵 $\begin{pmatrix} x_{11} & \cdots & x_{1p} \\ \vdots & \ddots & \vdots \\ x_{n1} & \cdots & x_{np} \end{pmatrix}$，则其欧几里得距离为式（6-24），曼哈顿距离为式（6-25），闵可夫斯基距离为式（6-26）。

$$d(i,j)=\sqrt{\left(x_{i1}-x_{j1}\right)^2+\left(x_{i2}-x_{j2}\right)^2+\cdots+\left(x_{ip}-x_{jp}\right)^2} \tag{6-24}$$

$$d(i,j)=\left|x_{i1}-x_{j1}\right|+\left|x_{i2}-x_{j2}\right|+\cdots+\left|x_{ip}-x_{jp}\right| \tag{6-25}$$

$$d(i,j)=\sqrt[q]{\left(\left|x_{i1}-x_{j1}\right|\right)^q+\left(\left|x_{i2}-x_{j2}\right|\right)^q+\cdots+\left(\left|x_{ip}-x_{jp}\right|\right)^q} \tag{6-26}$$

式（6-26）中，q 为正整数，q=1 时即为曼哈顿距离；q=2 时即为欧几里得距离。

（2）文档数据

对于文档数据，要使用余弦相似性度量。先将文档数据整理成文档-词矩阵，如表 6-15 所示。

表 6-15　文档-词矩阵

	lost	win	team	score	music	happy	sad	……	coach
文档一	14	2	8	0	8	7	10	……	6
文档二	1	13	3	4	1	16	4	……	7
文档三	9	6	7	7	3	14	8	……	5

两个文档之间的相似度的计算公式为式（6-27）。

$$d(\boldsymbol{i},\boldsymbol{j})=\cos(\boldsymbol{i},\boldsymbol{j})=\frac{\boldsymbol{i}\cdot\boldsymbol{j}}{|\boldsymbol{i}||\boldsymbol{j}|} \tag{6-27}$$

3. 目标函数

使用 SSE（Sum of the Squared Error，误差平方和）作为度量聚类质量的目标函数时，对于两种不同的聚类结果，选择其中 SSE 较小的聚类结果。

连续属性的 SSE 计算公式为式（6-28）。

$$\mathrm{SSE}=\sum_{i=1}^{K}\sum_{x\in E_i}\mathrm{dist}(e_i,x)^2 \tag{6-28}$$

文档数据的 SSE 计算公式为式（6-29）。

$$\mathrm{SSE}=\sum_{i=1}^{K}\sum_{x\in E_i}\cos(e_i,x)^2 \tag{6-29}$$

簇 E_i 的聚类中心 e_i 计算公式为式（6-30）。

$$e_i=\frac{1}{n_i}\sum_{x\in E_i}x \tag{6-30}$$

式（6-28）～式（6-30）中涉及的符号如表 6-16 所示。

表 6-16 符号

符号	含义	符号	含义
K	聚类簇的个数	e_i	簇 E_i 的聚类中心
E_i	第 i 个簇	n	数据集中样本的个数
x	对象（样本）	n_i	第 i 个簇中样本的个数

下面结合具体案例来解决 6.2 节开始提出的问题。

部分餐饮客户的消费行为特征数据如表 6-17 所示，其中，ID 代表客户 ID；R 代表客户最近一次来店消费距观测窗口结束的天数，值越大代表越久没消费；F 代表客户来店消费次数，值越大表示消费次数越多；M 代表消费总金额。根据这些数据将客户分成不同客户群，并评价这些客户群的价值。

表 6-17 部分餐饮客户的消费行为特征数据

ID	R	F	M
1	37	4	579
2	35	3	616
3	25	10	394
4	52	2	111
5	36	7	521
6	41	5	225
7	56	3	118
8	37	5	793
9	54	2	111
10	5	18	1086

使用 K-Means 算法聚类消费行为特征数据，设定聚类个数 k 为 3，最大迭代次数为 500，距离函数取欧几里得距离，如代码 6-5 所示。

代码 6-5 使用 K-Means 算法聚类消费行为特征数据

```
import pandas as pd
# 参数初始化
inputfile = '../data/consumption_data.xls'  # 销量及其他属性数据
outputfile = '../tmp/data_type.xls'  # 保存结果的文件名
k = 3  # 聚类的类别
iteration = 500  # 聚类最大循环次数
data = pd.read_excel(inputfile, index_col='Id')  # 读取数据
data_zs = 1.0 * (data - data.mean()) / data.std()  # 数据标准化


from sklearn.cluster import KMeans
```

```
model = KMeans(n_clusters=k, n_jobs=4, max_iter=iteration,random_state=1234)
# 分为 k 类，并发数为 4
model.fit(data_zs)  # 开始聚类

# 简单输出结果
r1 = pd.Series(model.labels_).value_counts()  # 统计各个类别的数目
r2 = pd.DataFrame(model.cluster_centers_)  # 找出聚类中心
r = pd.concat([r2, r1], axis=1)  # 横向连接（0 是纵向），得到聚类中心对应的类别下的数目
r.columns = list(data.columns) + ['类别数目']  # 重命名表头
print(r)

# 详细输出原始数据及其类别
r = pd.concat([data, pd.Series(model.labels_, index=data.index)], axis=1)
                                              # 详细输出每个样本对应的类别
r.columns = list(data.columns) + ['聚类类别']  # 重命名表头
r.to_excel(outputfile)  # 保存结果
```

需要注意的是，在代码 6-5 中，事实上 scikit-learn 库中的 K-Means 算法仅支持欧几里得距离，原因在于采用其他的距离算法并不一定能够保证算法的收敛性。代码 6-5 的输出结果如表 6-18 所示。

表 6-18　输出结果

分群类别	样本个数	样本个数占比	聚类中心		
			R	*F*	*M*
分群 1	40	4.25%	3.455055	−0.295654	0.449123
分群 2	341	36.28%	−0.160451	1.114802	0.392844
分群 3	559	59.47%	−0.149353	−0.658893	−0.271780

对聚类后的不同客户群使用 pandas 和 Matplotlib 绘制概率密度函数图，可以直观地比较不同客户群的价值，如代码 6-6 所示。分群 1、分群 2、分群 3 的概率密度函数图分别如图 6-13～图 6-15 所示。

代码 6-6　绘制聚类后的概率密度函数图

```
def density_plot(data):  # 自定义作图函数
  import matplotlib.pyplot as plt
  plt.rcParams['font.sans-serif'] = ['SimHei']  # 用来正常显示中文标签
  plt.rcParams['axes.unicode_minus'] = False  # 用来正常显示负号
  p = data.plot(kind='kde', linewidth=2, subplots=True, sharex=False)
  [p[i].set_ylabel('密度') for i in range(k)]
  plt.legend()
```

```
  return plt

pic_output = '../tmp/pd'  # 概率密度函数图的文件名前缀
for i in range(k):
density_plot(data[r['聚类类别']==i]).savefig('%s%s.png' %(pic_output, i))
```

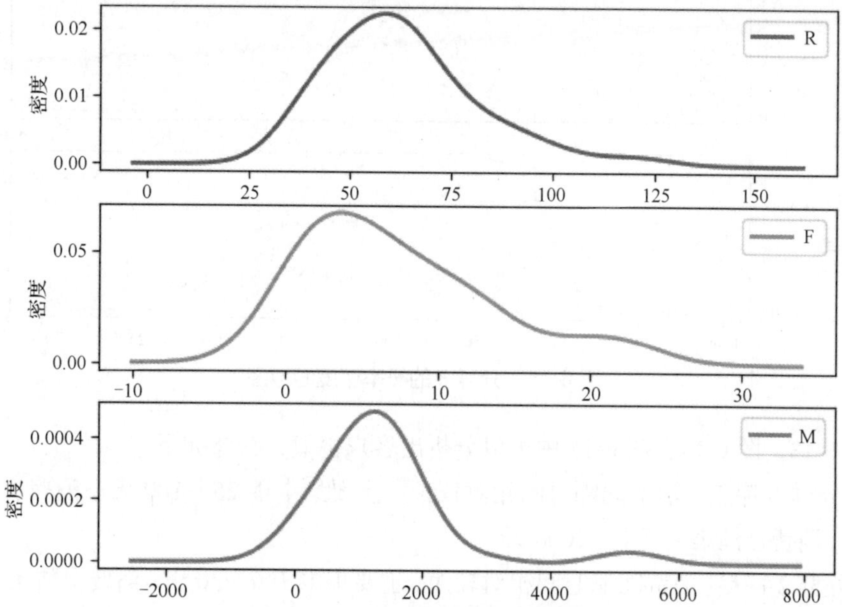

图 6-13　分群 1 的概率密度函数图

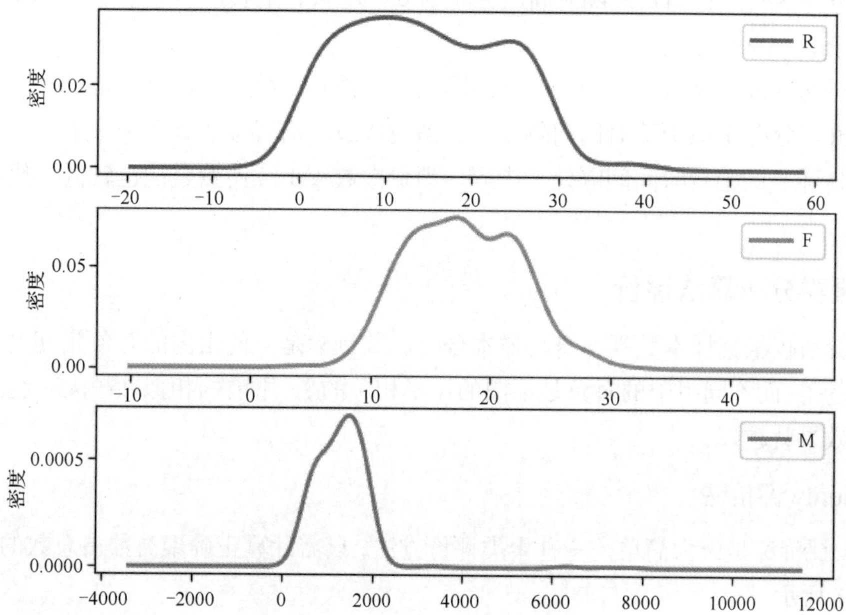

图 6-14　分群 2 的概率密度函数图

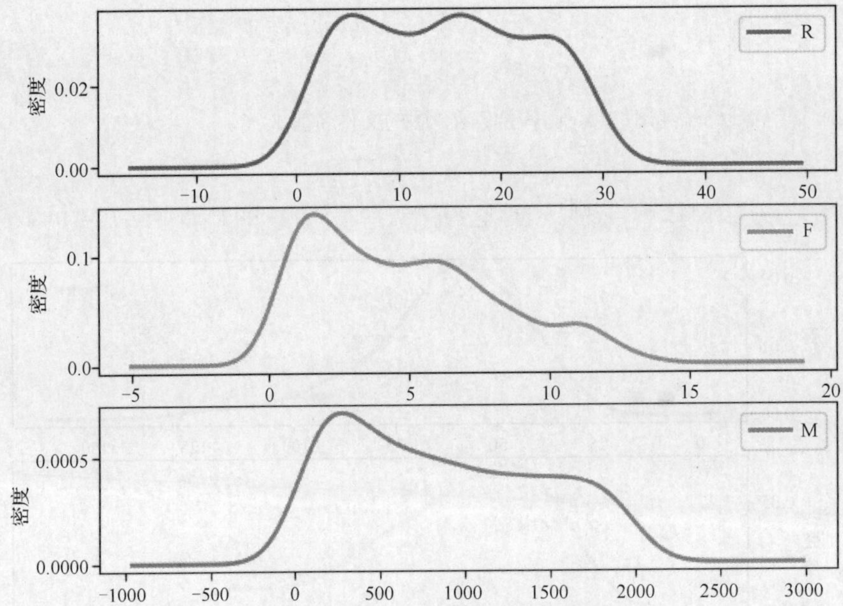

图 6-15　分群 3 的概率密度函数图

从图 6-13、图 6-14、图 6-15 中可以分析出客户价值，具体如下。

（1）分群 1 特点：消费间隔时间相对较长，主要集中于 25～100 天；消费次数集中于 0～20 次；消费金额集中于 0～2000 元。

（2）分群 2 特点：消费间隔时间相对较短，主要集中于 0～30 天；消费次数集中于 10～25 次；消费金额集中于 500～2500 元。

（3）分群 3 特点：消费间隔时间的分布为 0～35 天；消费次数集中于 0～14 次；消费金额集中于 0～1800 元。

（4）对比分析：分群 2 的消费时间间隔较短，消费次数多，而且消费金额较大，代表高消费人群。分群 1 的消费时间间隔较长、消费次数和消费金额处于中等水平，代表中消费客户。分群 3 的消费时间间隔处于中等，消费次数较少，消费金额也较低，代表低消费的客户群。

6.2.3　聚类分析算法评价

聚类分析仅根据样本数据本身将样本分组。其目标是，使组内的对象相互之间是相似的（相关的），而不同组中的对象是不同的（不相关的）。组内的相似性越大，组间差别越大，聚类效果就越好。

1. purity 评价法

purity 评价法是极为简单的一种聚类评价方法，只需计算正确聚类数占总数的比例，如式（6-31）所示。

$$\text{purity}(X,Y)=\frac{1}{n}\sum_{k}\max|x_k\cap y_i| \tag{6-31}$$

在式（6-31）中，$X=\{x_1,x_2,\cdots,x_k\}$是聚类的集合。x_k表示第 k 个聚类簇。$Y=\{y_1,y_2,\cdots,y_k\}$表示类别的集合。y_i表示第 i 个聚类对象的实际类别。n 表示被聚类对象的总数。

2. RI 评价法

RI 评价法也称为兰德系数（Rand Index，RI）。实际上这是一种用排列组合原理来对聚类进行评价的方法，RI 评价法公式如式（6-32）所示。

$$\mathrm{RI}=\frac{R+W}{R+M+D+W} \tag{6-32}$$

在式（6-32）中，R 是指应该被聚在一类的两个对象被正确分在了一类，W 是指不应该被聚在一类的两个对象被正确分开，M 指不应该被放在一类的两个对象被错误地分在了一类，D 指应该被聚在一类的两个对象被错误地分开。

3. F 值评价法

这是基于 RI 评价法衍生出的一种评价法，F 值评价法的公式如式（6-33）所示。

$$F_\alpha=\frac{(1+\alpha^2)pr}{\alpha^2 p+r} \tag{6-33}$$

在式（6-33）中，$p=\dfrac{R}{R+M}$，$r=\dfrac{R}{R+D}$。

实际上 RI 评价法就是把精确率 P 和召回率 R 视为同等重要，事实上有时候需要某一特性更多，这时候就可以使用 F 值评价法。

4. ARI 评价法

由于 RI 评价法针对两个随机的聚类划分结果时，值不是一个接近于 0 的常数，即 RI 评价法无法有效评价随机的聚类结果，因此引入了 ARI 评价法，其公式如式（6-34）所示。

$$\mathrm{ARI}=\frac{\mathrm{RI}-E(\mathrm{RI})}{\max(\mathrm{RI})-E(\mathrm{RI})} \tag{6-34}$$

式（6-34）中 $E(\mathrm{RI})$ 表示 RI 的期望。ARI 取值范围为$[-1,1]$，值越大意味着聚类结果与真实情况越吻合，其衡量的是两个数据分布的吻合程度。

5. 轮廓系数

轮廓系数（Silhouette Coefficient）是结合了内聚度和分离度两种因素的评价法，属于内部评价指标。其中，内聚度表示样本到同簇其他样本的平均距离，分离度表示样本到其他簇的所有样本的平均距离。轮廓系数的公式如式（6-35）所示。

$$s(i)=\begin{cases}1-\dfrac{a(i)}{b(i)}\ , & a(i)<b(i)\\ 0\ , & a(i)=b(i)\\ \dfrac{b(i)}{a(i)}-1\ , & a(i)>b(i)\end{cases} \tag{6-35}$$

式（6-35）中 $a(i)$ 表示内聚度，$b(i)$ 表示分离度。轮廓系数的取值范围为[−1,1]，越接近 1 表示样本的聚类结果越合理，越接近−1 表示样本更应该被分到另外的簇，接近于 0 时表示样本位于两个簇的边界上。轮廓系数可用于在相同原始数据的基础上评价不同算法，或者评价算法不同运行方式对聚类结果所产生的影响。

6. Calinski-Harabasz 指标

卡林斯基·哈拉巴兹（Calinski-Harabasz，CH）指标也是一种内部评价指标，其公式如式（6-36）所示。

$$\mathrm{CH}(K)=\frac{\mathrm{tr}(\boldsymbol{B}_k)/(k-1)}{\mathrm{tr}(\boldsymbol{W}_k)/(n-k)} \tag{6-36}$$

式（6-36）中 $\mathrm{tr}(\boldsymbol{B}_k)$ 表示簇间距离差矩阵的迹，$\mathrm{tr}(\boldsymbol{W}_k)$ 表示簇内距离差矩阵的迹，n 代表聚类个数，k 代表当前的类。CH 值主要计算簇间距离与簇内距离的比值，取值越大表示聚类效果越好。

6.2.4 常用的 Python 聚类分析算法

Python 的聚类算法主要在 scikit-learn 库中，Python 实现的聚类主要包括 K-Means 聚类、吸引力传播聚类、均值漂移聚类、谱聚类、层次聚类、密度聚类和 BIRCH 聚类，其主要函数如表 6-19 所示。

表 6-19 聚类主要函数列表

对象名	函数功能	所在库
KMeans	K-Means 聚类	sklearn.cluster
AffinityPropagation	吸引力传播聚类，2007 年被提出，几乎优于所有其他方法，不需要指定聚类数，但运行效率较低	sklearn.cluster
MeanShift	均值漂移聚类算法	sklearn.cluster
SpectralClustering	谱聚类，具有效果比 K-Means 聚类好、速度比 K-Means 聚类快等特点	sklearn.cluster
AgglomerativeClustering	层次聚类，给出一棵聚类层次树	sklearn.cluster
DBSCAN	具有噪声的基于密度的聚类方法	sklearn.cluster
BIRCH	综合的层次聚类算法，可以处理大规模数据的聚类	sklearn.cluster

模型的使用方法是大同小异的，基本都是先用对应的函数建立起模型，然后用 fit 方法训练模型，训练好之后用 label 方法给出样本数据的标签，或用 predict 方法预测新的输入的标签。

此外，SciPy 库也提供了一个聚类子库 scipy.cluster，里面提供了一些聚类算法，如层次聚类等，但没有 scikit-learn 库那么完善和丰富。scipy.cluster 的好处是它的函数名和功能基本与 Python 一一对应，如层次聚类的 linkage、dendrogram 等。

针对聚类结果的可视化，可以使用 TSNE（T-distributed Stochastic Neighbor Embedding, t 分布随机近邻嵌入）。TSNE 是劳伦斯·范德·马腾（Laurens van der Maaten）和杰弗里·欣顿（Geoffrey Hinton）在 2008 年提出的，它的定位是高维数据的可视化。人们喜欢直观地展示研究结果，聚类也不例外。然而通常输入的特征数是高维的（大于 3 维），一般难以直接以原特征对聚类结果进行展示。而 TSNE 提供了有效的数据降维方式，可以在 2 维或者 3 维的空间中展示聚类结果。

对上述 K-Means 算法的聚类结果使用 TSNE 以 2 维的方式展示，如代码 6-7 所示。K-Means 聚类效果如图 6-16 所示。

代码 6-7　用 TSNE 进行数据降维并展示聚类结果

```
import pandas as pd
from sklearn.manifold import TSNE

# 参数初始化
inputfile = '../data/consumption_data.xls'  # 销量及其他属性数据
inputfile1 = '../tmp/data_type.xls'
data = pd.read_excel(inputfile, index_col = 'Id')  # 读取数据
data_zs = 1.0*(data - data.mean())/data.std()
r = pd.read_excel(inputfile1,index_col='Id')

tsne = TSNE(random_state=105)
tsne.fit_transform(data_zs)  # 进行数据降维
tsne = pd.DataFrame(tsne.embedding_, index=data_zs.index)  # 转换数据格式

import matplotlib.pyplot as plt
plt.rcParams['font.sans-serif'] = ['SimHei']  # 用来正常显示中文标签
plt.rcParams['axes.unicode_minus'] = False  # 用来正常显示负号

# 不同类别用不同颜色和样式绘图
d = tsne[r['聚类类别'] == 0]
plt.plot(d[0], d[1], 'r.')
d = tsne[r['聚类类别'] == 1]
plt.plot(d[0], d[1], 'go')
d = tsne[r['聚类类别'] == 2]
plt.plot(d[0], d[1], 'b*')
plt.show()
```

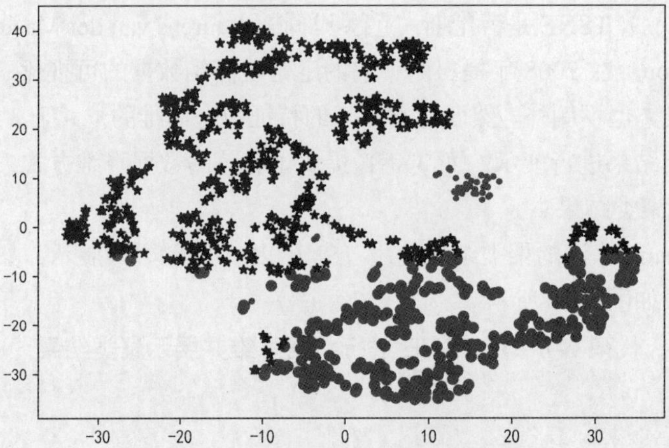

图 6-16　K-Means 聚类效果

6.3 关联规则

下面通过餐饮企业中的一个实际情景引出关联规则的概念。顾客在餐厅点餐时，面对菜单中大量的菜品信息，往往无法迅速找到满意的菜品，既延长了点菜的时间，又降低了顾客的就餐体验。实际上，菜品的合理搭配是有规律可循的：顾客的饮食习惯、菜品的荤素和口味，在有些菜品之间是正关联的，而在有些菜品之间是对立或竞争关系（负关联）。这些规律都隐藏在大量的历史菜单数据中，如果能够通过数据分析发现客户点餐的规律，就可以快速识别顾客的口味。当顾客点了某个菜品时会推荐相关联的菜品，引导顾客消费，可提高顾客的就餐体验和餐饮企业的业绩水平。

关联规则分析也称为购物篮分析，最早使用是为了发现超市销售数据库中不同商品之间的关联关系。例如：一个超市的经理想要更多地了解顾客的购物习惯，如“哪组商品可能会在一次购物中被同时购买？”或者“某顾客购买了个人计算机，那该顾客 3 个月后购买数码相机的概率有多大？”。他可能会发现购买了面包的顾客同时非常有可能会购买牛奶，这就导出了一条关联规则“面包 ⇒ 牛奶”，其中面包称为规则的前项，而牛奶称为后项。通过对面包降低售价进行促销，而适当提高牛奶的售价，关联销售出的牛奶就有可能增加超市整体的利润。

关联规则分析是数据分析中最活跃的研究方法之一，目的是在一个数据集中找出各项之间的关联关系，而这种关系并没有在数据中直接表示出来。

6.3.1 常用的关联规则算法

常用的关联规则算法如表 6-20 所示。

表 6-20　常用的关联规则算法

算法名称	算法描述
Apriori	Apriori 是关联规则十分常用也十分经典的分析频繁项集的算法，其核心思想是通过连接产生候选项及其支持度，然后通过剪枝生成频繁项集
FP-Tree	FP-Tree 是针对 Apriori 算法的固有的多次扫描事务数据集的缺陷，提出的不产生候选频繁项集的算法。Apriori 和 FP-Tree 都是寻找频繁项集的算法

续表

算法名称	算法描述
Eclat	Eclat算法是一种深度优先算法，采用垂直数据表示形式，在概念格理论的基础上利用基于前缀的等价关系将搜索空间划分为较小的子空间
灰色关联法	灰色关联法是分析和确定各因素之间的影响程度或是若干个子因素（子序列）对主因素（母序列）的贡献度而进行的一种分析算法

下面重点介绍Apriori算法。

6.3.2 Apriori算法实现

以超市销售数据为例，提取关联规则的最大困难在于当存在很多商品时，可能的商品组合（规则的前项与后项）数目会达到令人望而却步的程度。因而各种关联规则分析的算法会从不同方面入手，缩小搜索空间的大小，以及减少扫描数据的次数。Apriori算法是十分经典的分析频繁项集的算法，其实现了在大数据集上可行的关联规则提取，其核心思想是通过连接产生候选项与其支持度，然后通过剪枝生成频繁项集。

1. 关联规则和频繁项集

（1）支持度与置信度

项集A的支持度计数是事务数据集中包含项集A的事务个数，简称为项集的频率或计数。

已知项集的支持度计数，则规则$A \Rightarrow B$的支持度和置信度很容易从所有事务计数、项集A和项集$A \cup B$的支持度计数推出，如式（6-37）和式（6-38）所示，其中N表示总事务个数，σ表示计数。

$$\text{Support}(A \Rightarrow B) = \frac{A,B\text{同时发生的事务个数}}{\text{所有事务个数}} = \frac{\sigma(A \cup B)}{N} \tag{6-37}$$

$$\text{Confidence}(A \Rightarrow B) = P(B|A) = \frac{A,B\text{同时发生的事务个数}}{A\text{发生的事务个数}} = \frac{\sigma(A \cup B)}{\sigma(A)} \tag{6-38}$$

也就是说，一旦得到所有事务个数，以及A、B和$A \cup B$的支持度计数，就可以导出对应的关联规则$A \Rightarrow B$和$B \Rightarrow A$，并可以检查该规则是否是强规则。

（2）最小支持度和最小置信度

最小支持度是用户或专家定义的衡量支持度的一个阈值，表示项目集在统计意义上的最低重要性；最小置信度是用户或专家定义的衡量置信度的一个阈值，表示关联规则的最低可靠性。同时满足最小支持度阈值和最小置信度阈值的规则称作强规则。

（3）项集

项集是项的集合。包含k个项的项集称为k项集，如集合{牛奶,麦片,糖}是一个3项集。

如果项集I的相对支持度满足预定义的最小支持度阈值，则I是频繁项集。频繁k项集通常记作L_k。

基于菜品订单数据，使用Apriori算法对菜品进行关联规则分析，如代码6-8所示，关联规则结果如表 6-21 所示。

代码 6-8　使用 Apriori 算法对菜品进行关联规则分析

```
from __future__ import print_function
import pandas as pd
from apriori import *  # 导入自行编写的 apriori 函数

inputfile = '../data/menu_orders.xls'
outputfile = '../tmp/apriori_rules.xls'  # 结果文件
data = pd.read_excel(inputfile, header=None)

print('\n 转换原始数据至 0 1 矩阵...')
ct = lambda x : pd.Series(1, index=x[pd.notnull(x)])  # 转换 0-1 矩阵的过渡函数
b = map(ct, data.as_matrix())  # 用 map 方式执行
data = pd.DataFrame(list(b)).fillna(0)  # 实现矩阵转换，空值用 0 填充
print('\n 转换完毕。')
del b  # 删除中间变量 b，节省内存

support = 0.2  # 最小支持度
confidence = 0.5  # 最小置信度
ms = '---'  # 连接符，默认为'--'，用来区分不同元素，如 A--B。需要保证原始表格中不含有该字符

find_rule(data, support, confidence, ms).to_excel(outputfile)  # 保存结果
```

表 6-21　关联规则结果

关联规则	support	confidence
e---a	0.3	1.000000
e---c	0.3	1.000000
c---e---a	0.3	1.000000
a---e---c	0.3	1.000000
a---b	0.5	0.714286
c---a	0.5	0.714286
a---c	0.5	0.714286
b---a	0.5	0.625000
b---c	0.5	0.625000
b---c---a	0.3	0.600000
a---c---b	0.3	0.600000
a---b---c	0.3	0.600000
a---c---e	0.3	0.600000

在表 6-21 中，“e---a”表示 e 发生能够推导出 a 发生，置信度为 100%，支持度为 30%；“b---c---a”表示 b、c 同时发生时能够推导出 a 发生，置信度为 60%，支持度为 30%。搜索出来的关联规则不一定具有实际意义，因此需要根据问题背景筛选适当的、有意义的规则，并赋予其合理的解释。

2. Apriori 算法

Apriori 算法的主要思想是找出存在于事务数据集中的最大的频繁项集，再利用得到的最大频繁项集与预先设定的最小置信度阈值生成强关联规则。

（1）Apriori 的性质

频繁项集的所有非空子集也必须是频繁项集。根据该性质可以得出：向不是频繁项集的 I 项集中添加事务 A，新的项集 $I \cup A$ 一定不是频繁项集。

（2）实现 Apriori 算法的两个过程

① 找出所有的频繁项集（支持度必须大于等于给定的最小支持度阈值），在这个过程中连接步和剪枝步互相融合，最终得到最大频繁项集 L_k。

首先，连接步的目的是找到 K 项集。对给定的最小支持度阈值，对 1 项候选集 C_1，剔除小于该阈值的项集得到 1 项频繁集，记为 L_1；下一步由 L_1 自身连接产生 2 项候选集 C_2，保留 C_2 中满足约束条件的项集得到 2 项频繁集，记为 L_2；再下一步由 L_2 与 L_1 连接产生 3 项候选集 C_3，保留 C_2 中满足约束条件的项集得到 3 项频繁集，记为 L_3……。直到得到最大频繁项集 L_k。

其次，剪枝步紧接着连接步，在产生候选集 C_k 的过程中起到减小搜索空间的目的。由于 C_k 是 L_{k-1} 与 L_1 连接产生的，根据 Apriori 的性质可知频繁项集的所有非空子集也必须是频繁项集，因此不满足该性质的项集将不会存在于 C_k 中，该过程就是剪枝。

② 由频繁项集产生强关联规则：由过程①可知，未达到预定的最小支持度阈值的项集已被剔除，如果剩下这些规则又满足了预定的最小置信度阈值，那么就分析出了强关联规则。

下面将结合餐饮行业的示例来讲解 Apriori 算法的实现过程。数据库中部分点餐数据如表 6-22 所示。

表 6-22 数据库中点餐数据（部分）

序列	时间	订单号	菜品 id	菜品名称
1	2014/8/21	101	18491	健康麦香包
2	2014/8/21	101	8693	香煎葱油饼
3	2014/8/21	101	8705	翡翠蒸香茜饺
4	2014/8/21	102	8842	菜心粒咸骨粥
5	2014/8/21	102	7794	养颜红枣糕
6	2014/8/21	103	8693	三丝炒河粉

首先将表 6-22 中的事务数据（一种特殊类型的记录数据）的结构整理成关联规则模型所需的数据结构，从中抽取 10 个点餐订单作为事务数据集，设支持度为 0.2（支持度计数为 2），为方便起见，将菜品{18491,8842,8693,7794,8705}分别简记为{a,b,c,d,e}，如表 6-23 所示。

表 6-23　某餐厅事务数据集

订单号	菜品 id	菜品简记 id
1	18491, 8693,8705	a,c,e
2	8842,7794	b,d
3	8842,8693	b,c
4	18491,8842,8693,7794	a,b,c,d
5	18491,8842	a,b
6	8842,8693	b,c
7	18491,8842	a,b
8	18491,8842,8693,8705	a,b,c,e
9	18491,8842,8693	a,b,c
10	18491,8693	a,c

Apriori 算法实现过程如图 6-17 所示。

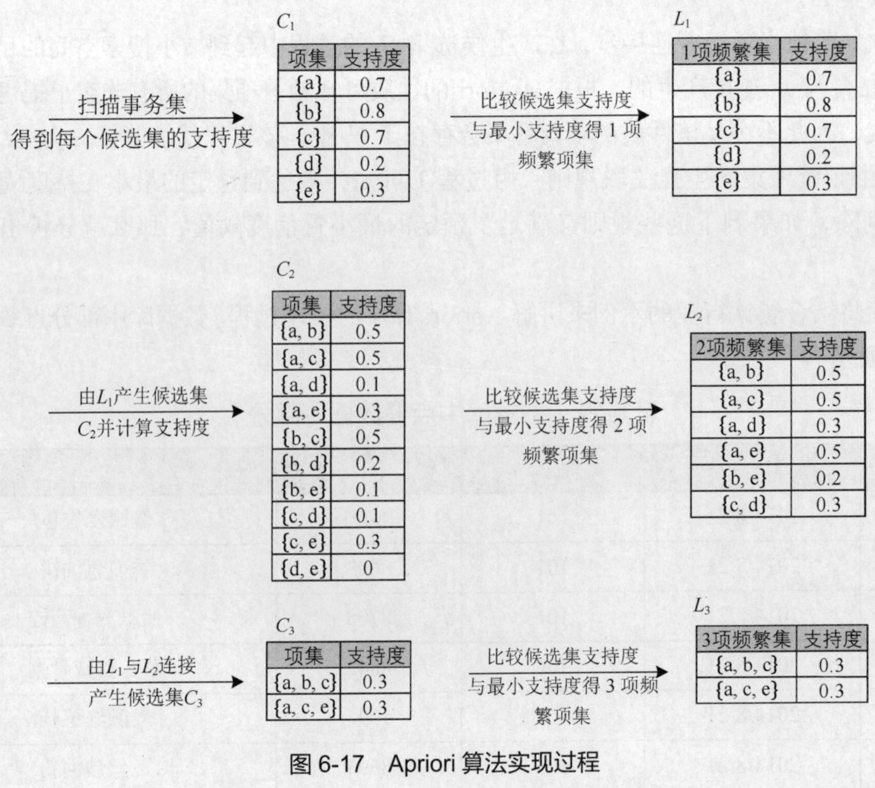

图 6-17　Apriori 算法实现过程

① 过程一：找最大 k 项频繁集。

a. 算法简单扫描所有的事务，事务中的每一项都是候选 1 项集的集合 C_1 的成员，计算每一项的支持度，如$P(\{a\})=\frac{\text{项集}\{a\}\text{的支持度计数}}{\text{所有事务个数}}=\frac{7}{10}=0.7$。

b. 对 C_1 中各项集的支持度与预先设定的最小支持度阈值进行比较，保留大于或等于该阈值的项，得 1 项频繁集 L_1。

c. 扫描所有事务，L_1 与 L_1 排列组合得候选 2 项集 C_2，并计算每一项的支持度。如$P(\{a,b\})=\frac{\text{项集}\{a,b\}\text{的支持度计数}}{\text{所有事务个数}}=\frac{5}{10}=0.5$。接下来是剪枝步，因为 C_2 的每个子集（L_1）都是频繁集，所以没有项集从 C_2 中剔除。

d. 对 C_2 中各项集的支持度与预先设定的最小支持度阈值进行比较，保留大于或等于该阈值的项，得 2 项频繁集 L_2。

e. 扫描所有事务，L_2 与 L_1 排列组合得候选 3 项集 C_3，并计算每一项的支持度，如$P(\{a,b,c\})=\frac{\text{项集}\{a,b,c\}\text{的支持度计数}}{\text{总的事务个数}}=\frac{3}{10}=0.3$。接下来是剪枝步，$L_2$ 与 L_1 连接的所有项集为{a,b,c}、{a,b,d}、{a,b,e}、{a,c,d}、{a,c,e}、{b,c,d}、{b,c,e}，根据 Apriori 算法，频繁集的所有非空子集也必须是频繁集，因为{b,d}、{b,e}、{c,d}不包含在频繁集 L_2 中，即不是频繁集，应剔除，所以最后的 C_3 中的项集只有{a,b,c}和{a,c,e}。

f. 对 C_3 中各项集的支持度与预先设定的最小支持度阈值进行比较，保留大于或等于该阈值的项，得 3 项频繁集 L_3。

g. L_3 与 L_1 连接得候选 4 项集 C_4，易得剪枝后为空集。最后得到最大 3 项频繁集{a,b,c}和{a,c,e}。

由以上过程可知，L_1、L_2、L_3 都是频繁项集，L_3 是最大频繁项集。

② 过程二：由频繁集产生关联规则。

根据式（6-40），尝试基于该例产生关联规则。

Python 程序输出的关联规则结果如表 6-24 所示。

表 6-24 关联规则结果

Rule	(Support, Confidence)
e→a	(30%, 100%)
e→c	(30%, 100%)
c,e→a	(30%, 100%)
a,e→c	(30%, 100%)
a→b	(50%, 71.4286%)
c→a	(50%, 71.4286%)
a→c	(50%, 71.4286%)

续表

Rule	(Support, Confidence)
c→b	(50%, 71.4286%)
b→a	(50%, 62.5%)
b→c	(50%, 62.5%)
b,c→a	(30%, 60%)
a,c→b	(30%, 60%)
a,b→c	(30%, 60%)
a,c→e	(30%, 60%)

对表 6-24 中的第一条输出结果进行解释：顾客同时点菜品 e 和 a 的概率是 30%，点了菜品 a，再点菜品 e 的概率是 100%。通过对该结果的分析，可以对顾客进行智能推荐，增加销量的同时满足顾客需求。

6.4 时序模式

就餐饮企业而言，经常会碰到如下问题。

由于餐饮行业的生产和销售是同时进行的，因此销售预测对于餐饮企业十分重要。要基于菜品历史销售数据，做好餐饮销售预测，这样可以减少菜品脱销现象和避免因备料不足而造成的生产延误，从而减少菜品生产等待时间，提供给客户更优质的服务，同时可以减少安全库存量，做到准时生产，降低物流成本。

餐饮销售预测可以看作基于时间序列的短期数据预测，预测对象为具体菜品销售量。

常用按时间顺序排列的一组随机变量 $X_1,X_2,\cdots,X_t$ 来表示一个随机事件的时间序列，简记为$\{X_t\}$；用 $x_1,x_2,\cdots,x_n$ 或$\{x_t,t=1,2,\cdots,n\}$表示该随机序列的n个有序观察值，称为序列长度为n的观察值序列。

本节应用时间序列分析的目的就是给定一个已被观测了的时间序列，预测该序列的未来值。

6.4.1 时间序列分析方法与模型

常用的时间序列分析方法与模型如表 6-25 所示。

表 6-25 常用的时间序列分析方法与模型

分析方法与模型名称	描述
平滑法	平滑法常用于趋势分析和预测，其利用修匀技术，削弱短期随机波动对序列的影响，使序列平滑化。根据所用平滑技术的不同，可具体分为移动平均法和指数平滑法

续表

分析方法与模型名称	描述
趋势拟合法	趋势拟合法把时间作为自变量，相应的序列观察值作为因变量，建立回归模型。根据序列的特征，可具体分为线性拟合和曲线拟合
组合模型	时间序列的变化主要受到长期趋势（T）、季节变动（S）、周期变动（C）和不规则变动（ε）这 4 个因素的影响。根据序列的特点，可以构建加法模型和乘法模型。 加法模型：$x_t=T_t+S_t+C_t+\varepsilon_t$；乘法模型：$x_t=T_t \cdot S_t \cdot C_t \cdot \varepsilon_t$
AR 模型	$x_t=\phi_0+\phi_1 x_{t-1}+\phi_2 x_{t-2}+\cdots+\phi_p x_{t-p}+\varepsilon_t$ 以前 p 期的序列值 $x_{t-1},x_{t-2},\cdots,x_{t-p}$ 为自变量、随机变量 X_t 的取值 x_t 为因变量建立线性回归模型
MA 模型	$x_t=\mu+\varepsilon_t-\theta_1\varepsilon_{t-1}-\theta_2\varepsilon_{t-2}-\cdots-\theta_q\varepsilon_{t-q}$ 随机变量 X_t 的取值 x_t 与以前各期的序列值无关，建立 x_t 与前 q 期的随机扰动 $\varepsilon_{t-1},\varepsilon_{t-2},\cdots,\varepsilon_{t-q}$ 的线性回归模型
ARMA 模型	$x_t=\phi_0+\phi_1 x_{t-1}+\phi_2 x_{t-2}+\cdots+\phi_p x_{t-p}+\varepsilon_t-\theta_1\varepsilon_{t-1}-\theta_2\varepsilon_{t-2}-\cdots-\theta_q\varepsilon_{t-q}$ 随机变量 X_t 的取值 x_t 不仅与前 p 期的序列值有关，还与前 q 期的随机扰动有关
ARIMA 模型	许多非平稳序列差分后会显示出平稳序列的性质，称这个非平稳序列为差分平稳序列。对差分平稳序列可以使用 ARIMA 模型进行拟合
ARCH 模型	ARCH 模型能准确地模拟时间序列变量的波动性的变化，适用于序列具有异方差性并且异方差函数短期自相关的情形
GARCH 模型及其衍生模型	GARCH 模型称为广义 ARCH 模型，是 ARCH 模型的拓展。相比于 ARCH 模型，GARCH 模型及其衍生模型更能反映实际序列中的长期记忆性、信息的非对称性等性质

下文将重点介绍 AR 模型、MA 模型、ARMA 模型和 ARIMA 模型。

6.4.2　时间序列的预处理

已知一个观察值序列，首先要对它的纯随机性和平稳性进行检验，这两个重要的检验称为序列的预处理。根据检验结果可以将序列分为不同的类型，对不同类型的序列需要采取不同的分析方法。

纯随机序列，又叫白噪声序列，序列的各项之间没有任何相关关系，序列在进行完全无序的随机波动，可以终止对该序列的分析。白噪声序列是没有信息可提取的平稳序列。

平稳非白噪声序列的均值和方差是常数，现已有一套非常成熟的平稳序列的建模方法。通常是建立一个线性模型来拟合该序列的发展，借此提取该序列的有用信息。ARMA 模型是十分常用的平稳序列拟合模型。

由于非平稳序列的均值和方差不稳定，所以一般是将其转变为平稳序列，这样就可以应用有关平稳时间序列的分析方法，如建立 ARMA 模型来进行相应的研究。如果一个时间序列经差分运算后具有平稳性，则称该序列为差分平稳序列，可以使用 ARIMA 模型进行分析。

1. 平稳性检验

（1）平稳时间序列的定义

对于随机变量 X，可以计算其均值（数学期望）μ、方差 σ^2；对于两个随机变量 X 和 Y，可以计算 X、Y 的协方差 $\mathrm{Cov}(X,Y)=E\left[(X-\mu_X)(Y-\mu_Y)\right]$ 和相关系数 $\rho(X,Y)=\dfrac{\mathrm{Cov}(X,Y)}{\sigma_X\sigma_Y}$，它们度量了两个不同事件之间的相互影响程度。

对于时间序列 $\{X_t,t\in T\}$，任意时刻的序列值 X_t 都是一个随机变量，每一个随机变量都会有均值和方差，记 X_t 的均值为 μ_t，方差为 σ_t。任取 $t,s\in T$，定义序列 $\{X_t\}$ 的自协方差函数 $\gamma(t,s)=E\left[(X_t-\mu_t)(X_s-\mu_s)\right]$ 和自相关系数 $\rho(t,s)=\dfrac{\mathrm{Cov}(X_t,X_s)}{\sigma_t\sigma_s}$（特别地，$\gamma(t,t)=\gamma(0)=1,\rho_0=1$），之所以称它们为自协方差函数和自相关系数，是因为它们衡量的是同一个事件在两个不同时期（时刻 t 和 s）的相关程度，形象地讲就是度量自己过去的行为对自己现在的影响。

如果时间序列 $\{X_t,t\in T\}$ 在某一常数附近波动且波动范围有限，即有常数均值和常数方差，并且延迟 k 期的序列变量的自协方差和自相关系数是相等的，或者说延迟 k 期的序列变量之间的影响程度是一样的，则称 $\{X_t,t\in T\}$ 为平稳序列。

（2）平稳性的检验

对序列的平稳性的检验有两种方法：一种是根据时序图和自相关图的特征进行判断的图检验，该方法操作简单、应用广泛，缺点是带有主观性；另一种是构造检验统计量进行检验，目前常用的方法是单位根检验。

① 时序图检验。

根据平稳时间序列的均值和方差都为常数的性质，平稳序列的时序图显示该序列值始终在一个常数附近随机波动，而且波动的范围有界；如果有明显的趋势性或者周期性，那么它通常不是平稳序列。

② 自相关图检验。

平稳序列具有短期相关性，这个性质表明对平稳序列而言通常只有近期的序列值对现时值的影响比较明显，间隔越远的过去值对现时值的影响越小。随着延迟期数 k 的增加，平稳序列的自相关系数 ρ_k 会比较快地衰减，趋向于零，并在零附近随机波动，而非平稳序列的自相关系数衰减的速度比较慢，这就是利用自相关图进行平稳性检验的标准。

③ 单位根检验。

单位根检验是指检验序列中是否存在单位根，因为存在单位根就是非平稳时间序列。

2. 纯随机性检验

如果一个序列是纯随机序列，那么它的序列值之间应该没有任何关系，即满足 $\gamma(k)=0,k\neq 0$。这是一种理论上才会出现的理想状态，实际上纯随机序列的样本自相关系数不会绝对为零，但是很接近零，并在零附近随机波动。

纯随机性检验也称白噪声检验，一般通过构造检验统计量来检验序列的纯随机性，常用的检验统计量有 Q 统计量、LB 统计量等。由样本各延迟期数的自相关系数可以计算得到检验统计量，然后计算出对应的 p 值，如果 p 值显著大于显著性水平 α，则表示该序列不能拒绝纯随机的原假设，可以停止对该序列的分析。

6.4.3 平稳时间序列分析

ARMA 模型的全称是自回归移动平均模型，它是目前十分常用的拟合平稳序列的模型。它又可以细分为 AR 模型、MA 模型和 ARMA 模型三大类。它们都可以看作多元线性回归模型。

1. AR 模型

具有式（6-39）所示结构的模型称为 p 阶自回归模型，简记为 AR(p)。

$$x_t = \phi_0 + \phi_1 x_{t-1} + \phi_2 x_{t-2} + \cdots + \phi_p x_{t-p} + \varepsilon_t \tag{6-39}$$

即在 t 时刻的随机变量 X_t 的取值 x_t 是前 p 期 $x_{t-1}, x_{t-2}, \cdots, x_{t-p}$ 的多元线性回归，认为 x_t 主要受前 p 期的序列值的影响。误差项是当期的随机干扰 ε_t，为零均值白噪声序列。

平稳 AR 模型的性质如表 6-26 所示。

表 6-26 平稳 AR 模型的性质

统计量	性质	统计量	性质
均值	常数均值	自相关系数	拖尾性
方差	常数方差	偏自相关系数	p 阶截尾性

（1）均值

对满足平稳性条件的 AR(p)模型的方程，对式（6-39）两边取期望，得式（6-40）。

$$E(x_t) = E(\phi_0 + \phi_1 x_{t-1} + \phi_2 x_{t-2} + \cdots + \phi_p x_{t-p} + \varepsilon_t) \tag{6-40}$$

已知 $E(x_t) = \mu, E(\varepsilon_t) = 0$，所以有 $\mu = \phi_0 + \phi_1 \mu + \phi_2 \mu + \cdots + \phi_p \mu$，解得式（6-41）。

$$\mu = \frac{\phi_0}{1 - \phi_1 - \phi_2 - \cdots - \phi_p} \tag{6-41}$$

（2）方差

平稳 AR(p)模型的方差有界，等于常数。

（3）自相关系数

平稳 AR(p)模型的自相关系数 $\rho_k = \rho(t, t-k) = \dfrac{\mathrm{Cov}(X_t, X_{t-k})}{\sigma_t \sigma_{t-k}}$ 呈指数级的速度衰减，始终有非零取值，不会在 k 大于某个常数之后就恒等于零，这个性质就是平稳AR(p)模型的自相关系数 ρ_k 具有的拖尾性。

（4）偏自相关系数

对于一个平稳AR(p)模型，当求出延迟 k 期自相关系数 ρ_k 时，实际得到的并不是 X_t 与

X_{t-k}之间单纯的相关关系，因为X_t同时还会受到中间$k-1$个随机变量$X_{t-1},X_{t-2},\cdots,X_{t-k+1}$的影响，所以自相关系数$\rho_k$里实际上掺杂了其他变量对$X_t$与$X_{t-k}$的相关影响，为了单纯地测度$X_{t-k}$对$X_t$的影响，需要引进偏自相关系数的概念。

可以证明平稳 AR(p)模型的偏自相关系数具有 p 阶截尾性。这个性质连同上文介绍的自相关系数的拖尾性都是 AR(p)模型重要的识别依据。

2. MA 模型

具有式（6-42）所示结构的模型称为 q 阶移动平均模型，简记为 MA(q)。

$$x_t=\mu+\varepsilon_t-\theta_1\varepsilon_{t-1}-\theta_2\varepsilon_{t-2}-\cdots-\theta_q\varepsilon_{t-q} \tag{6-42}$$

即在t时刻的随机变量X_t的取值x_t是前q期的随机扰动$\varepsilon_{t-1},\varepsilon_{t-2},\cdots,\varepsilon_{t-q}$的多元线性函数，误差项是当期的随机干扰$\varepsilon_t$，为零均值白噪声序列，$\mu$是序列$\{X_t\}$的均值。认为$x_t$主要受前$q$期的误差项的影响。

平稳 MA 模型的性质如表 6-27 所示。

表 6-27　平稳 MA 模型的性质

统计量	性质	统计量	性质
均值	常数均值	自相关系数	q 阶截尾性
方差	常数方差	偏自相关系数	拖尾性

3. ARMA 模型

具有式（6-43）所示结构的模型称为自回归移动平均模型，简记为 ARMA(p,q)。

$$x_t=\phi_0+\phi_1x_{t-1}+\phi_2x_{t-2}+\cdots+\phi_px_{t-p}+\varepsilon_t-\theta_1\varepsilon_{t-1}-\theta_2\varepsilon_{t-2}-\cdots-\theta_q\varepsilon_{t-q} \tag{6-43}$$

即在t时刻的随机变量X_t的取值x_t是前p期$x_{t-1},x_{t-2},\cdots,x_{t-p}$和前$q$期$\varepsilon_{t-1},\varepsilon_{t-2},\cdots,\varepsilon_{t-q}$的多元线性函数，误差项是当期的随机干扰$\varepsilon_t$，为零均值白噪声序列。认为$x_t$主要受前$p$期的序列值和前$q$期的误差项的共同影响。

特别地，当 q=0 时，是 AR(p)模型；当 p=0 时，是 MA(q)模型。

平稳 ARMA 模型的性质如表 6-28 所示。

表 6-28　平稳 ARMA 模型的性质

统计量	性质	统计量	性质
均值	常数均值	自相关系数	拖尾性
方差	常数方差	偏自相关系数	拖尾性

4. 平稳时间序列建模

某个时间序列经过预处理被判定为平稳非白噪声序列，就可以利用 ARMA 模型进行建模。计算出平稳非白噪声序列$\{X_t\}$的自相关系数和偏自相关系数，再由 AR(p)、MA(q)和

ARMA(p,q)模型的自相关系数和偏自相关系数的性质，选择合适的模型。平稳时间序列的ARMA 模型的建模步骤如图 6-18 所示。

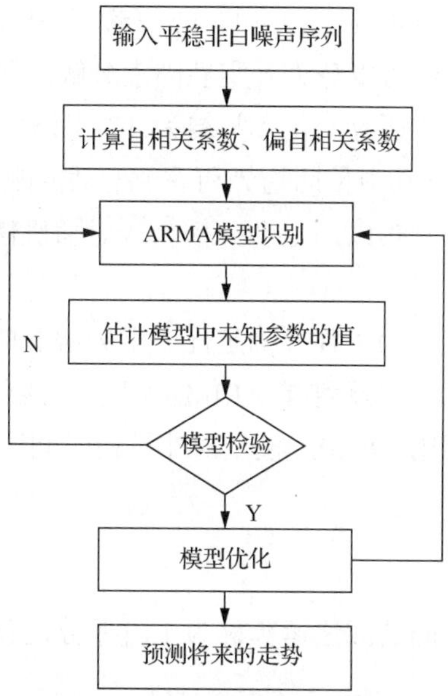

图 6-18 平稳时间序列的 ARMA 模型的建模步骤

平稳时间序列的 ARMA 模型的具体建模步骤如下。

（1）计算自相关系数和偏自相关系数。先计算非平稳白噪声序列的自相关系数和偏自相关系数。

（2）识别 ARMA 模型。这也称为模型定阶，由 AR(p)、MA(q)和 ARMA(p,q)模型的自相关系数和偏自相关系数的性质，选择合适的模型。ARMA 模型的识别原则如表 6-29 所示。

表 6-29 ARMA 模型的识别原则

模型	自相关系数	偏自相关系数
AR(p)	拖尾性	p 阶截尾性
MA(q)	q 阶截尾性	拖尾性
ARMA(p,q)	p 阶拖尾性	q 阶拖尾性

（3）估计模型中未知参数的值并对参数进行检验。

（4）模型检验。对模型进行单位根检验和白噪声检验，未通过检验的需要重新进行模型识别。

（5）模型优化。对建立的模型进行优化调优。

（6）模型应用。使用模型进行短期预测。

6.4.4 非平稳时间序列分析

上文介绍了对平稳时间序列的分析方法。实际上，绝大部分序列都是非平稳的。因而对非平稳序列的分析更普遍、更重要，对应的分析方法也更多。

非平稳时间序列的分析方法可以分为确定性因素分解法和随机时序分析法两大类。

确定性因素分解法把序列的所有变化都归结为 4 个因素（长期趋势、季节变动、循环变动和随机波动）的综合影响，其中长期趋势和季节变动的规律性信息通常比较容易提取，而由随机因素导致的波动则非常难以确定和分析。若对随机信息浪费严重，会导致模型拟合精度不够理想。

随机时序分析法的发展就是为了弥补确定性因素分解法的不足。根据时间序列的不同特点，随机时序分析法可以建立的模型有 ARIMA 模型、残差自回归模型、季节模型、异方差模型等。本小节重点介绍用 ARIMA 模型对非平稳时间序列建模。

1. 差分运算

（1）1 阶差分

相距一期的两个序列值之间的减法运算称为 1 阶差分运算。

（2）k 步差分

相距 k 期的两个序列值之间的减法运算称为 k 步差分运算。

2. ARIMA 模型

差分运算具有强大的确定性信息提取能力。许多非平稳序列差分后会显示出平稳序列的性质，这时称这个非平稳序列为差分平稳序列。对差分平稳序列可以使用 ARMA 模型进行拟合。ARIMA 模型的实质就是差分运算与 ARMA 模型的组合，掌握了 ARMA 模型的建模方法和步骤以后，对序列建立 ARIMA 模型是比较简单的。

差分平稳时间序列的建模步骤如图 6-19 所示。

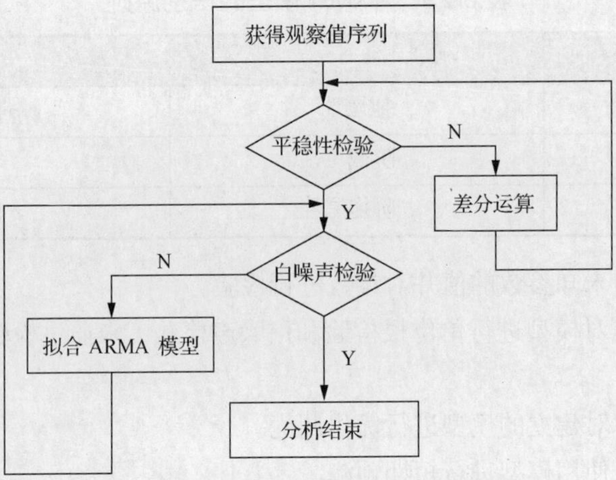

图 6-19 差分平稳时间序列的建模步骤

下文应用上文的理论知识，对2015年1月1日—2015年2月6日某餐厅的部分销售数据进行建模，如表6-30所示。

表6-30 某餐厅的部分销售数据

日期	销量（单）	日期	销量（单）	日期	销量（单）
2015/1/1	3023	2015/1/14	3252	2015/1/27	3635
2015/1/2	3039	2015/1/15	3342	2015/1/28	3738
2015/1/3	3056	2015/1/16	3365	2015/1/29	3707
2015/1/4	3138	2015/1/17	3339	2015/1/30	3827
2015/1/5	3188	2015/1/18	3345	2015/1/31	4039
2015/1/6	3224	2015/1/19	3421	2015/2/1	4210
2015/1/7	3226	2015/1/20	3443	2015/2/2	4493
2015/1/8	3029	2015/1/21	3428	2015/2/3	4560
2015/1/9	2859	2015/1/22	3554	2015/2/4	4637
2015/1/10	2870	2015/1/23	3615	2015/2/5	4755
2015/1/11	2910	2015/1/24	3646	2015/2/6	4817
2015/1/12	3012	2015/1/25	3614		
2015/1/13	3142	2015/1/26	3574		

（1）检验序列的平稳性

基于该餐厅的销售数据，检测序列的平稳性，如代码6-9所示，原始序列的时序图、自相关图、单位根检验分别如图6-20、图6-21、表6-31所示。

代码6-9 检测销售数据的序列平稳性

```
import pandas as pd

# 参数初始化
discfile = '../data/arima_data.xls'
forecastnum = 5

# 读取数据，指定日期列为指标，pandas自动将“日期”列识别为Datetime格式
data = pd.read_excel(discfile, index_col = '日期')

# 时序图
import matplotlib.pyplot as plt
plt.rcParams['font.sans-serif'] = ['SimHei']  # 用来正常显示中文标签
plt.rcParams['axes.unicode_minus'] = False  # 用来正常显示负号
plt.rc('font', size=12)
data.plot()
plt.show()
```

```
# 自相关图
from statsmodels.graphics.tsaplots import plot_acf
plt.rc('font', size=12)
plot_acf(data).show()

# 平稳性检测
from statsmodels.tsa.stattools import adfuller as ADF
print(u'原始序列的 ADF 检验结果为', ADF(data[u'销量']))
# 返回值依次为 adf、pvalue、usedlag、nobs、critical values、icbest、regresults、
# resstore
```

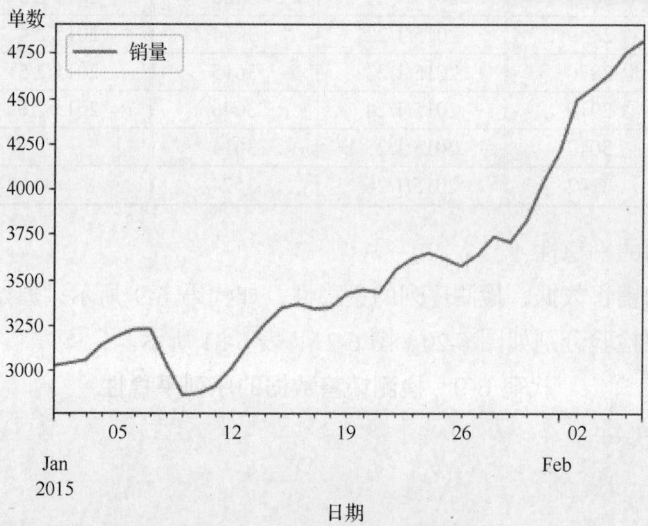

图 6-20　原始序列的时序图

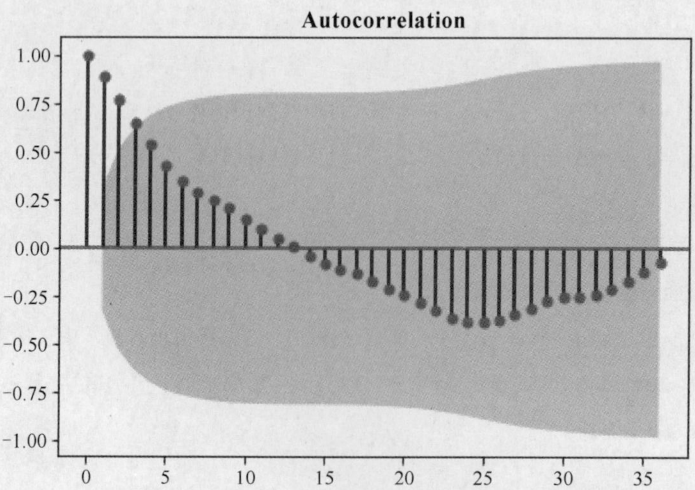

图 6-21　原始序列的自相关图

表 6-31 原始序列的单位根检验

adf	cValue			p值
	1%	5%	10%	
1.8138	−3.7112	−2.9812	−2.6301	0.9984

在图 6-20 中，餐厅销售数据时序图显示该序列具有明显的递增趋势，可以判断为非平稳序列；在图 6-21 中，自相关图显示自相关系数长期大于零，说明序列间具有很强的长期相关性；在表 6-31 中，单位根检验统计量对应的 p 值显著大于 0.05，所以将该序列判断为非平稳序列（非平稳序列一定不是白噪声序列）。

（2）对原始序列进行一阶差分，并进行平稳性和白噪声检验

① 对一阶差分后的序列再次做平稳性判断。

基于某餐厅的销售数据，进行一阶差分后再次做平稳性检测，如代码 6-10 所示，一阶差分后序列的时序图、自相关图、单位根检验分别如图 6-22、图 6-23、表 6-32 所示。

代码 6-10 检测销售数据一阶差分后的平稳性

```
# 差分后的结果
D_data = data.diff().dropna()
D_data.columns = ['销量差分']
D_data.plot()  # 时序图
plt.rc('font', size=12)
plt.show()
plot_acf(D_data).show()  # 自相关图
plt.rc('font', size=12)
print(u'差分序列的 ADF 检验结果为', ADF(D_data['销量差分']))  # 平稳性检测
```

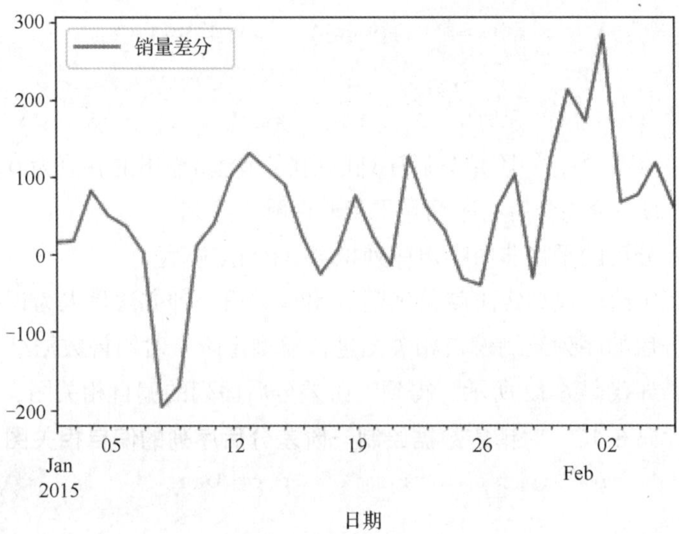

图 6-22 一阶差分后序列的时序图

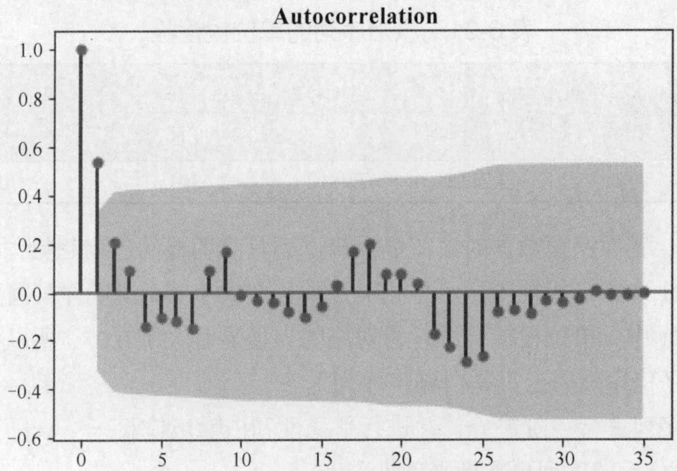

图 6-23 一阶差分后序列的自相关图

表 6-32 一阶差分后序列的单位根检验

adf	cValue			p 值
	1%	5%	10%	
−3.1561	−3.6327	−2.9485	−2.6130	0.0227

在图 6-22、图 6-23、表 6-32 中，可看出一阶差分后的序列的时序图在均值附近比较平稳地波动、自相关图有很强的短期相关性、单位根检验 p 值小于 0.05，所以一阶差分后的序列是平稳序列。

② 对一阶差分后的序列进行白噪声检验。

基于某餐厅的销售数据，进行一阶差分后做白噪声检验，如代码 6-11 所示。

代码 6-11 一阶差分后做白噪声检验

```
# 白噪声检验
from statsmodels.stats.diagnostic import acorr_ljungbox
# 返回统计量和 p 值
print('差分序列的白噪声检验结果为', acorr_ljungbox(D_data, lags=1))
```

在代码 6-11 的结果中，一阶差分后序列的白噪声检验输出的 p 值为 0.007734，远小于 0.05，所以销售数据一阶差分后的序列是平稳非白噪声序列。

（3）对一阶差分后的平稳非白噪声序列拟合 ARMA 模型

下面进行模型定阶。模型定阶就是确定 p 和 q。第一种方法是人为识别的方法，根据销售数据一阶差分后的序列绘制偏自相关图进行模型定阶。对销售数据绘制一阶差分后序列的偏自相关图，如代码 6-12 所示，得到一阶差分后序列的偏自相关图，如图 6-24 所示。

代码 6-12 对销售数据绘制一阶差分后序列的偏自相关图

```
from statsmodels.graphics.tsaplots import plot_pacf
plt.rc('font', size=12)
plot_pacf(D_data).show()  # 偏自相关图
```

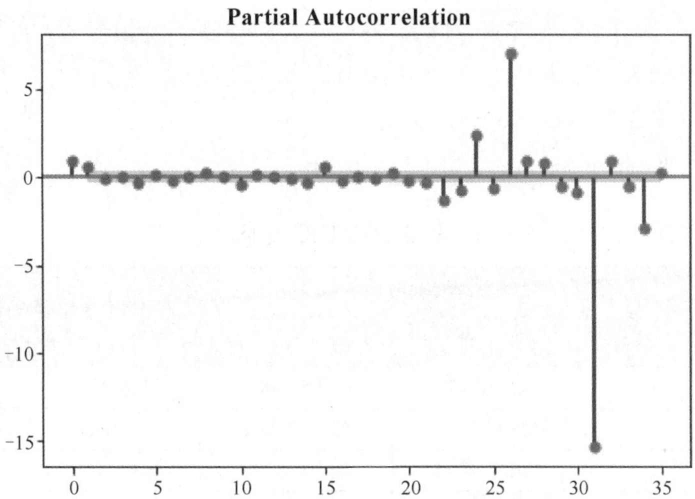

图 6-24 一阶差分后序列的偏自相关图

在图 6-23 中，一阶差分后序列的自相关图显示出 1 阶截尾性。在图 6-24 中，一阶差分后序列的偏自相关图显示出拖尾性。所以可以考虑用 MA(1)模型拟合 1 阶差分后的序列，即对原始序列建立 ARIMA(0,1,1)模型。

第二种方法是相对最优模型识别。计算当 ARMA(p,q)的 p 和 q 均小于等于 3 时所有组合的 BIC（Bayesian Information Criterion，贝叶斯信息准则）信息量，取其中 BIC 信息量达到最小的模型阶数。以餐厅的销售数据为例，对数据计算 BIC 矩阵、BIC 最小的 p 值和 q 值，如代码 6-13 所示，BIC 矩阵如表 6-33 所示。

代码 6-13 计算销售数据一阶差分后的 BIC 矩阵、BIC 最小的 p 值和 q 值

```
from statsmodels.tsa.arima_model import ARIMA
# 定阶
data['销量'] = data['销量'].astype(float)
pmax = int(len(D_data)/10)  # 一般阶数不超过 length/10
qmax = int(len(D_data)/10)  # 一般阶数不超过 length/10
bic_matrix = []  # BIC 矩阵
for p in range(pmax+1):
  tmp = []
  for q in range(qmax+1):
    try:  # 存在部分报错，所以用 try 来跳过报错
        tmp.append(ARIMA(data, (p,1,q)).fit().bic)
    except:
        tmp.append(None)
  bic_matrix.append(tmp)
```

```
bic_matrix = pd.DataFrame(bic_matrix)  # 从中可以找出最小值
# 先用 stack 方法展平，然后用 idxmin 方法找出最小值位置
p,q = bic_matrix.stack().idxmin()
print('BIC 最小的 p 值和 q 值为%s、%s' %(p,q))
```

表 6-33　BIC 矩阵

BIC 值		q			
		0	1	2	3
p	0	432.068472	422.510082	426.088911	426.595507
	1	423.628276	426.073601	NaN	NaN
	2	426.774824	427.395787	430.709154	NaN
	3	430.317524	NaN	NaN	436.178109

在表 6-33 中，当 p 值为 0、q 值为 1 时，最小 BIC 值为 422.510082。即 ARIMA 模型的 p、q 定阶完成。

用 AR(1)模型拟合一阶差分后的序列，即对原始序列建立 ARIMA(0,1,1)模型。虽然两种方法建立的模型是一样的，但模型是非唯一的，可以检验 ARIMA(1,1,0)和 ARIMA(1,1,1)，发现这两个模型也能通过检验。

下面对一阶差分后的序列拟合 AR(1)模型进行分析。

针对模型分析，可生成 ARIMA 模型报告。以餐厅销售数据为例，对原始序列建立 ARIMA(0,1,1)模型，生成模型报告，如代码 6-14 所示。部分 ARIMA 模型报告、模型报告中参数检验和参数估计、模型报告中 MA.1 相关信息如表 6-34～表 6-36 所示。

代码 6-14　建立 ARIMA 模型

```
from statsmodels.tsa.arima_model import ARIMA
model = ARIMA(data, (p,1,q)).fit()  # 建立 ARIMA(0, 1, 1)模型
print('模型报告为\n', model.summary2())
```

表 6-34　部分 ARIMA 模型报告

Model:	ARIMA	最小的 q 值	422.5101
Dependent Variable:	D.销量	Log-Likelihood:	−205.88
Date:	2019-07-14 17:02	Scale:	1.0000
No. Observations:	36	Method:	css-mle
Df Model:	2	Sample:	01-02-2015
Df Residuals:	34		02-06-2015
Converged:	1.0000	S.D. of innovations:	73.086
No. Iterations:	13.0000	HQIC:	419.418
AIC:	417.7595		

表 6-35　模型报告中参数检验和参数估计

Parameter	Coef.	Std.Err	t	$P>\|t\|$	[0.025	0.975]
const	49.9557	20.1390	2.4805	0.0182	10.4840	89.4274
ma.L1.D.销量	0.6710	0.1648	4.0712	0.0003	0.3480	0.9941

表 6-36　模型报告中 MA.1 相关信息

Parameter	Real	Imaginary	Modulus	Frequency
MA.1	−1.4902	0.0000	1.4902	0.5000

在代码 6-14 中，使用了 StatsModels。对于通常的数据探索任务来说，NumPy 与 pandas 的结合已经相当强大了，只有需要建立较为复杂的统计模型时，才会用到 StatsModels。

在表 6-34、表 6-35、表 6-36 中，可看到 ARIMA 模型相关检验参数，其中模型检验的残差为白噪声序列。

（4）ARIMA 模型预测

以 2015 年 1 月 1 日—2015 年 2 月 6 日某餐厅的销售数据为例，对数据应用 ARIMA(0,1,1)，进行未来 5 天的预测，如代码 6-15 所示。预测的未来 5 天的销售额相关信息如表 6-37 所示。

代码 6-15　ARIMA 模型预测

```
model  # ARIMA 模型
print('预测未来 5 天，其预测结果、标准误差、置信区间如下：\n', model.forecast(5))
```

表 6-37　预测的未来 5 天的销售额相关信息

	2015/2/7	2015/2/8	2015/2/9	2015/2/10	2015/2/11
预测结果	4874.0	4923.9	4973.9	5023.8	5073.8
标准误差	73.1	142.3	187.5	223.8	254.50
置信区间	[4730.720914, 5017.211762]	[4644.966690, 5202.877481]	[4606.300668, 5341.455000]	[4585.188128, 5462.479036]	[4574.082720, 5573.495940]

需要说明的是，利用模型向前预测的时期越长，预测误差将会越大，这是时间预测的典型特点。

6.4.5　常用 Python 时序模式算法

Python 实现时序模式常用的库是 StatsModels，常用的模型是 ARIMA 模型，在使用该模型进行建模时，需要进行一系列判别操作，主要包含平稳性检验、白噪声检验、是否差分、AIC（Akaike Information Criterion，赤池信息准则）和 BIC 指标值、模型定阶，最后再进行预测。时序模式算法的相关函数如表 6-38 所示。

表 6-38 时序模式算法的相关函数

函数名	函数功能	所属工具箱
acf	计算自相关系数	statsmodels.tsa.stattools
plot_acf	画自相关系数图	statsmodels.graphics.tsaplots
pacf	计算偏自相关系数	statsmodels.tsa.stattools
plot_pacf	画偏自相关系数图	statsmodels.graphics.tsaplots
adfuller	对观测值序列进行单位根检验	statsmodels.tsa.stattools
diff	对观测值序列进行差分计算	pandas 库自带的方法
ARIMA	创建一个 ARIMA 时序模型	statsmodels.tsa.arima_model
summary 或 summary2	给出一份 ARIMA 模型的报告	ARIMA 模型对象自带的方法
aic/bic/hqic	计算 ARIMA 模型的 AIC/BIC/HQIC 指标值	ARIMA 模型对象自带的变量
forecast	应用构建的时序模型进行预测	ARIMA 模型对象自带的方法
acorr_ljungbox	Ljung-Box 检验，检测是否为白噪声序列	statsmodels.stats.diagnostic

1. acf

acf 用于计算自相关系数，其使用格式如下。

```
autocorr = acf(data, unbiased=False, nlags=40, qstat=False, fft=False, alpha=None)
```

输入参数 data 为观测值序列（时间序列，可以是 DataFrame 或 Series），返回参数 autocorr 为观测值序列自相关函数。其余为可选参数，如 qstat=True 时同时返回 Q 统计量和对应 p 值。

2. plot_acf

polt_acf 用于绘制自相关系数图，其使用格式如下。

```
p = plot_acf(data)
```

返回一个 Matplotlib 对象，可以用.show 方法显示图像。

3. pacf/plot_pacf

pacf/plot_pacf 用于计算偏自相关系数，绘制偏自相关系数图，其使用格式与 acf 和 plot_acf 类似，不赘述。

4. adfuller

adfuller 用于针对观测值序列进行单位根检验，其使用格式如下。

```
h = adffuller(Series, maxlag=None, regression='c', autolag='AIC', store=False, regresults=False)
```

输入参数 Series 为一维观测值序列，返回值依次为 adf、pvalue、usedlag、nobs、critical values、icbest、regresults、resstore 等。

5. diff

diff 用于对观测值序列进行差分计算，其使用格式如下。

```
D.diff()
```

D 为 pandas 的 DataFrame 或 Series。

6. ARIMA

ARIMA 用于设置时序模式的建模参数，创建 ARIMA 时序模型，其使用格式如下。

```
arima = ARIMA(data, (p,1,q)).fit()
```

data 参数为输入的时间序列，p、q 为对应的阶，1 为差分次数。

7. summary/summary2

summary/summary2 用于生成已有模型的报告，其使用格式如下。

```
arima.summary() / arima.summary2()
```

其中 arima 为建立好的 ARIMA 模型，返回一份格式化的模型报告，包含模型的系数、标准误差、*p* 值、AIC、BIC 等详细指标。

8. aic/bic/hqic

aic/bic/hqic 用于计算 ARIMA 模型的 AIC、BIC、HQIC 指标值，其使用格式如下。

```
arima.aic
arima.bic
arima.hqic
```

其中 arima 为建立好的 ARIMA 模型，返回 Model 时序模型得到的 AIC、BIC、HQIC 指标值。

9. forecast

forecast 的功能是使用得到的时序模型进行预测，其使用格式如下。

```
a,b,c = arima.forecast(num)
```

输入参数 num 为要预测的天数，arima 为已经建立好的 ARIMA 模型。a 为返回的预测值，b 为预测的误差，c 为预测置信区间。

10. acorr_ljungbox

acorr_ljungbox 用于检测是否为白噪声序列，其使用格式如下。

```
acorr_ljungbox(data, lags=1)
```

输入参数 data 为时间序列数据，lags 为滞后数，返回统计量和 *p* 值。

6.5 智能推荐

就电影企业而言，经常会碰到如下问题。

当用户没有明确的需求时，面对数不胜数的电影，将会不知所措，不知道选择哪一部。此时，便是用户遇到了信息过载的问题，那么需要怎样才能为用户提供一些参考意见呢？

电影企业遇到的这个问题，可以通过智能推荐来解决。

6.5.1 常见的智能推荐算法

常见的智能推荐算法有基于关联规则的智能推荐和基于协同过滤的智能推荐两种。其中，基于协同过滤的智能推荐可分为基于用户的协同过滤和基于物品的协同过滤两种。

基于用户的协同过滤的基本思想相当简单，基于用户对物品的偏好找到邻居用户，然后将邻居用户喜欢的推荐给当前用户。计算上，就是将一个用户对所有物品的偏好作为一个向量来计算用户之间的相似度，找到邻居用户后，根据邻居用户的相似度权重以及他们对物品的偏好，预测当前用户没有偏好的未涉及物品，计算得到一个排序的物品列表作为推荐。图 6-25 给出了一个示例，对于用户 A，根据用户的历史偏好，这里只计算得到一个邻居用户 C，然后将用户 C 喜欢的物品 D 推荐给用户 A。

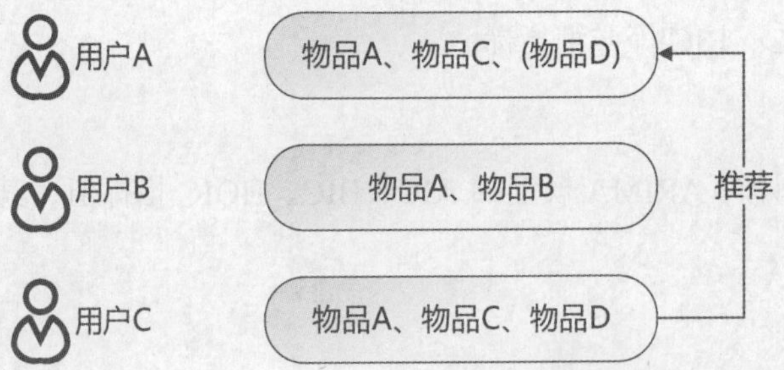

图 6-25 基于用户的协同过滤推荐

基于物品的协同过滤和基于用户的协同过滤的原理类似，只是在计算邻居用户时是从物品的角度，而不是从用户的角度，即基于用户对物品的偏好找到相似的物品，然后根据用户的历史偏好，推荐相似的物品。从计算的角度看，就是将所有用户对某个物品的偏好作为一个向量来计算物品之间的相似度。得到物品的相似物品后，根据用户历史的偏好预测当前用户还没有表示偏好的物品，计算得到一个排序的物品列表作为推荐。对于物品 A，根据所有用户的历史偏好，喜欢物品 A 的用户都喜欢物品 C，得出物品 A 和物品 C 比较相似，而用户 C 喜欢物品 A，那么可以推断出用户 C 可能也喜欢物品 C，如图 6-26 所示。

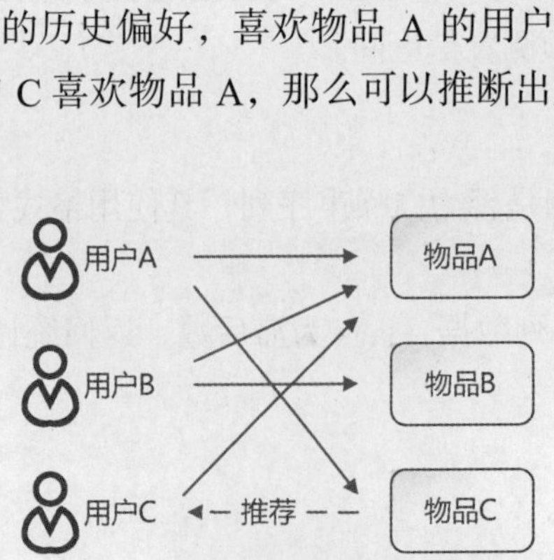

图 6-26 基于物品的协同过滤推荐

6.5.2 智能推荐算法评价

评价一个推荐系统的方法有很多，总体可分为 3 类，即离线实验、用户调查和在线实验。由于用户调查和在线实验的要求较高，因此目前大多数的推荐系统先通过离线实验来验证当前的推荐算法在离线指标上的确优于现有算法，然后通过用户调查确定当前算法的满意度不低于现有算法。这两项都通过后，才进行在线测试，查看测试者所关注的当前算法的指标是否优于现有算法。

离线实验主要基于数据集，不需要实际的系统做支撑，因此测试成本更低，流程也更为简单。离线实验的评价步骤如下。

（1）通过业务系统获取用户行为数据，生成标准数据集。

（2）对数据集进行划分，划分为训练集和测试集。

（3）在训练集上进行推荐模型的训练，在测试集上进行预测。

（4）通过离线评价指标评价模型在测试集上的预测结果。

离线实验的评价指标可分为准确性指标和非准确性指标两种。

1. 准确性指标

准确性指标是评价推荐系统预测的准确性的重要指标。推荐的结果类型不一样，适用的准确性指标也不一样。

（1）推荐列表

通常网站给用户进行推荐时，提供的是个性化的推荐列表，也叫作 TopN 推荐。TopN 推荐最常用的准确性指标是准确率、召回率和 F_1 值。

准确率表示推荐列表中用户喜欢的物品所占的比例。单个用户 u 的推荐准确率定义如式（6-44）所示。

$$P(L_u)=\frac{L_u \bigcap B_u}{L_u} \tag{6-44}$$

在式（6-44）中，L_u 表示用户 u 的推荐列表，B_u 表示测试集中用户 u 喜欢的物品。

整个推荐系统的准确率定义如式（6-45）所示。

$$P_L=\frac{1}{n}\sum_{u\in U}P(L_u) \tag{6-45}$$

在式（6-45）中，n 表示测试集中用户的数量，U 表示测试集中的用户集合。

召回率表示测试集中用户喜欢的物品出现在推荐列表中的比例。单个用户 u 的推荐召回率定义如式（6-46）所示。

$$R(L_u)=\frac{L_u \bigcap B_u}{B_u} \tag{6-46}$$

整个推荐系统的召回率定义如式（6-47）所示。

$$R_L=\frac{1}{n}\sum_{u\in U}R(L_u) \tag{6-47}$$

F_1 值是综合了准确率（P）和召回率（R）的评价方法，F_1 值取值越高，表明推荐算法越有效，F_1 值定义如式（6-48）所示。

$$F_1 = \frac{2PR}{P+R} \tag{6-48}$$

（2）评分预测

评分预测为预测一个用户对推荐的物品的评分。评分预测的预测准确度通过均方根误差和平均绝对误差进行评价。

对于测试集 T 中的用户 u 和物品 i，定义用户 u 对物品 i 的实际评分为 r_{ui}，推荐算法的预测评分为 $\hat{r}_{ui}$，则 RMSE 的定义如式（6-49）所示。

$$\text{RMSE} = \frac{\sqrt{\sum_{u,i\in T}(r_{ui}-\hat{r}_{ui})^2}}{|T|} \tag{6-49}$$

MAE 使用绝对值计算，定义如式（6-50）所示。

$$\text{MAE} = \frac{\sum_{u,i\in T}|r_{ui}-\hat{r}_{ui}|}{|T|} \tag{6-50}$$

2. 非准确性指标

除了推荐准确性指标外，还有许多其他指标能评价一个推荐算法的性能，如多样性（Diversity）、新颖性（Novelty）、惊喜度和覆盖率（Coverage）等。

（1）多样性

用户的兴趣是广泛而多样的，所以推荐列表需要尽可能多地覆盖用户的兴趣领域。多样性越高的推荐系统，用户访问时找到喜好的物品的概率就越大。推荐列表中物品两两之间的不相似性代表了推荐列表的多样性，将物品 i 和 j 之间的相似度定义为 $s(i,j)\in[0,1]$，则用户 u 的推荐列表 $R(u)$ 的多样性定义如式（6-51）所示。

$$\text{Diversity} = 1 - \frac{\sum_{i,j\in R(u),i\neq j} s(i,j)}{\frac{1}{2}|R(u)|\left[|R(u)|-1\right]} \tag{6-51}$$

推荐系统的整体多样性可以定义为全部用户的推荐列表多样性的平均值，如式（6-52）所示。

$$\text{Diversity} = \frac{1}{|U|}\sum_{u\in U}\text{Diversity}(R(u)) \tag{6-52}$$

（2）新颖性

当推荐系统推荐给用户的物品是他们未曾听说过的物品时，这次推荐对于用户来说就是一次新颖的推荐。评价新颖性的一个简单方法是使用推荐结果的平均流行度，因为推荐物品的流行度越低，物品越不热门，就越可能会让用户觉得新颖。若推荐结果中物品的平均流行度较低，那么推荐结果就可能拥有较高的新颖性。

定义物品 i 的流行度为 $p(i)$，则用户 u 的推荐列表 L_u 的新颖性定义如式（6-53）所示。

$$\text{Novelty}(L_u) = \frac{\sum_{i \in L_u} p(i)}{|L_u|} \quad (6\text{-}53)$$

推荐系统的整体新颖性可以定义为全部用户 n 的推荐列表新颖性的平均值，如式（6-54）所示。

$$\text{Novelty} = \frac{1}{n}\sum_{n \in U} \text{Novelty}(L_u) \quad (6\text{-}54)$$

（3）惊喜度

惊喜度与新颖性的区别在于，新颖性表示推荐给用户的物品是他们没有听说过的物品，而惊喜度表示推荐给用户的物品与用户历史记录中感兴趣的物品不相似，但是用户却又觉得满意。目前尚未有一个公认的惊喜度指标的定义方式，此处只给出一种定性的判断方式。

（4）覆盖率

覆盖率用于描述一个推荐系统对于物品长尾的挖掘能力。覆盖率常见的定义为推荐系统推荐出的物品占总物品的比例。定义用户 u 的推荐列表为 L_u，则推荐系统的覆盖率定义如式（6-55）所示，其中 n 表示全部用户数。

$$\text{Coverage} = \frac{\left|\bigcup_{u \in U} L_u\right|}{n} \quad (6\text{-}55)$$

6.5.3 Python 智能推荐算法

Python 中的智能推荐算法主要包括基于用户的协同过滤和基于物品的协同过滤两种。

1. 基于用户的协同过滤

（1）算法过程

实现基于用户的协同过滤算法，第一个重要的步骤就是计算用户之间的相似度。而计算相似度，建立相关系数矩阵，目前主要有以下几种方法。

① Pearson 相关系数。

Pearson 相关系数一般用于计算两个定距变量间联系的紧密程度，它的取值范围是[-1,1]。Pearson 相关系数等于两个变量的协方差除以两个变量的标准差，计算公式如式（6-56）所示。

$$s(X,Y) = \frac{\text{Cov}(X,Y)}{\sigma_X \sigma_Y} \quad (6\text{-}56)$$

由于 Pearson 相关系数描述的是两组数据变化的趋势，因此在基于用户的协同过滤系统中，其经常使用。描述用户购买或评分变化的趋势时，若趋势相近则 Pearson 相关系数趋近于 1，即为相似的用户。

② 基于欧几里得距离的相似度。

基于欧几里得距离计算相似度是所有相似度计算里最简单、最易理解的方法之一。它以经过人们评价的物品为坐标轴，然后将参与评价的人绘制到坐标系上，并计算他们彼此之间的直线距离 $\sqrt{\sum(X_i-Y_i)^2}$ 。计算得到的欧几里得距离是一个大于 0 的数，为了使其更能体现用户之间的相似度，可以把它归约到(0,1]，最终得到的计算公式如式（6-57）所示。

$$s(X,Y)=\frac{1}{1+\sqrt{\sum(X_i-Y_i)^2}} \tag{6-57}$$

只要至少有一个共同评分项，就能用欧几里得距离计算相似度；如果没有共同评分项，那么欧几里得距离也就失去了作用，这也意味着这两个用户根本不相似。

③ 余弦相似度。

余弦相似度用向量空间中两个向量夹角的余弦值衡量两个个体间差异的大小，如图 6-27 所示。余弦相似度更加注重两个向量在方向上的差异，而非距离或长度上的差异，计算公式如式（6-58）所示。

$$s(X,Y)=\cos\theta=\frac{\boldsymbol{x}\cdot\boldsymbol{y}}{\|\boldsymbol{x}\|\|\boldsymbol{y}\|} \tag{6-58}$$

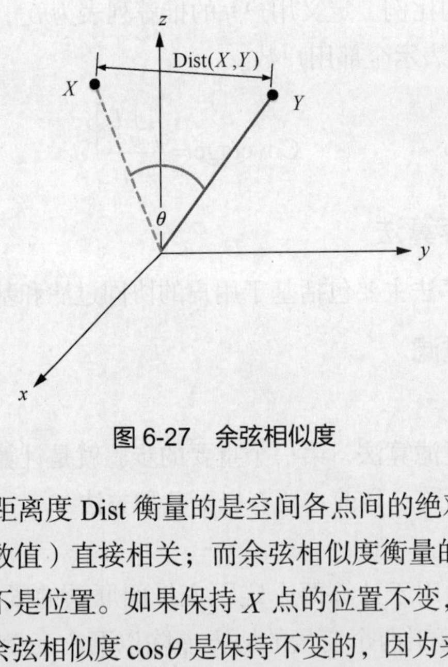

图 6-27　余弦相似度

由图 6-27 可以看出，距离度 Dist 衡量的是空间各点间的绝对距离，跟各个点所在的位置坐标（个体特征维度的数值）直接相关；而余弦相似度衡量的是空间向量的夹角，体现的是在方向上的差异，而不是位置。如果保持 X 点的位置不变，Y 点朝原向量方向远离坐标轴原点，那么这个时候余弦相似度 $\cos\theta$ 是保持不变的，因为夹角不变，而 X 、Y 两点间的距离显然在发生改变，这就是欧几里得距离和余弦相似度的不同之处。

④ 预测评分。

基于用户的协同过滤算法，另一个重要的步骤就是计算用户 u 对未评分商品的预测分值。首先根据步骤③中的相似度计算，寻找用户 u 的邻居集 $N\subset U$ ，其中 N 表示邻居集，U 表示用户集。然后，结合用户评分数据集，预测用户 u 对项 i 的评分，计算公式如式（6-59）所示。

$$p_{u,i}=\overline{r}+\frac{\sum_{u'\in N}s(u-u')(r_{u',i}-\overline{r}_{u'})}{\sqrt{\sum_{u'\in N}|s(u-u')|}} \tag{6-59}$$

其中，$s(u-u')$表示用户u和用户u'的相似度。

最后，基于对未评分商品的预测分值排序，得到推荐商品列表。

（2）基于用户的个性化的电影推荐

下面通过个性化的电影推荐的示例来演示基于用户的协同过滤算法在Python中的实现。

现在观看电影已经成为大众喜爱的休闲娱乐方式之一，合理的个性化电影推荐，一方面能够促进电影行业的发展，另一方面可以让大众在数量众多的电影中迅速找到自己想要的电影。甚至更进一步，可以明确市场走向，对后续电影的类型导向等起到重要作用。

MovieLens数据集记录了943个用户对1682部电影的共100000个评分，每个用户至少对20部电影进行了评分。部分脱敏后的电影评分数据如表6-39所示。

表6-39 部分脱敏后的电影评分数据

用户ID	电影ID	电影评分	时间标签
1	1	5	874965758
1	2	3	876893171
1	3	4	878542960
1	4	3	876893119
1	5	3	889751712
1	6	4	875071561
1	7	1	875072484

对电影数据在Python中实现基于用户的协同过滤算法进行个性化电影推荐，如代码6-16所示。用户的协同过滤算法使用自行编写的基于用户的Pearson相似度的协同过滤算法函数recomm。先将原始的事务性数据导入Python中，因为原始数据无属性名，所以先对相应的属性重命名，再运行基于用户的协同过滤算法。用户预测评分和用户推荐列表的前5行分别如表6-40、表6-41所示。

代码6-16 实现基于用户的协同过滤算法进行个性化电影推荐

```
# 基于UBCF算法对电影进行推荐
import pandas as pd
from recommender import recomm  # 加载自编推荐函数

# 读入数据
traindata = pd.read_csv('../data/u1.base',sep='\t', header=None,
index_col=None)
testdata = pd.read_csv('../data/u1.test',sep='\t', header=None,
index_col=None)
```

```
# 删除时间标签列
traindata.drop(3,axis=1, inplace=True)
testdata.drop(3,axis=1, inplace=True)

# 对行与列重命名
traindata.rename(columns={0:'userid',1:'movid',2:'rat'}, inplace=True)
testdata.rename(columns={0:'userid',1:'movid',2:'rat'}, inplace=True)
traindf=traindata.pivot(index='userid', columns='movid', values='rat')
testdf=testdata.pivot(index='userid', columns='movid', values='rat')
traindf.rename(index={i:'usr%d'%(i) for i in traindf.index} , inplace=True)
traindf.rename(columns={i:'mov%d'%(i) for i in traindf.columns} , inplace=True)
testdf.rename(index={i:'usr%d'%(i) for i in testdf.index} , inplace=True)
testdf.rename(columns={i:'mov%d'%(i) for i in testdf.columns} , inplace=True)
userdf=traindf.loc[testdf.index]

# 获取用户预测评分和用户推荐列表
trainrats,trainrecomm=recomm(traindf,userdf)
print('用户预测评分的前 5 行：\n',trainrats.head())

# 保存预测的评分
trainrats.to_csv('../tmp/movie_comm.csv', index=False, encoding = 'utf-8')
print('用户推荐列表的前 5 行：\n',trainrecomm[:5])
```

表 6-40　用户预测评分的前 5 行

用户	mov1	mov2	mov3	……	mov1680	mov1681	mov1682
usr1	5.000000	3.000000	4.000000	……	NaN	NaN	NaN
usr2	4.000000	3.380623	3.290610	……	NaN	NaN	NaN
usr3	3.321139	2.856091	NaN	……	NaN	NaN	NaN
usr4	NaN	NaN	NaN	……	NaN	NaN	NaN
usr5	3.520812	2.915504	2.555488	……	NaN	NaN	NaN

表 6-41　用户推荐列表的前 5 行

0	Index(['mov479', 'mov302', 'mov100'], dtype='object', name='movid')
1	Index(['mov603', 'mov169', 'mov318'], dtype='object', name='movid')
2	Index(['mov408', 'mov432', 'mov507'], dtype='object', name='movid')
3	Index(['mov100', 'mov302', 'mov923'], dtype='object', name='movid')
4	Index(['mov127', 'mov180', 'mov56'], dtype='object', name='movid')

2. 基于物品的协同过滤

（1）算法过程

根据协同过滤的处理过程可知，基于物品的协同过滤（简称 ItemCF 算法）主要分为两个步骤。

① 计算物品之间的相似度。

② 根据物品的相似度和用户的历史行为给用户生成推荐列表。

其中关于物品相似度计算的方法有夹角余弦、Jaccard 相似系数和相关系数等。

将用户对某一个物品的喜好或者评分作为一个向量，如所有用户对物品 L 的评分或者喜好程度表示为 $\boldsymbol{A}_L=(x_{1l},x_{2l},x_{3l},\cdots,x_{nl})$，所有用户对物品 M 的评分或者喜好程度表示为 $\boldsymbol{A}_M=(x_{1m},x_{2m},x_{3m},\cdots,x_{nm})$，其中 l、m 为物品，n 为用户数。采用上述几种方法计算两个物品之间的相似度，计算公式如表 6-42 所示。

表 6-42 相似度计算公式

方法	公式	说明
夹角余弦	$\mathrm{sim}_{lm}=\dfrac{\sum_{k=1}^{n}x_{k1}x_{km}}{\sqrt{\sum_{k=1}^{n}x_{k1}{}^2}\sqrt{\sum_{k=1}^{n}x_{km}{}^2}}$	取值范围是[−1,1]，当余弦值接近 1 时，表明两个向量有较强的相似性；当余弦值为 0 时表示不相关
Jaccard 相似系数	$J(A_L,A_M)=\dfrac{\lvert A_L\cap A_M\rvert}{\lvert A_L\cup A_M\rvert}$	分母 $A_L\cup A_M$ 表示喜欢物品 L 与喜欢物品 M 的用户总数，分子 $A_L\cap A_M$ 表示同时喜欢物品 L 和物品 M 的用户数
相关系数	$\mathrm{sim}_{lm}=\dfrac{\sum_{k=1}^{n}\left(x_{k1}-\bar{A}_1\right)\left(x_{km}-\bar{A}_M\right)}{\sqrt{\sum_{k=1}^{n}\left(x_{k1}-\bar{A}_1\right)^2}\sqrt{\sum_{k=1}^{n}\left(x_{km}-\bar{A}_M\right)^2}}$	相关系数的取值范围是[−1,1]。相关系数的绝对值越大，则表明两者相关度越高

计算各个物品之间的相似度之后，即可构成物品之间的相似度矩阵，如表 6-43 所示。通过相似度矩阵，推荐算法会给用户推荐与其物品最相似的 K 个物品。

表 6-43 相似度矩阵

物品	A	B	C	D
A	1	0.763	0.251	0
B	0.763	1	0.134	0.529
C	0.251	0.134	1	0.033
D	0	0.529	0.033	1

式（6-60）度量了推荐算法中用户对所有物品的感兴趣程度。其中 R 代表了用户对物品的兴趣，sim 代表了所有物品之间的相似度，P 为用户对物品的感兴趣程度。

$$P=\mathrm{sim}\times R \tag{6-60}$$

推荐系统根据物品的相似度以及用户的历史行为对用户的兴趣度进行预测并推荐，在评价模型的时候一般将数据集划分成训练集和测试集两部分。模型通过在训练集的数据上进行训练学习得到推荐模型，然后在测试集数据上进行模型预测，最终统计出相应的评价指标来评价模型预测效果的好与坏。

评价模型采用的方法是交叉验证法。交叉验证法将用户行为数据集按照均匀分布随机分成 *M* 份，挑选一份作为测试集，将剩下的 *M*-1 份作为训练集。然后在训练集上建立模型，并在测试集上对用户行为进行预测，统计出相应的评价指标。为了保证评价指标并不是过拟合的结果，需要进行 *M* 次实验，并且每次都使用不同的测试集。最后将 *M* 次实验测出的评价指标的平均值作为最终的评价指标。

构建基于物品的协同过滤推荐模型的流程如图 6-28 所示。

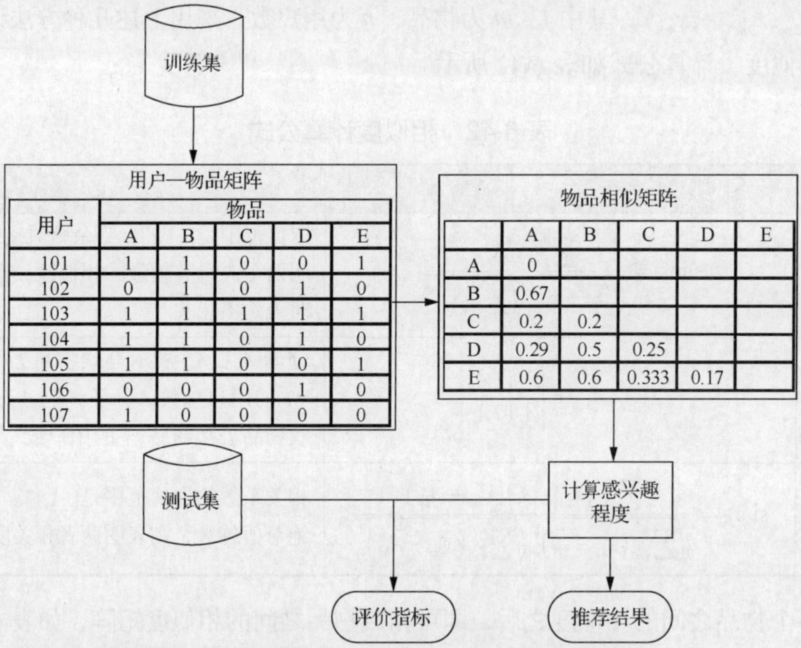

图 6-28　构建基于物品的协同过滤推荐模型的流程

其中训练集与测试集是通过交叉验证方法划分后得到的数据集。通过协同过滤算法的原理可知，在建立推荐系统时，建模的数据量越大，越能消除数据中的随机性，得到的推荐结果越好。弊端在于数据量越大，模型建立以及模型计算耗时越久。

（2）基于物品的个性化电影推荐

将 MovieLens 数据集导入 Python，使用基于物品的协同过滤算法进行个性化电影推荐，如代码 6-17 所示。训练数据相关信息、前 5 行电影推荐信息分别如表 6-44、表 6-45 所示。

代码 6-17　使用基于物品的协同过滤算法进行个性化电影推荐

```
import pandas as pd

# 读入数据
traindata = pd.read_csv('../data/u1.base', sep='\t', header=None, index_col=None)
```

```
testdata = pd.read_csv('../data/u1.test', sep='\t', header=None, index_col=None)
# 删除时间标签列
traindata.drop(3, axis=1, inplace=True)
testdata.drop(3, axis=1, inplace=True)
# 对行与列重命名
traindata.rename(columns={0: 'userid', 1: 'movid', 2: 'rat'}, inplace=True)
testdata.rename(columns={0: 'userid', 1: 'movid', 2: 'rat'}, inplace=True)
# 构建训练集数据
user_tr = traindata.iloc[:, 0]  # 训练集用户 ID
mov_tr = traindata.iloc[:, 1]  # 训练集电影 ID
user_tr = list(set(user_tr))  # 去重处理
mov_tr = list(set(mov_tr))  # 去重处理
print('训练集电影数：', len(mov_tr))

# 利用训练集数据构建模型
ui_matrix_tr = pd.DataFrame(0, index=user_tr, columns=mov_tr)
# 求用户—物品矩阵
for i in traindata.index:
    ui_matrix_tr.loc[traindata.loc[i, 'userid'], traindata.loc[i, 'movid']] = 1
print('训练集用户观影次数：', sum(ui_matrix_tr.sum(axis=1)))

# 求物品相似度矩阵（因计算量较大，所以花费的时间较久）
item_matrix_tr = pd.DataFrame(0, index=mov_tr, columns=mov_tr)
for i in item_matrix_tr.index:
    for j in item_matrix_tr.index:
        a = sum(ui_matrix_tr.loc[:, [i, j]].sum(axis=1) == 2)
        b = sum(ui_matrix_tr.loc[:, [i, j]].sum(axis=1) != 0)
        item_matrix_tr.loc[i, j] = a / b
# 将物品相似度矩阵对角线处理为 0
for i in item_matrix_tr.index:
    item_matrix_tr.loc[i, i] = 0
# 利用测试集数据对模型进行评价
user_te = testdata.iloc[:, 0]
mov_te = testdata.iloc[:, 1]
user_te = list(set(user_te))
mov_te = list(set(mov_te))
```

```
# 测试集数据的用户物品矩阵
ui_matrix_te = pd.DataFrame(0, index=user_te, columns=mov_te)
for i in testdata.index:
    ui_matrix_te.loc[testdata.loc[i, 'userid'], testdata.loc[i, 'movid']] = 1
# 对测试集用户进行推荐
res = pd.DataFrame('NaN', index=testdata.index, columns=['User', '已观看电影',
'推荐电影', 'T/F'])
res.loc[:, 'User'] = list(testdata.iloc[:, 0])
res.loc[:, '已观看电影'] = list(testdata.iloc[:, 1])
# 开始推荐
for i in res.index:
    if res.loc[i, '已观看电影'] in list(item_matrix_tr.index):
        res.loc[i, '推荐电影'] = item_matrix_tr.loc[res.loc[i, '已观看
电影'], :].argmax()
        if res.loc[i, '推荐电影'] in mov_te:
            res.loc[i, 'T/F'] = ui_matrix_te.loc[res.loc[i, 'User'],
res.loc[i, '推荐电影']] == 1
        else:
            res.loc[i, 'T/F'] = False
# 保存推荐结果
res.to_csv('../tmp/res_mov.csv', index=False, encoding='utf8')
print('推荐结果前 5 行: \n', res.head())
```

表 6-44　训练数据相关信息

参数	数量
训练集电影数	1650
训练集用户观影次数	80000

表 6-45　前 5 行电影推荐信息

	User	已观看电影	推荐电影	T/F
0	1	6	547	False
1	1	10	20	True
2	1	12	11	False
3	1	14	275	False
4	1	17	68	False

通过基于物品的协同过滤算法构建的推荐系统，得到了针对用户每次观影记录的推荐，但是其推荐结果存在 NaN（Not a Number，非数）的情况。这是由于在目前的数据集中，

观看该电影的只有一个用户，因此在协同过滤算法中计算它与其他物品的相似度时结果为0，所以就出现无法推荐的情况。

小结

本章主要根据数据分析的应用分类，重点介绍了对应的数据分析建模方法及实现过程。数据分析技术的基本任务主要体现在分类与回归、聚类分析、关联规则、时序模式、智能推荐 5 个方面。分类与回归中主要介绍了回归分析，以及决策树和人工神经网络两个分类算法，还介绍了分类与回归算法的评价；聚类分析中主要介绍了 K-Means 算法，建立分类方法，按照接近程度对观测对象给出合理的分类并解释类与类之间的区别；关联规则中主要介绍了 Apriori 算法，以及在一个数据集中找出各项之间的关系；时序模式中主要介绍了 ARMA 模型，并对差分平稳序列建立了 ARIMA 模型，应用这两个模型对相应的时间序列进行研究，找寻变化发展的规律，预测将来的趋势；智能推荐中主要介绍了基于用户的协同过滤和基于物品的协同过滤。

课后习题

1. 选择题

（1）下面不属于回归分析的是（　　）。

A. Logistic 回归　B. 线性回归　C. 岭回归　D. 决策树

（2）下面不属于聚类分析算法评价方法的是（　　）。

A. 召回率　B. purity 评价法　C. RI 评价法　D. F 值评价法

（3）下面关于 Apriori 算法的说法正确的是（　　）。

A. Apriori 算法是分析和确定各因素之间的影响程度或是若干个子因素（子序列）对主因素（母序列）的贡献度的一种分析方法

B. Apriori 算法是一种深度优先算法，采用垂直数据表示形式

C. Apriori 算法的核心思想是通过连接产生候选项及其支持度然后通过剪枝生成频繁项集

D. Apriori 算法不是寻找频繁项集的算法

（4）下面不属于时间序列模型的是（　　）。

A. AR 模型　B. Eclat 算法　C. ARMA 模型　D. 组合模型

（5）下面不属于常用于计算相似度的方法的是（　　）。

A. Pearson 相关系数　B. 余弦相似度

C. 最小-最大标准化　D. Jaccard 相似系数

2. 操作题

（1）表 6-46 为一份判断西瓜好坏的数据，请根据这份数据，采用神经网络算法训练得到模型，判断西瓜的好坏。

表 6-46 西瓜数据

编号	色泽	根蒂	敲声	纹理	脐部	触感	密度	含糖率	品质是否好
1	青绿	蜷缩	浊响	清晰	凹陷	硬滑	0.697	0.46	是
2	乌黑	蜷缩	沉闷	清晰	凹陷	硬滑	0.774	0.376	是
3	乌黑	蜷缩	浊响	清晰	凹陷	硬滑	0.634	0.264	是
4	青绿	蜷缩	沉闷	清晰	凹陷	硬滑	0.608	0.318	是
5	浅白	蜷缩	浊响	清晰	凹陷	硬滑	0.556	0.215	是
6	青绿	稍蜷	浊响	清晰	稍凹	软黏	0.403	0.237	是
7	乌黑	稍蜷	浊响	稍糊	稍凹	软黏	0.481	0.149	是
8	乌黑	稍蜷	浊响	清晰	稍凹	硬滑	0.437	0.211	是
9	乌黑	稍蜷	沉闷	稍糊	稍凹	硬滑	0.666	0.091	否
10	青绿	硬挺	清脆	清晰	平坦	软黏	0.243	0.267	否
11	浅白	硬挺	清脆	模糊	平坦	硬滑	0.245	0.057	否
12	浅白	蜷缩	浊响	模糊	平坦	软黏	0.343	0.099	否
13	青绿	稍蜷	浊响	稍糊	凹陷	硬滑	0.639	0.161	否
14	浅白	稍蜷	沉闷	稍糊	凹陷	硬滑	0.657	0.198	否
15	乌黑	稍蜷	浊响	清晰	稍凹	软黏	0.36	0.37	否
16	浅白	蜷缩	浊响	模糊	平坦	硬滑	0.593	0.042	否
17	青绿	蜷缩	沉闷	稍糊	稍凹	硬滑	0.719	0.103	否

（2）为了推进信用卡业务良性发展，降低坏账风险，需要根据历史行为、经济风险情况和收入风险情况等特征对客户进行聚类分群。之后还需要结合业务对每个客户群进行特征分析，分析其风险，并对每个客户群排名。

（3）请根据航空乘客数量数据集，构建时间序列模型并预测未来 3 个月的乘客数量。

（4）某网站积存了大量的用户访问记录，部分记录如表 6-47 所示。使用基于物品的协同过滤算法对每个用户进行推荐。

表 6-47 某网站用户访问记录（部分数据）

用户 ID	浏览网址
2683657840	http://www.ryjiaoyu.com/
838215995	http://www.rymooc.com/
1531496412	http://www.ryweike.com
923358328	http://www.ryjiaoyu.com/user/freegiftbook
1275347569	http://www.rymooc.com/

第 7 章 O2O 优惠券个性化投放

在互联网普及之前，传统的消费大都发生在实体店，还有电视购物、电话购物等。随着电子商务的发展和移动互联网的逐渐成熟，为了将线上用户引流到线下消费，O2O（Online to Offline）电子商务模式应运而生，如淘宝本地生活平台、大众点评、苏宁易购、滴滴出行等。O2O 将线下的商务机会与互联网结合，让互联网促进线下交易。商户发放优惠券是 O2O 重要的销售方式，用户可持券消费，获得相比线下直接消费更为便宜的价格。但商户随意投放优惠券可能降低平台的品牌声誉，导致用户流失，从而影响平台吸引大量高黏性客户。本章将使用某平台线下真实消费行为和位置信息，结合用户消费指标、商户指标、优惠券指标，采用二分类模型，预测用户在领取优惠券 15 天内的使用情况。

学习目标

（1）熟悉 O2O 优惠券个性化投放的步骤与流程。

（2）掌握简单的统计分析方法，用于用户消费行为和商户投放优惠券信息的分析。

（3）掌握常见的数据预处理方法，对用户的消费记录进行清洗和变换。

（4）掌握决策树与 XGBoost 算法的使用方法，用于构建分类模型。

（5）掌握常见的分类模型的评价指标，评价构建的模型的分类效果。

7.1 业务背景与项目目标

随着移动设备的完善和普及，“移动互联网+各行各业”的模式进入了高速发展阶段，这其中以 O2O 最为吸引眼球。据不完全统计，O2O 行业估值上亿的创业公司至少有 10 家，也不乏百亿“巨头公司”的身影。O2O 行业天然关联着数亿消费者，各类 App 每天记录了超过百亿条用户行为和位置记录，因而 O2O 成为大数据科研和商业化运营的最佳结合点之一。

以优惠券“盘活”老用户或吸引新客户进店消费是 O2O 的一种重要营销方式。然而随机投放的优惠券对多数用户造成了一定程度的干扰。对商家而言，滥发的优惠券可能降低品牌声誉，同时还会增加营销成本。

个性化投放是提高优惠券核销率的重要技术，它可以让具有一定偏好的消费者得到真正的优惠，同时赋予商家更强的营销能力。本章结合与 O2O 场景相关的丰富数据，实现以下目标。

（1）借助 O2O 平台数据，结合业务逻辑和经验构造用户、商户、优惠券的相关指标，多维度分析优惠券投放规律。

（2）建立分类模型，预测用户是否会在规定时间内使用相应优惠券。

（3）对预测分类结果进行分析，并为商户制订个性化投放优惠券策略。

7.2 分析方法与过程

本章的目标是预测用户在领取优惠券 15 天以内的使用情况，为了将该问题转化为二分类问题，将领取优惠券后 15 天以内使用了优惠券的样本标记为正样本，15 天以内没使用优惠券的样本标记为负样本。确定此案例的问题是分类问题后，首先结合用户使用优惠券的情景和实际业务场景，主要建立用户指标和商户指标，然后使用这两个指标衡量用户使用优惠券的情况，最后根据这些指标建立分类模型，预测用户在领取优惠券 15 天以内的使用情况。

根据上述分析过程与思路，结合数据特点和分析目标，可得 O2O 数据分析建模总体流程，如图 7-1 所示，其中主要包括以下 4 个步骤。

（1）抽取用户 2016 年 1 月 1 日—2016 年 6 月 30 日的真实线下消费行为历史数据。

（2）对抽取的数据进行探索性分析与数据预处理，包括对缺失值与异常值的处理、数据清洗、数据变换等操作。

（3）使用决策树分类模型和 XGBoost 分类模型进行分类预测，并对构建好的模型进行模型评价。

(4）针对用户使用优惠券情况的预测结果，为商户提供合理的销售手段，实现优惠券精准投放。

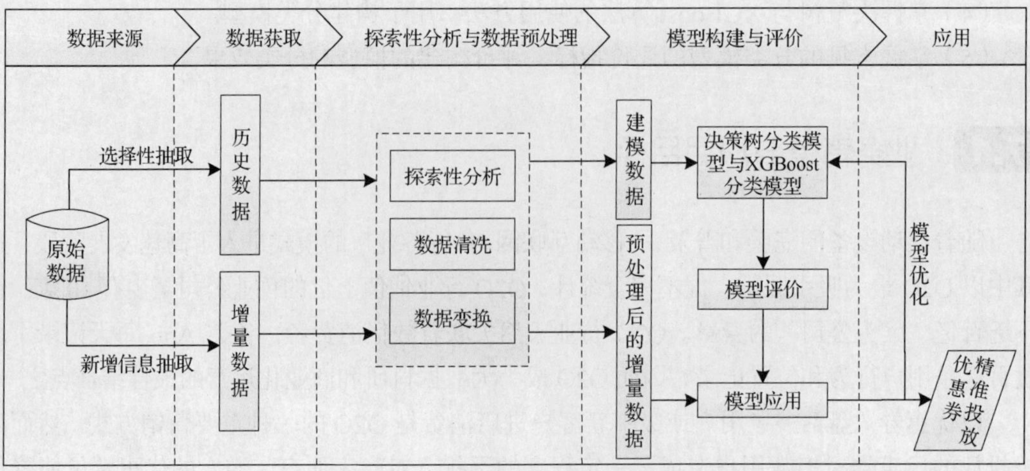

图 7-1 O2O 数据分析建模总体流程

7.2.1 数据获取

本小节使用的数据为某平台用户线下的真实消费行为和位置信息。为保护用户隐私和数据安全，数据经过了随机采样和脱敏处理。数据样本包括训练样本和测试样本。其中，训练样本共有 1648881 条记录，是用户在 2016 年 1 月 1 日—2016 年 6 月 30 日时间内的真实线下消费行为信息。测试样本为用户在 2016 年 7 月领取的商户优惠券信息，其中不包含消费日期。数据属性包含用户 ID、商户 ID、优惠券 ID、优惠率、用户距门店距离、领取优惠券日期、消费日期等 7 个属性，如表 7-1 所示。

表 7-1 数据属性说明

属性名称	数据类型	属性描述
user_id	int	用户 ID
merchant_id	int	商户 ID
coupon_id	float	优惠券 ID：null 表示无优惠券消费，此时 discount_rate 和 date_received 字段无意义
discount_rate	char	优惠率：x \in [0,1]代表折扣率；x:y 表示满 x 减 y。单位是元
distance	int	用户经常活动的地点离该商家最近的门店距离是 x*500m，x\in[0,10]；null 表示无此信息，0 表示低于 500m，10 表示大于等于 5km
date_received	float	领取优惠券日期
date	float	消费日期：如果 date=null &coupon_id!= null，该记录表示领取优惠券但没有使用；如果 date!=null &coupon_id = null，则表示普通消费日期；如果 date!=null &coupon_id!= null，则表示用优惠券消费日期

本小节使用的数据文件为 CSV 文件，对训练样本、测试样本使用 pandas 库中的 read_csv 函数进行读取，如代码 7-1 所示。

代码 7-1 读取数据

```
import pandas as pd

# 文件路径
datafile_train= '../data/train.csv'  # 训练样本原始数据，第一行为属性标签
datafile_test= '../data/test.csv'  # 测试样本原始数据，第一行为属性标签

# 读取训练样本和测试样本
data_train = pd.read_csv(datafile_train)
data_test = pd.read_csv(datafile_test)
```

7.2.2 探索性分析

原始数据集中包括用户 ID、商户 ID、优惠券 ID、优惠率、用户经常活动的地点离该商家最近的门店距离等信息，需要对原始数据从多个维度进行探索性分析。本小节主要通过描述性统计分析、用户消费行为分析、商户投放优惠券分析等，了解用户的消费行为及商户投放优惠券的情况。

1. 描述性统计分析

对训练样本、测试样本进行描述性统计分析，如代码 7-2 所示。训练样本和测试样本的属性观测值中的空值数、最大值和最小值分别如表 7-2、表 7-3 所示。

代码 7-2 描述性统计分析

```
# 对数据进行描述性统计分析
# 返回空值数、最大值、最小值

result_train = '../tmp/explore_train.csv'  # 训练样本的描述性统计分析
result_test = '../tmp/explore_test.csv'  # 测试样本的描述性统计分析

import pandas as pd
# 训练样本的描述性统计分析
explore_train = data_train.describe(percentiles = [], include = 'all').T
# percentiles 参数是指定计算多少的分位数表（如 1/4 分位数、中位数等）

# 计算空值数
explore_train['null'] = data_train.isnull().sum()
explore_train = explore_train[['null', 'max', 'min']]
explore_train.columns = ['空值数', '最大值', '最小值']  # 表头重命名

# 测试样本的描述性统计分析
explore_test = data_test.describe(percentiles = [], include = 'all').T
explore_test['null'] = data_test.isnull().sum()#统计缺失值
explore_test = explore_test[['null', 'max', 'min']]
explore_test.columns = ['空值数', '最大值', '最小值']  # 重命名表头

# 导出结果
explore_train.to_csv(result_train)
explore_test.to_csv(result_test)
```

表 7-2 训练样本描述性统计分析结果

属性名称	空值数	最大值	最小值
user_id	0	7361032	4
merchant_id	0	8856	1
coupon_id	701602	14045	1
discount_rate	701602	NaN	NaN
distance	0	10	0
date_received	701602	20160615	20160101
date	880114	20160630	20160101

表 7-3 测试样本描述性统计分析结果

属性名称	空值数	最大值	最小值
user_id	0	7361024	209
merchant_id	0	8856	6
coupon_id	0	14045	3
discount_rate	0	NaN	NaN
distance	0	10	0
date_received	0	20160731	20160701

注：discount_rate 属性为字符型，不存在最大值和最小值。

通过表 7-2 可以看出，训练样本的优惠券 ID、优惠率、领取优惠券日期空值的记录数一致，可能是因为一部分用户没有领取优惠券而直接到门店消费导致的；而 date 属性的空值比优惠券 ID 的空值多，即表示一部分用户的 date 为 null 而优惠券 ID 不为 null，这可能是因为部分用户领取了优惠券但没有进行消费。在表 7-3 中，测试样本中不存在空值，是比较完整的数据集。

2. 用户消费行为分析

选取用户消费次数、用户领券次数、领券消费次数这几个属性，用于分析用户的消费行为。

（1）绘制折线图分析用户消费次数

绘制 2016 年各月用户消费次数折线图，如代码 7-3 所示，输出的结果如图 7-2 所示。

代码 7-3 绘制折线图分析各月用户消费次数

```
data1['date'] = data1['date'].astype('str').apply(lambda x:x.split('.')[0])
data1['date'] = pd.to_datetime(data1['date'])  # 将 date 转为 datetime 类型

# 提取月份
```

```
data_month = data1['date'].apply(lambda x :x.month)

# 对各月用户消费次数进行统计
data_count = data_month.value_counts().sort_index(ascending=True)
data_count

# 绘制用户消费次数折线图
import matplotlib.pyplot as plt
fig = plt.figure(figsize=(8, 5))  # 设置画布大小
plt.rcParams['font.sans-serif'] = 'SimHei'  # 设置中文显示
plt.rcParams['axes.unicode_minus'] = False
plt.rc('font', size=12)
plt.plot(data_count.index,data_count, color='#0504aa',
         linewidth=3.0,linestyle='-.')
plt.xlabel('月份')
plt.ylabel('消费次数')
plt.title('2016 年各月用户消费次数')
plt.show()
plt.close
```

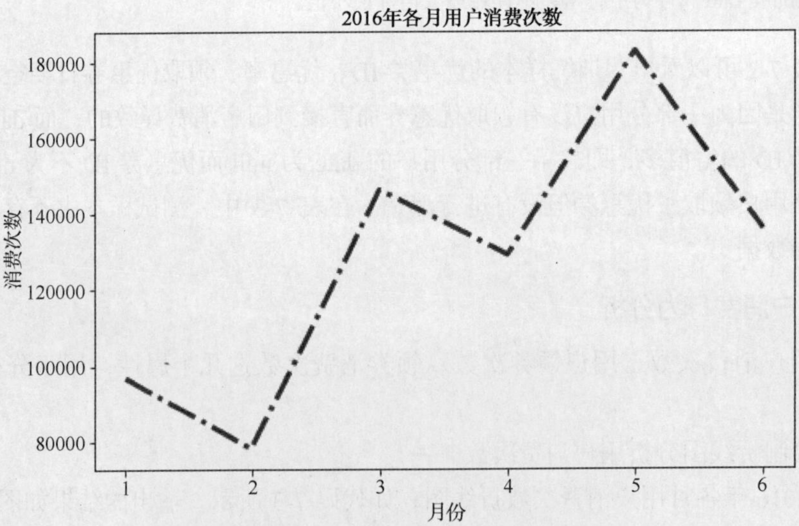

图 7-2　2016 年各月用户消费次数折线图

通过图 7-2 可以看出，各月用户消费次数呈现出先下降后上升的波动，5 月用户消费次数最多，有可能是五一节假日商户发放的优惠券较多，从而引导了用户消费。2 月用户消费处于消费低谷，可能是因为春节长假店铺休息。

（2）绘制柱形图分析用户领券次数与领券消费次数

绘制2016年各月用户领券次数和领券消费次数柱形图，如代码7-4所示，输出的结果如图7-3所示。

代码7-4 绘制柱形图分析用户领券次数与领券消费次数

```
# 处理data_received属性
data1['date_received'] = data1['date_received'].astype(
        'str').apply(lambda x:x.split('.')[0])
data1['date_received'] = pd.to_datetime(data1['date_received'])

# 提取领券日期的月份
received_month = data1['date_received'].apply(lambda x :x.month)
month_count = received_month.value_counts().sort_index(ascending=True)

# 获取领券消费数据
cop_distance = data1.loc[data1['date'].notnull()&data1[
        'coupon_id'].notnull(),['user_id','distance','date','discount_rate']]
# 统计1—7月领券消费次数
date_month = cop_distance['date'].apply(lambda x :x.month)
datemonth_count = date_month.value_counts().sort_index(ascending=True)
datemonth_countlist = list(datemonth_count)  # 转为列表
datemonth_countlist.append(0)  # 列表末尾追加一个数字0

# 绘制用户领券次数与领券消费次数的柱形图
import matplotlib.pyplot as plt
fig = plt.figure(figsize=(8, 5))  # 设置画布大小
name_list = [i for i in range(1,7)]; x = [i for i in range(1,8)]
width = 0.4; alpha = 0.8  # width用于设置宽度大小，alpha表示透明度
plt.bar(x,height = list(month_count),
        width = width,label='用户领券',alpha=alpha, color='#0504aa')
for i in range(len(x)):
    x[i] = x[i] + width
plt.bar(x,height = datemonth_countlist,
        width = width,label='用户领券消费',alpha=alpha, color='skyblue')
plt.legend()  # 图例
plt.xlabel('月份')
plt.ylabel('次数')
```

```
plt.title('2016 年各月用户领券次数与领券消费次数')
plt.show()
plt.close
```

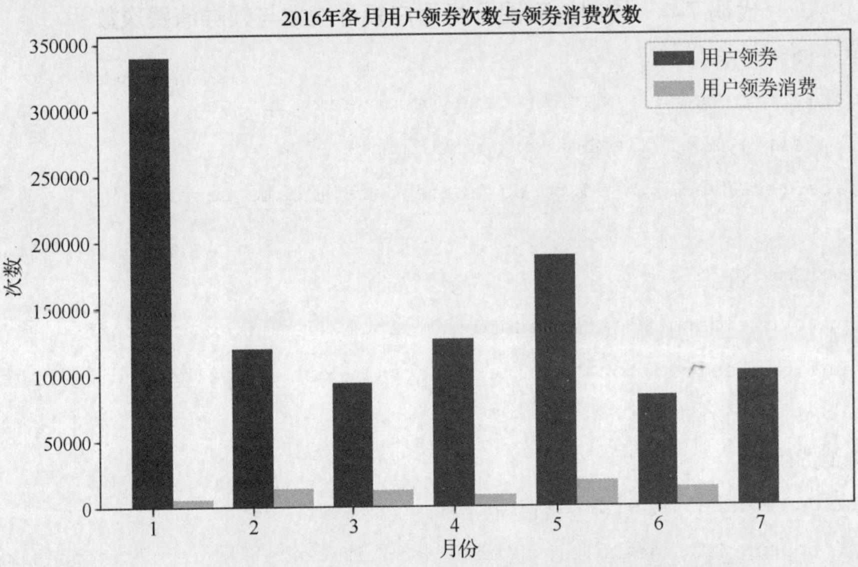

图 7-3　2016 年各月用户领券次数与领券消费次数的柱形图

通过图 7-3 可以看出，1 月用户领取优惠券次数达到最高峰，很可能是用户领取优惠券为春节囤年货做准备。而 5 月用户领取数量次之。从用户领券消费情况看，虽然商户发放优惠券很多，但相对于发放的优惠券数量，用户很少使用优惠券进行消费，说明可能存在商户滥发优惠券现象。

3. 商户投放优惠券分析

选取商户投放优惠券数量、用户到门店消费的距离、用户持券与未持券到门店消费的距离等属性，进行商户投放优惠券分析。

（1）绘制柱形图分析商户投放优惠券数量

平台有 5452 家商户参与优惠券发放，绘制投放优惠券数量前 10 名的商户柱形图，如代码 7-5 所示，输出的结果如图 7-4 所示。

代码 7-5　绘制投放优惠券数量前 10 名的商户柱形图

```
# 提取商户发放优惠券数据
coupon_data = data1.loc[data1['coupon_id'].notnull(),['merchant_id',
'coupon_id']]
merchant_count = coupon_data['merchant_id'].value_counts()
print('参与投放优惠券商户总数为',merchant_count.shape[0])
print('商户最多发放优惠券{max_count}张\n 商户最少发放优惠券{min_count}张'.
      format(max_count=merchant_count.max(),min_count=merchant_count.min()))
```

```
# 绘制柱形图分析商户投放优惠券的数量
import matplotlib.pyplot as plt
fig = plt.figure(figsize=(8, 5))  # 设置画布大小
plt.bar(range(len(merchant_count[:10])),
         height=merchant_count[:10], width=0.5,
         alpha=0.8, color='#0504aa')
# 给柱形图添加数据标注
for x, y in enumerate(merchant_count[:10]):
    plt.text(x-0.4, y+500, "%s" %y)
plt.xticks(range(len(merchant_count[:10])),merchant_count[:10].index)
plt.xlabel('商户 ID')
plt.ylabel('发放优惠券数量')
plt.title('投放优惠券数量前 10 名的商户')
plt.show()
plt.close
```

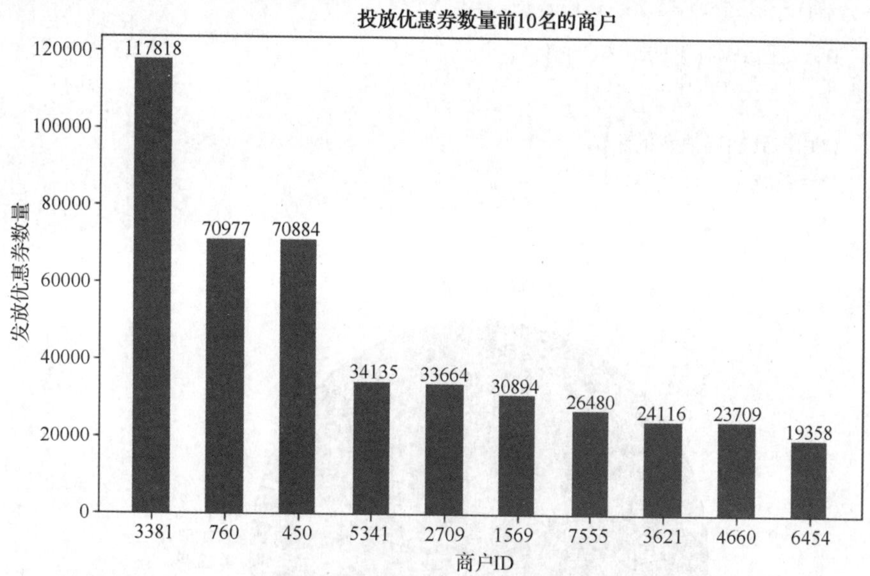

图 7-4 投放优惠券数量前 10 名的商户柱形图

通过图 7-4 可以看出，ID 为 3381 的商户发放数量高达 117818 个，其次是 ID 为 760 和 450 的商户，其他商户投放优惠券数量都低于 35000 个，说明大部分商户的优惠券发放数量在 35000 个以内，只有少部分商户的优惠券发放数量超过 35000 个。

（2）绘制饼图分析用户到门店消费距离

绘制饼图分析用户到门店消费的距离，如代码 7-6 所示，输出的结果如图 7-5 所示，

其中数字标记含义见表 7-1。

代码 7-6　绘制饼图分析用户到门店消费的距离

```
# 提取用户消费次数数据
date_distance = data1.loc[data1['date'].notnull()&data1[
        'distance'].notnull(),['user_id','distance','date']]
print('数据形状:',date_distance.shape)


# 统计用户消费次数
dis_count = date_distance['distance'].value_counts()


# 绘制用户到门店消费的距离饼图
fig = plt.figure(figsize=(10, 10))  # 设置画布大小
plt.rcParams['font.sans-serif'] = 'SimHei'  # 设置中文显示
plt.rcParams['axes.unicode_minus'] = False
plt.rc('font', size=14)
plt.pie(x=dis_count, labels=dis_count.index,
        pctdistance=1.3,autopct='%1.1f%%')
# pctdistance 是数据标签的距离圆心位置


plt.title('用户到门店消费的距离')
plt.show()
plt.close
```

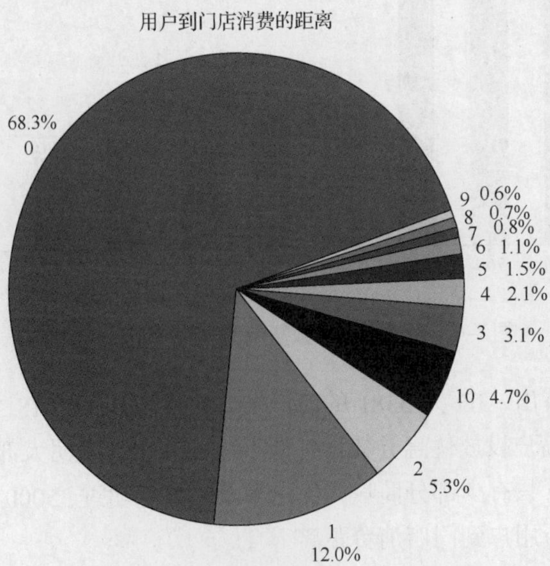

图 7-5　用户到门店消费的距离饼图

通过图 7-5 可以看出，大部分用户更偏向近距离消费，其中用户到门店消费距离不足 500m（标记为 0）的用户占到所有用户中的 68.3%，但出现 4.7%的用户却选择到距离大于等于 5km（标记为 10）的门店进行消费，可以看出这部分用户对该品牌门店的消费具有依赖性。

绘制饼图分析用户持券与没持券到门店消费的距离，如代码 7-7 所示，输出的结果如图 7-6 所示。

代码 7-7 绘制饼图分析用户持券与没持券到门店消费的距离

```
# 提取用户持券到门店消费的距离数据
cop_distance = data1.loc[data1['date'].notnull()&data1[
        'distance'].notnull()&data1['coupon_id'].notnull(),[
                 'user_id', 'distance', 'date', 'discount_rate']]
print('数据形状:',cop_distance.shape)
cop_count = cop_distance['distance'].value_counts()

# 提取用户没持券到门店消费的距离数据
nocop_distance = data1.loc[data1['date'].notnull()&data1[
        'distance'].notnull()&data1['coupon_id'].isnull(),[
                 'user_id', 'distance', 'date', 'discount_rate']]
print('数据形状:',nocop_distance.shape)
nocop_count = nocop_distance['distance'].value_counts()

# 绘制用户持券到门店消费的距离饼图
plt.figure(figsize=(12,6))  # 设置画布大小
#fig = plt.figure(figsize=(5, 6))
plt.subplot(1,2,1)  # 子图
plt.rcParams['font.sans-serif'] = 'SimHei'  # 设置中文显示
plt.rcParams['axes.unicode_minus'] = False
plt.rc('font', size=12)
plt.pie(x=cop_count, labels=cop_count.index,pctdistance=1.3,
        autopct='%1.1f%%')
# pctdistance 是数据标签的距离圆心位置

plt.title('用户持券到门店消费的距离')

# 绘制用户没持券直接到门店消费的距离饼图
plt.subplot(1,2,2)
```

```
plt.pie(x=nocop_count, labels=nocop_count.index,pctdistance=1.3,
        autopct='%1.1f%%')
plt.title('用户没持券直接到门店消费的距离')
plt.show()
plt.close
```

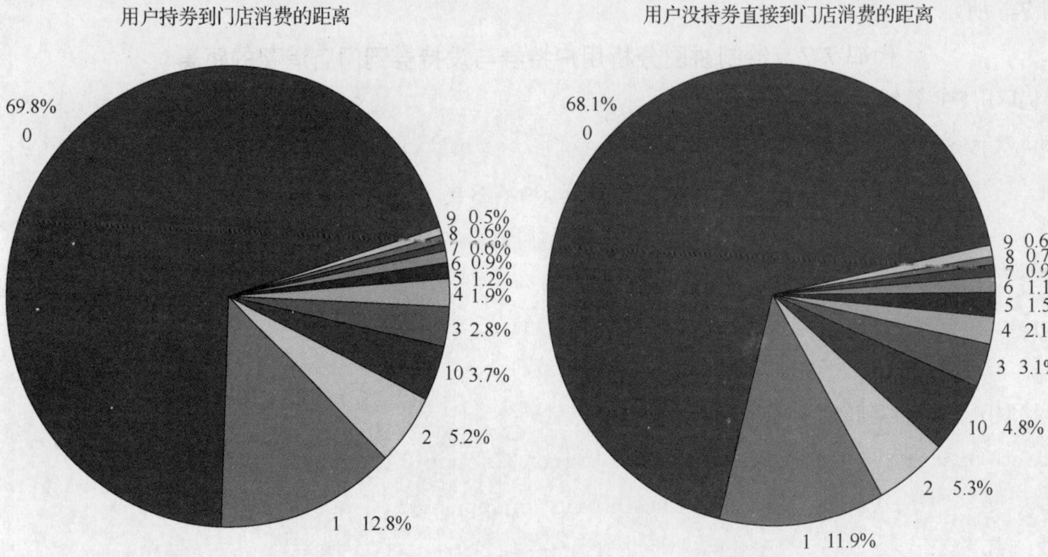

图 7-6 用户持券与没持券到门店消费的距离饼图

通过图 7-6 可以看出，两个饼图的分布情况类似，无论是否持券消费，大部分用户都偏向去距离近的门店消费。而少部分用户愿意选择去 5km 外的门店进行消费，说明这些用户对门店有一定的依赖性。

7.2.3 数据预处理

对原始数据进行探索性分析时，发现训练样本存在缺失值、数据的属性过少等。原始数据不能满足建模输入数据的要求，需要将数据进行预处理后，才能将其用于构建模型。本章的数据预处理方法主要包括数据清洗和数据变换，目的是使数据能够满足构建优惠券投放模型的输入要求。

1. 数据清洗

通过对原始数据进行观察发现，数据中存在以下 3 种缺失规律：第 1 种是优惠券 ID 为 null，优惠率也为 null，但有消费日期，这类用户属于没有领优惠券进行消费的普通消费者；第 2 种是用户消费记录中同时存在优惠券 ID、优惠率、消费日期，这类用户属于领取优惠券的消费者；第 3 种是用户虽然领取了商户的优惠券，但没有消费日期，这类用户属于领取了优惠券但没有进行消费的用户，可能是商户与用户的距离比较远而没使用优惠券进行消费。

样本数据中的领取优惠券日期属性和消费日期属性为浮点型，需要转换为时间类型。

优惠券的优惠率存在两种形式：一种为折扣率（小数）形式的样本；另一种是满减优惠（比值）形式的样本。如果没有对该字段进行统一处理，可能会导致结果不准确，因此使用统一样本形式，即把满减优惠统一替换成折扣率。数据清洗具体如下。

（1）把样本中 date_received 和 date 属性中的缺失值设置为日期类型的“None”，其他属性的缺失值设置为字符串类型的“null”。

（2）把 date_received 和 date 属性的数据类型转换为 datatime 类型。

（3）把 discount_rate 属性中的满减优惠统一替换成折扣率。例如，满减优惠形式“300:30”或“300:30:00”改为折扣率形式“0.9”。

对原始数据进行数据清洗，如代码 7-8 所示。

代码 7-8　数据清洗

```
import pandas as pd
import numpy as np

# 数据清洗后的数据表
cleanfile_train = '.. /tmp/clean_train.csv'
cleanfile_test = '.. /tmp/clean_test.csv'

# 把训练样本和测试样本合并，方便数据清洗
data = pd.concat([data_train,data_test],axis=0, join='outer')

# 对整个 dataframe 的空值进行处理
# 把原数据中缺失值为 null 的字符串设置为 numpy.nan
data.iloc[:,:5] = data.iloc[:,:5].applymap(
        lambda x:np.nan if x == 'null' else x)

# 把日期类型的空值设置为 None（方便后面整列转成时间类型）
data.iloc[:, 5:] = data.iloc[:, 5:].applymap(
        lambda x: None if x == 'null' else x)

# 处理 data_received 属性
data['date_received'] = data['date_received'].astype('str').apply(
        lambda x:x.split('.')[0])
# 转为 datetime 格式
data['date_received'] = pd.to_datetime(data['date_received'])
```

```
# 处理date属性
data['date'] = data[ 'date'].astype('str').apply(lambda x:x.split('.')[0])
data['date'] = pd.to_datetime(data['date'])

# 把满减优惠改写成折扣率形式
data['discount_rate'] = data['discount_rate'].fillna('null')
def discount(x):
    if ':' in x :
        split = x.split(':')
        discount_rate = (int(split[0])-int(split[1]))/int(split[0])
        return round(discount_rate, 2)
    elif x == 'null':
        return np.nan
    else :
        return float(x)

data['discount_rate'] = data['discount_rate'].map(discount)

# 根据领券月份，提取清洗后的训练样本和测试样本
received_month = data['date_received'].apply(lambda x :x.month)
received_month.value_counts()
clean_train = data.loc[received_month!= 7,:]  # 提取清洗后的训练样本
clean_test = data.loc[received_month == 7,:]  # 提取清洗后的测试样本
clean_test.drop('date',axis=1,inplace=True)  # 删除date列

# 导出数据
clean_train.to_csv(cleanfile_train, index=False)
clean_test.to_csv(cleanfile_test, index=False)
```

2. 数据变换

数据变换根据给定的属性构造新的指标，用于在更多维度上衡量用户是否使用优惠券。

（1）构建指标

由于本章数据的属性过少，而只给出 7 个属性不足以精确地描述问题，因此需要根据业务逻辑和经验进行数据变换，从而构造出新的、更加有效的指标。结合 O2O 模式特点，通过对用户行为、商户、优惠券特点进行深入分析，从统计、比例、时间 3 个角度，将指标扩展为 13 个。构建的指标及其说明如表 7-4 所示。

表 7-4 构建的指标及其说明

类型	指标	属性名称	说明
用户	优惠券使用频数	user_use_coupon_times	用户使用优惠券消费次数
	消费频数	user_consume_times	用户总消费次数
	使用优惠券率	user_use_coupon_rate	用户使用优惠券消费次数与总消费次数的比值
	领取优惠券未使用数	user_receive_coupon_unused_times	用户领取优惠券而未使用的数量
	领取、使用优惠券间隔	user_mean_use_coupon_interval	用户领取优惠券日期与使用日期相隔的平均天数
商户	优惠券核销频数	merchant_launch_coupon_used_count	商户发放的优惠券被使用的数量
	优惠券核销率	merchant_launch_coupon_used_rate	商户发放的优惠券被使用的数量占总发放量的百分比
	投放优惠券频数	merchant_launch_coupon_count	商户发放优惠券的数量
	优惠券未核销频数	user_receive_coupon_unused_times	商户发放优惠券而未被使用的数量
	投放、使用优惠券间隔	merchant_mean_launch_coupon_interval	商户发放的优惠券与被使用平均相隔天数
位置	距离	distance	distance 属性
优惠券	折扣率	coupon_discount	coupon_discount 属性
	优惠券流行度	coupon_used_rate	被使用优惠券与发放优惠券总数的比值

基于预处理后的数据集，构建表 7-4 中的指标，如代码 7-9 所示。

代码 7-9 构建指标

```
# 用户、商户、优惠券的特征结果表
userfile = '.. /tmp/data_user.csv'
merchantfile = '../tmp/data_merchant.csv'
couponfile = '.. /tmp/data_coupon.csv'
train_quality = clean_train.copy()

# 导入自定义用户、商户、优惠券的特征包
from feature_name import feature_name
data_user,data_merchant,data_coupon = feature_name(train_quality=
train_quality)
data_user.to_csv(userfile, index=False)  # 导出 data_user 表
data_merchant.to_csv(merchantfile, index=False)# 导出 data_merchant 表
data_coupon.to_csv(couponfile, index=False)  # 导出 data_coupon 表

# 对训练样本与指标类型表进行拼接
train_merge = pd.merge(data_user,train_quality, on='user_id')
```

```
train_merge = pd.merge(train_merge,data_merchant, on="merchant_id")
train_merge = pd.merge(train_merge,data_coupon, on='coupon_id', how='left')
train_merge.isnull().sum()  # 统计缺失值
train_merge.iloc[:,-2:] = train_merge.iloc[:, -2:].fillna(0)  # 填充缺失值
print('构建指标后训练样本的形状: ',train_merge.shape())
trainfile = '.. /tmp/train_cleaned.csv'  # 导出数据
train_merge.to_csv(trainfile, index=False)

# 对测试样本与指标类型表进行拼接
test_merge = pd.merge(data_test,data_user, on='user_id')
test_merge = pd.merge(test_merge,data_merchant, on='merchant_id')
test_merge = pd.merge(test_merge,data_coupon, on='coupon_id', how='left')
test_merge.isnull().sum()  # 统计缺失值
test_merge.iloc[:,-2:] = test_merge.iloc[:,-2:].fillna(0)  # 填充缺失值
print('构建指标后测试样本的形状: ',test_merge.shape())
testfile = '.. /tmp/test_cleaned.csv'  # 导出数据
test_merge.to_csv(testfile, index=False)
```

（2）构建用户标签和剔除未领券但进行消费的样本

本例的分析目标是预测用户在领取优惠券后 15 天以内的使用情况，以 15 天为阈值划分样本，如表 7-5 所示。

表 7-5　划分样本

类别	标签	说明
正样本	1	领取优惠券并在 15 天内使用的样本
负样本	0	领取优惠券在 15 天内未使用的样本 消费日期为“null”（即无消费日期，优惠券未使用）

根据表 7-5，对预处理后的数据集构建用户标签，其中未领券但进行消费的样本不满足构建用户标签的要求，需剔除。构建训练样本分类标签，如代码 7-10 所示。

代码 7-10　构建训练样本分类标签

```
# 构建训练样本分类标签
train_merge["class"] = 0  # 标签 0
train_merge.loc[(train_merge['date']-
                 train_merge['date_received']).dt.days<=15, 'class']=1  # 标签 1

# 删除非正、负样本的数据（用户未领券的记录）
print(train_merge.shape)
train_merge = train_merge[train_merge['coupon_id'].notnull()]
```

```
print(train_merge.shape)
trainfile_class = '../tmp/train_class.csv'  # 导出数据
train_merge.to_csv(trainfile_class, index=False)
```

7.2.4　构建模型

预测用户领券后的使用情况是一个分类问题，对于分类模型的建立和预测，可采用朴素贝叶斯、决策树、支持向量机、逻辑回归、神经网络、深度学习等分类算法。本小节采用决策树分类算法和 XGBoost 分类算法，预测用户在 2016 年 7 月领取优惠券后 15 天以内的使用情况。

1. 决策树分类模型

一般的决策树算法都是采用自顶向下递归的方式，从训练集和与训练集相关联的类标号开始构造决策树。随着树的构建，训练集递归地划分成较小的子集。算法的重点是确定分裂准则，分裂准则通过把训练集划分成个体类的"最好"方法，确定在节点上根据哪个属性的哪个分裂点来划分训练集。

采用 Python 中 scikit-learn 库的决策树分类器（DecisionTreeClassifier），该分类器基于 CART 决策树进行优化，选择基尼指数（Gini Index）最小的作为节点特征，CART 决策树是二叉树，即一个节点分两支。

对训练样本建立基于 CART 的决策树分类模型，并进行预测，如代码 7-11 所示。测试样本的预测结果如表 7-6 所示。

代码 7-11　决策树分类模型

```
import pandas as pd
from sklearn.tree import DecisionTreeClassifier
testfile = '../tmp/test_cleaned.csv'  # 已预处理和贴标签的训练数据
trainfile_class = '../tmp/train_class.csv'  # 已预处理的测试数据
train_class = pd.read_csv(trainfile_class)
test = pd.read_csv(testfile)

# 删除列
x_train = train_class.drop(['user_id', 'merchant_id','coupon_id',
                            'date_received', 'date'],axis=1)
x_test = test.drop(['user_id', 'merchant_id',
                    'coupon_id', 'date_received'],axis=1)

# 决策树建模
model_dt1 = DecisionTreeClassifier(max_leaf_nodes=16,random_state=123).fit(
       x_train.iloc[:,:-1],x_train.iloc[:, -1])
```

```
# 预测结果
pre_dt = model_dt1.predict(x_test)

# DataFrame 存放决策预测结果
dt_class = test[['user_id', 'merchant_id','coupon_id']]
dt_class['class'] = pre_dt
dtfile_pre = '.. /tmp/dt_class.csv'  # 导出数据
dt_class.to_csv(dtfile_pre, index=False)
```

表 7-6　测试样本的预测结果

user_id	merchant_id	coupon_id	class
3009705	2436	13181	0
3009705	2436	3992	0
3012589	2436	3992	1
3018809	2436	13181	0
3021797	2436	11943	0
3024649	2436	3992	0
3025937	2436	3992	0
3026352	2436	10609	0
3030071	2436	3992	0
3030740	2436	3992	0
3031229	2436	3992	0
3033408	2436	3992	1
3036316	2436	3992	0
3039768	2436	3992	0

注：class 属性为测试样本通过决策树模型的预测结果，1 表示正样本，0 表示负样本。

2. XGBoost 分类模型

XGBoost 算法是集成学习中的序列化方法，该算法的目标函数是正则项，误差函数为二阶泰勒展开式。由于 XGBoost 算法的目标函数中加入了正则项，能控制模型的复杂度，因此 XGBoost 算法训练出的模型不容易过拟合。

使用 xgboost 库下的分类子库（xgb.XGBClassifier）实现 XGBoost 算法，使用训练样本构建 XGBoost 分类模型并预测测试样本的结果，如代码 7-12 所示。测试样本的预测结果如表 7-7 所示。

代码 7-12 构建 XGBoost 分类模型并预测

```
import xgboost as xgb

# XGBoost 分类模型
model_test = xgb.XGBClassifier(max_depth=8,learning_rate=0.1,
n_estimators=160,
                                silent=True,objective='binary:logistic')
# max_depth 是数的最大深度，默认值为 6，避免过拟合
# learning_rate 为学习率，n_estimators 为总迭代次数，即决策树的个数
# binary:logistic 为二分类的逻辑回归，返回预测的概率（不是类别）

# 模型训练
model_test.fit(x_train.iloc[:,:-1],x_train.iloc[:, -1])

# 模型预测
y_pred = model.predict(x_test)

# DataFrame 存放 XGBoost 分类模型的预测结果
xgb_class = test[['user_id', 'merchant_id', 'coupon_id']]
xgb_class['class'] = y_pred
xgbfile_pre = '.. /tmp/xgb_class.csv'  # XGBoost 分类模型的预测结果
xgb_class.to_csv(xgbfile_pre, index=False)
```

表 7-7 测试样本的预测结果

user_id	merchant_id	coupon_id	class
3009705	2436	13181	0
3009705	2436	3992	0
3012589	2436	3992	0
3018809	2436	13181	0
3021797	2436	11943	0
3024649	2436	3992	0
3025937	2436	3992	0
3026352	2436	10609	0
3030071	2436	3992	0
3030740	2436	3992	0
3031229	2436	3992	0
3033408	2436	3992	1
3036316	2436	3992	0
3039768	2436	3992	0

注：class 属性为测试样本通过 XGBoost 分类模型的预测结果，1 表示正样本，0 表示负样本。

将决策树分类模型和 XGBoost 分类模型的分类预测结果进行对比，可看出部分测试样本的类别预测结果有所不同，需要对模型进一步评价。

7.2.5 模型评价

常用的评价分类模型的指标有准确率、精确率、召回率、F1、ROC 曲线等，指标相互之间是有关系的，只是侧重点不同。本小节选用准确率、精确率、召回率和 F1 值这 4 个指标评价模型。

针对决策树分类模型和 XGBoost 分类模型分别计算准确率、精确率、召回率、F1 指标，如代码 7-13 所示。模型评价指标值如表 7-8 所示。

代码 7-13 模型评价

```
from sklearn import metrics
from sklearn.model_selection import train_test_split
from sklearn.metrics import precision_score,recall_score, f1_score
from sklearn.metrics import accuracy_score

# 将训练样本划分为训练样本和测试样本
x_train1, x_test1, y_train1, y_test1 = train_test_split(x_train.iloc[:,:-1],
                                                        x_train.iloc[:, -1],
                                                        test_size=0.3,
                                                        random_state=10)


# 决策树建模
model_dt_evaluate = DecisionTreeClassifier(max_leaf_nodes=16,
                                random_state=123).fit(x_train1, y_train1)
model_dt_pre = model_dt_evaluate.predict(x_test1)  # 预测结果

# 决策树模型评价指标值
print(metrics.classification_report(y_test1,model_dt_pre))
dt_evaluate_accuracy = accuracy_score(y_test1,model_dt_pre)
print('准确率为%.2f%%' % (dt_evaluate_accuracy*100.0))
dt_evaluate_p = precision_score(y_test1,model_dt_pre)
print('精确率为%.2f%%'% (dt_evaluate_p*100.0))
dt_evaluate_recall = recall_score(y_test1,model_dt_pre)
print('召回率为%.2f%%'%(dt_evaluate_recall*100.0))
dt_evaluate_f1 = f1_score(y_test1,model_dt_pre)
print('F1 值为%.2f%%'%(dt_evaluate_f1*100.0))
```

```
# XGBoost 分类模型
model_xgb_evaluate = xgb.XGBClassifier(max_depth=8,learning_rate=0.1,
                                        n_estimators=160, silent=True,
                                        objective='binary:logistic')
model_xgb_evaluate.fit(x_train1, y_train1)

# 对验证样本进行预测
model_xgb_pre = model_xgb_evaluate.predict(x_test1)

# XGBoost 分类模型评价指标
print(metrics.classification_report(y_test1,model_xgb_pre))
xfb_evaluate_accuracy = accuracy_score(y_test1,model_xgb_pre)
print('准确率为%.2f%%' % (xfb_evaluate_accuracy*100.0))
xfb_evaluate_p = precision_score(y_test1,model_xgb_pre)
print('精确率为%.2f%%'% (xfb_evaluate_p*100.0))
xfb_evaluate_recall = recall_score(y_test1,model_xgb_pre)
print('召回率为%.2f%%'%(xfb_evaluate_recall*100.0))
xfb_evaluate_f1 = f1_score(y_test1,model_xgb_pre)
print('F1 值为%.2f%%'%(xfb_evaluate_f1*100.0))
```

表 7-8 模型评价指标值

模型	准确率	精确率	召回率	F1 值
决策树分类模型	96.29%	70.20%	64.06%	66.99%
XGBoost 分类模型	96.89%	78.22%	66.22%	71.72%

在表 7-8 中，两种模型的准确率都高达 96%，XGBoost 分类模型的各项指标值都比决策树分类模型的指标值高，说明 XGBoost 分类模型的预测效果要优于决策树分类模型。

使用 xgboost 库下的 plot_important 子库，选用 XGBoost 分类模型绘制属性重要性评分，如代码 7-14 所示，输出的结果如图 7-7 所示。

代码 7-14 绘制 XGBoost 分类模型的属性重要性评分

```
from matplotlib import pyplot as plt
from xgboost import plot_importance

# 显示重要指标
plot_importance(model_xgb_evaluate)
plt.show()
```

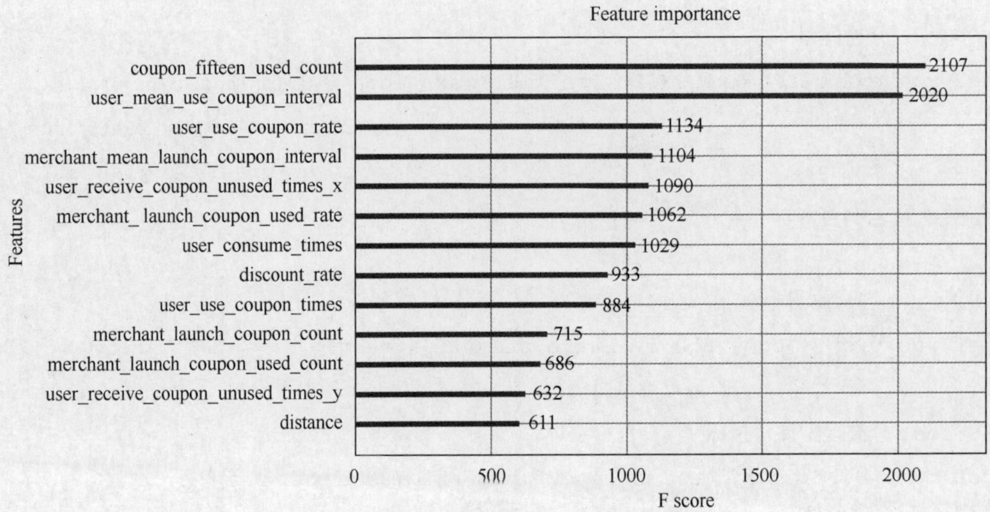

图 7-7 XGBoost 分类模型的属性重要性评分

在图 7-7 中，十五天内被使用的优惠券数量（coupon_fifiteen_used_count）的重要性评分最高，说明该属性最容易影响模型的预测结果。其次是领取、使用优惠券间隔（user_mean_use_coupon_interval）和使用优惠券率（user_use_coupon_rate）。而用户到门店的距离（distance）重要性评分最低，如需要对模型进一步优化，可以考虑去除 distance 属性后重新训练模型，再查看新模型的预测效果。

7.2.6 应用

根据样本预测分类结果，采取下文的一些营销手段和策略，为 O2O 平台、商家管理提供参考。

1. 用户分级

用 O2O 平台的用户数据构建用户标签的过程中，数据分成正样本、负样本，同时将未领券的用户剔除。可根据该构建用户标签的划分标准，将正样本、负样本、未领券用户划分为 3 个用户等级。

正样本用户在领券后 15 天内进行消费，这类用户是 O2O 平台的高价值客户，对 O2O 行业贡献比较大，但所占比例较小，属于重要保持用户。对于该类用户应优先将资源投放，提高用户忠诚度。

负样本用户领券后未在 15 天内到门店消费，该类用户所占比例较高，有用户流失风险，属于挽留用户。由于商户投放优惠券时限制了消费时间、消费等级，因此用户可能没有关注优惠券可使用的时间，而错过消费机会。需采取一些营销手段，加强用户对平台的依赖。如平台发送消息提醒用户优惠券的有效时间等。

未领取优惠券直接到门店进行消费的用户属于普通用户。将普通用户作为发展对象，引导这类用户使用优惠券进行消费，即将其发展为新的持券消费用户。商户可向用户投放流行度较高、优惠力度较大的优惠券，吸引更多用户领取优惠券到门店消费，从而将其发展为高黏性用户。

2. 优惠券分级

平台发放优惠券的目的无非是“拉新”或者“促活”。良好的优惠券设计能扩大平台知名度，降低用户使用门槛，迅速吸引一批新用户进入平台，降低成本的同时提升平台的活跃度，提高平台交易流水。但平台商户众多，商户之间竞争比较大，会出现部分商户滥发优惠券现象，可能会影响品牌信誉，导致客户流失。平台可根据优惠券流行度、用券数等对优惠券进行价值分析并划分级别。将优惠券分为优质优惠券、一般优惠券等。优质优惠券是流行度较高、用户用券数较多的优惠券，可优先发放给新用户和正样本用户（高价值用户）；一般优惠券次之，可发放给负样本用户（挽留用户）。

3. 商户分级

O2O 平台实现线上、线下信息共享，吸引人流，发挥实体店位置优势。平台将掌握的用户消费行为数据，在经过数据脱敏后提供部分数据给商户查询。商户根据用户消费规律和喜好，对商品进行在线有效预定等，可大大提升对老客户的维护与经营效果，同时还能节约运营成本。根据商户的优惠券核销率、用户消费频数、消费层级、新增用户数、用户复购率、最近用户消费日期消费等指标，可刻画商户的销售运营特点，从而对商户划分级别。商户级别通常可分为活跃商户、保持商户、发展商户、低活跃商户等。对不同级别的商户可以采取不同的激励策略。

小结

本章根据 O2O 平台中用户使用优惠券的历史记录，先对原始数据进行了探索性分析和数据预处理，然后结合用户、商户、优惠券的特点构造指标，接着建立了决策树分类模型和 XGBoost 分类模型，预测用户在领取优惠券后 15 天以内是否使用，并对模型的预测结果进行了评价，详细地描述了整个数据分析过程。最后从用户、优惠券、商户 3 个方面，提出一些营销手段和策略，希望能够帮助商家合理发放优惠券，为用户提供差异性服务，满足用户的个性化需求。

课后习题

某移动运营商拥有 2016 年 3 月用户的基础信息和使用行为信息数据，基于用户 ID、在网时长、信用等级以及通话时长等属性，构建决策树模型，实现对流失客户的预测。

第 8 章 零售商品购物篮分析

购物篮分析是商业领域极前沿、极具挑战性的问题之一，也是许多企业重点研究的问题。购物篮分析是通过发现顾客在一次购买行为中放入购物篮中不同商品之间的关联关系，研究客户的购买行为，从而辅助零售企业制订营销策略的一种数据分析方法。本章使用 Apriori 关联规则算法实现购物篮分析，发现超市不同商品之间的关联关系，并根据商品之间的关联关系制订销售策略。

学习目标

（1）了解零售商品购物篮分析的总体流程与步骤。
（2）掌握简单的统计方法，用于分析热销商品和商品结构。
（3）掌握常用的数据预处理方法，用于变换数据的格式。
（4）掌握 Apriori 算法的使用方法，用于构建关联规则。
（5）掌握关联规则的评价方法，用于解析生成的关联规则。

8.1 业务背景与项目目标

现代商品种类繁多，顾客往往会由于想要购买的商品种类过多而变得疲于选择，且顾客并不会因为可选择商品丰富而选择购买更多的商品。繁杂的选购过程往往会给顾客带来疲惫的购物体验。对于某些商品，顾客会选择同时购买，如面包与牛奶、薯片与可乐等，当面包与牛奶或者薯片与可乐分布在商场的两侧，且距离十分遥远时，顾客的购买欲望就会降低，在时间紧迫的情况下顾客甚至会放弃购买某些原计划购买的商品。相反，将牛奶与面包摆放在相邻的位置，既能给顾客提供便利、提升购物体验，又能提高顾客购买的概率，达到促销的目的。许多商场将打折作为主要促销手段，以更少的利润获得更高的销量。打折往往会使顾客增加购买原计划购买商品的数量，但对于原计划不打算购买且不必要的商品，打折的吸引力远远不足。而正确的商品摆放却能提醒顾客购买某些必需品，甚至吸引他们购买感兴趣的商品。

因此，为了获得最大的销售利润，明确销售什么样的商品、采用什么样的促销策略、商品在货架上如何摆放，以及了解顾客的购买习惯和偏好对销售商尤为重要。通过对商场销售数据进行分析，得到顾客的购买行为特征，并根据发现的规律采取有效的行动，制订商品摆放、商品定价、新商品采购计划，对商场增加销量并获取最大利润有重要意义。

请根据提供的数据实现以下目标。

（1）构建零售商品的 Apriori 关联规则模型，分析商品之间的关联关系。

（2）根据模型结果给出销售策略。

8.2 分析方法与过程

对商品零售企业所累积的购物篮数据进行分析，通过数据分析与建模发现商品间的关联关系。零售商品购物篮分析的总体流程如图 8-1 所示。

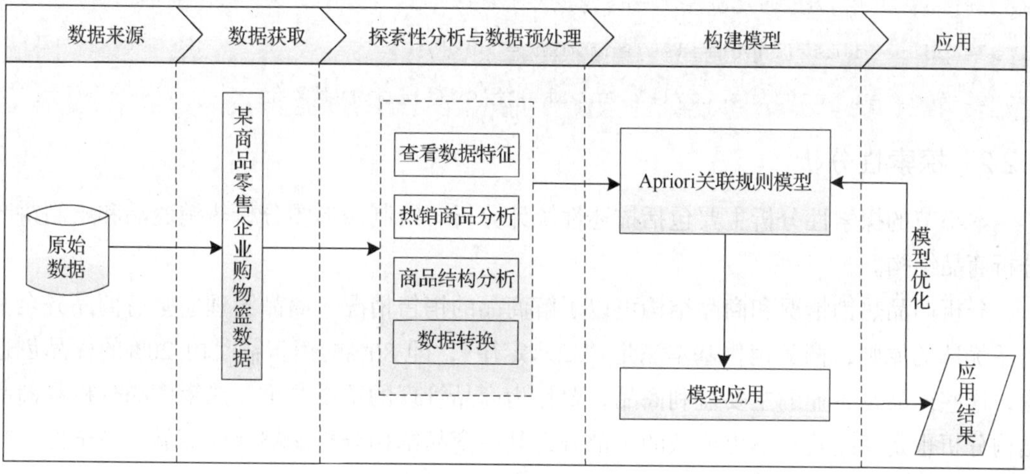

图 8-1 零售商品购物篮分析的总体流程

零售商品购物篮分析的主要步骤如下。

（1）对原始数据进行数据分析，分析商品的热销情况与商品结构。

（2）对原始数据进行数据预处理，转换数据形式，使之符合 Apriori 关联规则算法的要求。

（3）在步骤（2）得到的建模数据基础上，采用 Apriori 关联规则算法，调整模型输入参数，完成商品关联性分析。

（4）结合实际业务，对模型结果进行分析，根据分析结果给出销售建议，最后输出关联规则结果。

8.2.1 数据获取

某商品零售企业共收集了 9835 个购物篮数据，购物篮数据主要包括 3 个属性：id、Goods 和 Types，各属性如表 8-1 所示。

表 8-1　属性说明

表名	属性名称	属性说明
GoodsOrder	id	商品所属类别的编号
	Goods	具体的商品名称
GoodsTypes	Goods	具体的商品名称
	Types	商品类别

对格式都为 CSV 的 GoodsOrder 文件、GoodsTypes 文件使用 pandas 库下的 read_csv 函数读取文件，如代码 8-1 所示。

代码 8-1　读取文件

```
import pandas as pd
inputfile1 = '../data/GoodsOrder.csv'
inputfile2 = '../data/GoodsTypes.csv'
data = pd.read_csv(inputfile1,encoding='gbk')
types = pd.read_csv(inputfile2,encoding='gbk')  # 读取文件
```

8.2.2　探索性分析

本小节的探索性分析主要包括描述性统计分析、绘制条形图分析热销商品和绘制饼图分析商品结构。

分析商品热销情况和商品结构可以了解商品的销售情况。商品管理应坚持商品齐全和商品优选的原则，商品销售基本满足"二八定律"，即 80%的销售额是由 20%的商品创造的，这些商品是企业的主要盈利商品，要作为商品管理的重中之重。热销商品分析和商品结构分析也是商品管理不可或缺的一部分，其中商品结构分析能够保证商品的齐全性，热销商品分析可以助力商品优选。

1. 描述性统计分析

对 id 属性进行描述性统计分析，如代码 8-2 所示，输出的结果如表 8-2 所示。

代码 8-2　对 id 属性进行描述性统计分析

```
import numpy as np
data.info()  # 查看数据属性
data['id'].describe()  # 查看 id 列的总数、均值、最值和分位数
```

表 8-2　id 属性的描述性统计分析结果

名称	数值
观测值	4285.00
均值	4907.59

续表

名称	数值
标准差	2843.12
最小值	1.00
上四分位数	2455.50
中位数	4826.00
下四分位数	7381.50
最大值	9835.00

从表 8-2 中可以看出，某商品零售企业共收集了 9835 个购物篮的数据，售出商品总数为 43285 件。

2. 绘制条形图分析热销商品

基于购物篮的数据，计算销量排行前 10 的商品的销量及占比，并绘制条形图显示销量排行前 10 的商品的销量情况，如代码 8-3 所示。销量排行前 10 的商品的销量及占比如表 8-3 所示。代码输出的条形图如图 8-2 所示。

代码 8-3 计算销量排行前 10 的商品的销量及占比

```
# 销量排行前 10 的商品的销量及其占比
group = data.groupby(['Goods']).count().reset_index()  # 对商品进行分类汇总
sort = group.sort_values('id', ascending=False)
print('销量排行前 10 商品的销量:\n', sort[:10])  # 排序并查看前 10 位热销商品

# 销量排行前 10 的商品的销量占比
data_nums = data.shape[0]
for index, row in sort[:10].iterrows():
    print(row['Goods'], row['id'], row['id']/data_nums)

# 绘制条形图展示出销量排行前 10 的商品的销量
import matplotlib.pyplot as plt
x = sort[:10]['Goods']
y = sort[:10]['id']
plt.figure(figsize=(8, 6))  # 设置画布大小
plt.rc('font', size=12)
plt.barh(x,y)
plt.rcParams['font.sans-serif'] = 'SimHei'
plt.xlabel('销量')  # 设置 x 轴标题
```

```
plt.ylabel('商品名称')  # 设置 y 轴标题
plt.title('商品的销量 TOP10')  # 设置标题
plt.savefig('../tmp/top10.png')  # 以.png 格式保存图片
plt.show()  # 展示图片
```

表 8-3　销量排行前 10 的商品的销量及占比

商品名称	销量	销量占比
全脂牛奶	2513	5.806%
其他蔬菜	1903	4.396%
面包卷	1809	4.179%
苏打水	1715	3.962%
酸奶	1372	3.170%
瓶装水	1087	2.511%
根茎类蔬菜	1072	2.477%
热带水果	1032	2.384%
购物袋	969	2.239%
香肠	924	2.135%

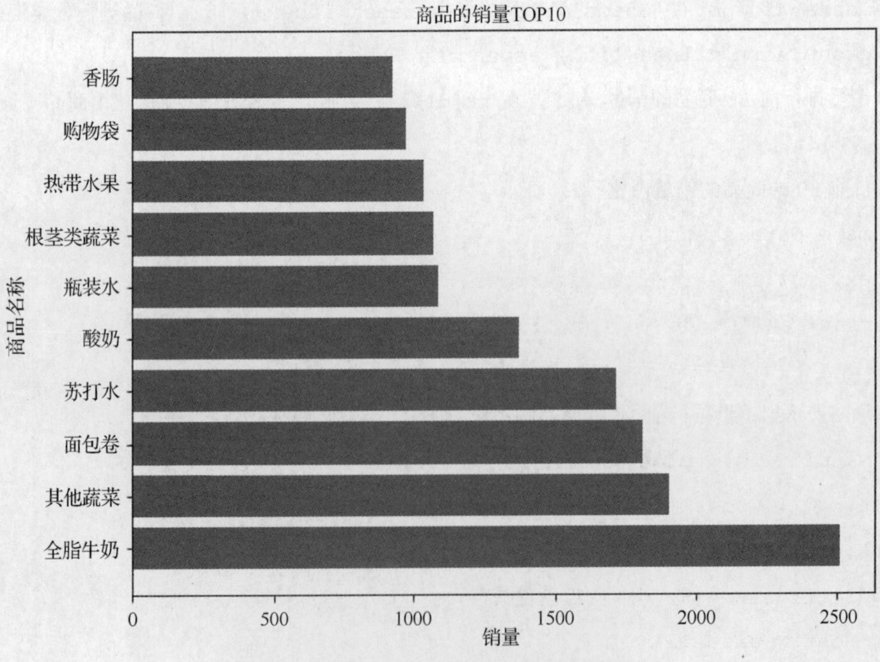

图 8-2　销量排行前 10 的商品的销量情况

通过表 8-3 和图 8-2 可知，全脂牛奶销量最高，销量为 2513 件，占总销量的比例约为 5.806%；其次是其他蔬菜、面包卷和苏打水，占总销量的比例分别约为 4.396%、4.179%、3.962%。

3. 绘制饼图分析商品结构

对每一类商品的热销程度进行分析，有利于商家制订商品在货架的摆放策略。若是某类商品较为热销，商场可以将此类商品摆放到商场的中心位置，方便顾客选购，或者放在商场深处位置，使顾客在购买热销商品前经过非热销商品，增加顾客在非热销商品处的停留时间，促进非热销商品销量的提升。

原始数据中的商品本身已经过归类处理，但是部分商品还是存在一定的重叠，故再次对其进行归类处理。分析归类后各类别商品的销量及其占比，并绘制饼图显示各类商品的销量占比情况，如代码 8-4 所示，输出的结果如表 8-4、图 8-3 所示。

代码 8-4 分析归类后各类别商品的销量及其占比

```
group = data.groupby(['Goods']).count().reset_index()
sort = group.sort_values('id',ascending=False).reset_index()
data_nums = data.shape[0]  # 总量
del sort['index']

sort_links = pd.merge(sort,types)  # 根据 type 合并两个 DataFrame
# 根据类别求和，求每个商品类别的总量，并排序
sort_link = sort_links.groupby(['Types']).sum().reset_index()
sort_link = sort_link.sort_values('id',ascending=False).reset_index()
del sort_link['index']  # 删除 index 列

# 求百分比，然后更换列名，最后输出到文件
sort_link['count'] = sort_link.apply(lambda line: line['id']/data_nums,axis=1)
sort_link.rename(columns={'count':'percent'},inplace=True)
print('各类别商品的销量及其占比:\n',sort_link)
outfile1 = '../tmp/percent.csv'
sort_link.to_csv(outfile1,index=False,header=True,encoding='gbk')  # 保存结果

# 绘制饼图展示每类商品销量占比
import matplotlib.pyplot as plt
data1 = sort_link['percent']
labels = sort_link['Types']
plt.figure(figsize=(8, 8))  # 设置画布大小
plt.rc('font', size=12)
plt.pie(data1,labels=labels,autopct='%1.2f%%')
plt.rcParams['font.sans-serif'] = 'SimHei'
plt.title('各类别商品销量占比')  # 设置标题
```

```
plt.savefig('../tmp/persent.png')  # 以.png格式保存图片
plt.show()
```

表 8-4　各类别商品的销量及其占比

商品类别	销量	销量占比
非酒精饮料	7594	17.54%
西点	7192	16.62%
果蔬	7146	16.51%
米粮调料	5185	11.98%
百货	5141	11.88%
肉类	4870	11.25%
酒精饮料	2287	5.28%
食品类	1870	4.32%
零食	1459	3.37%
熟食	541	1.25%

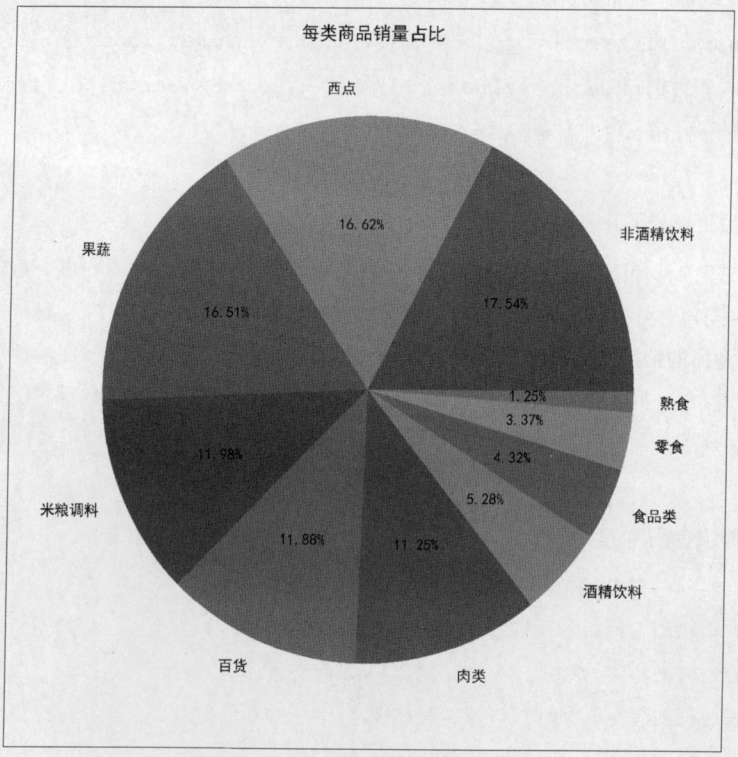

图 8-3　各类别商品的销量占比情况

通过图 8-3 可以看出，非酒精饮料、西点、果蔬这 3 类商品销量差距不大，占总销量的 50%左右。同时，根据大类划分发现和食品相关的类的销量总和接近 90%，说明了顾客倾向于购买此类商品，而其余商品仅是商场为满足顾客的其余需求而设定的，并非销售的“主力军”。

进一步查看销量第一的非酒精饮料的内部商品结构，并绘制饼图显示其销量占比情况，如代码 8-5 所示，输出的结果如表 8-5、图 8-4 所示。

代码 8-5 计算非酒精饮料内部商品的销量及其占比

```
# 先筛选非酒精饮料类别的商品，求百分比，然后输出结果到文件
selected = sort_links.loc[sort_links['Types']=='非酒精饮料']  # 挑选商品类别为非酒精饮料并排序
child_nums=selected['id'].sum()  # 对所有的非酒精饮料类进行求和
selected['child_percent'] = selected.apply(lambda line: line['id']/child_nums, axis=1)  # 求百分比
selected.rename(columns={'id':'count'},inplace=True)
print('非酒精饮料内部商品的销量及其占比:\n',selected)
outfile2 = '../tmp/child_percent.csv'
sort_link.to_csv(outfile2, index=False, header=True,encoding='gbk')  # 输出结果

# 绘制饼图展示非酒精饮料内部商品的销量占比
import matplotlib.pyplot as plt
data2 = selected['child_percent']
labels = selected['Goods']
plt.figure(figsize=(8,6))  # 设置画布大小
explode = (0.02,0.03,0.04,0.05,0.06,0.07,0.08,0.08,0.3,0.1,0.3)  # 设置每一块分割出的间隙大小
plt.pie(data2,explode=explode,labels=labels,autopct='%1.2f%%',
pctdistance=1.1,labeldistance=1.2)
plt.rcParams['font.sans-serif'] = 'SimHei'
plt.title('非酒精饮料内部各商品的销量占比')  # 设置标题
plt.axis('equal')
plt.savefig('../tmp/child_persent.png')  # 保存图形
plt.show()  # 展示图形
```

表 8-5 非酒精饮料内部商品的销量及其占比

商品类别	销量	销量占比
全脂牛奶	2513	33.09%
苏打水	1715	22.58%
瓶装水	1087	14.31%

续表

商品类别	销量	销量占比
水果/蔬菜汁	711	9.36%
咖啡	571	7.52%
超高温杀菌的牛奶	329	4.33%
其他饮料	279	3.67%
能量饮料	256	3.37%
速溶咖啡	73	0.96%
茶	38	0.50%
可可饮料	22	0.29%

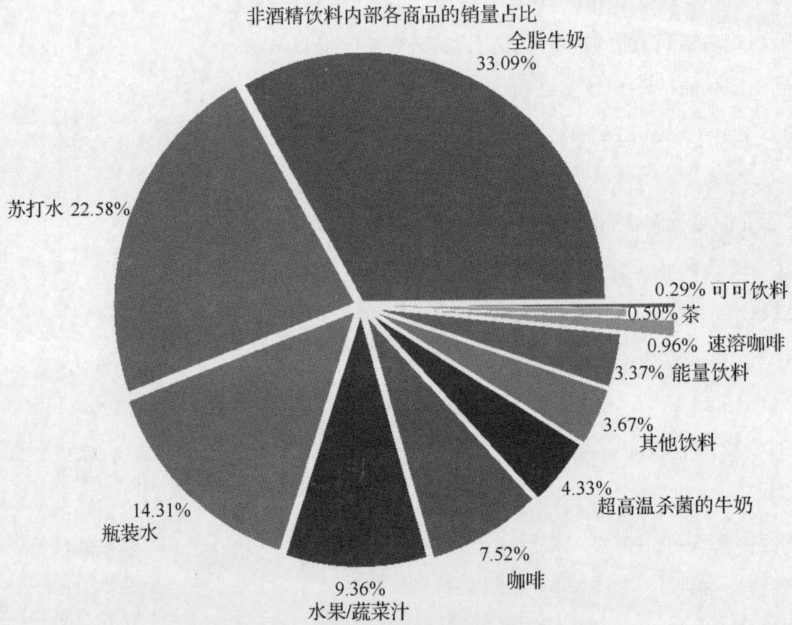

图 8-4　非酒精饮料内部商品的销量占比

通过表 8-5、图 8-4 可以看出，全脂牛奶的销量在非酒精饮料的总销量中占比超过 33%，销量前 3 的非酒精饮料总销售量在所有非酒精饮料的总销量中占比接近 70%，说明大部分顾客到店购买的饮料为这 3 种，需要时常注意货物的库存，定期补货。

8.2.3　数据预处理

建模之前需要转变数据的格式，才能使用自行编写的 apriori 函数（自定义的用于实现 Apriori 算法的函数）进行关联分析，如代码 8-6 所示。

代码 8-6　转变数据的格式

```
#根据 id 对 Goods 列合并，并使用“，”将各商品隔开
```

```
data['Goods']=data['Goods'].apply(lambda x:','+x)
data=data.groupby('id').sum().reset_index()

# 对合并的商品列转换数据格式
data['Goods'] = data['Goods'].apply(lambda x :[x[1:]])
data_list = list(data['Goods'])

# 分割商品名，每个商品为独立元素
data_translation = []
for i in data_list:
    p = i[0].split(',')
    data_translation.append(p)
print('数据转换结果的前 5 个元素：\n',data_translation[0:5])
```

8.2.4　构建模型

本小节的目标是分析商品之间的关联关系，这里采用关联规则算法分析它们之间的关联关系。本小节主要使用 Apriori 算法进行分析。

本小节构建关联规则模型的流程如图 8-5 所示。

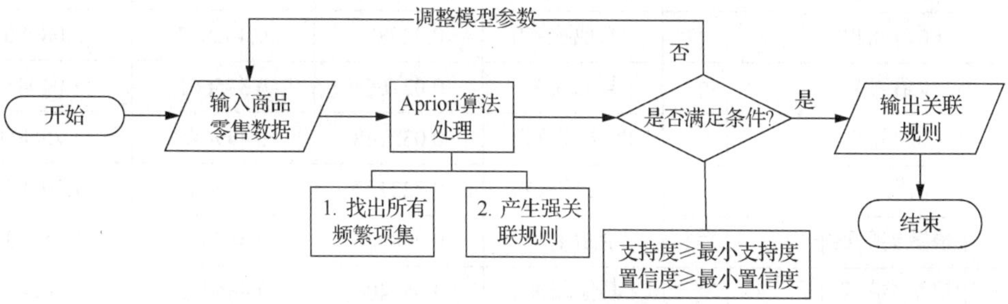

图 8-5　关联规则模型的流程

由图 8-5 可知，模型主要由输入、算法处理、输出 3 个部分组成。输入部分包括输入商品零售数据和调整模型参数；算法处理部分采用 Apriori 算法；输出部分为输出关联规则。

模型具体实现步骤为首先设置建模参数最小支持度、最小置信度，输入建模样本数据；然后采用 Apriori 算法对建模的样本数据进行分析，以模型参数设置的最小支持度、最小置信度以及分析目标作为条件。如果所有的规则都不满足条件，那么需要重新调整模型参数，否则输出关联规则结果。

目前，关于最小支持度与最小置信度的设置并没有统一的标准，大都根据业务经验设置初始值，经过多次调整，获取与业务相符的关联规则结果。本小节经过多次调整并结合实际业务分析，对预处理后的数据进行关联规则分析，选取模型的输入参数为最小支持度 0.02 和最小置信度 0.35，如代码 8-7 所示，关联规则模型结果如表 8-6 所示。

代码 8-7　构建关联规则模型

```
from Apriori import *
dataSet = data_translation
L,supportData = apriori(dataSet,minSupport=0.02)
rule =gen_rule(L,supportData,minConf=0.35)
```

表 8-6　关联规则模型结果

lhs		rhs	支持度	置信度	lift
{'水果/蔬菜汁'}	=>	{'全脂牛奶'}	0.026653	0.368495	1.441427
{'人造黄油'}	=>	{'全脂牛奶'}	0.024212	0.413194	1.616276
{'仁果类水果'}	=>	{'全脂牛奶'}	0.030112	0.397849	1.556252
{'牛肉'}	=>	{'全脂牛奶'}	0.021261	0.405039	1.584374
{'冷冻蔬菜'}	=>	{'全脂牛奶'}	0.020448	0.424947	1.662248
{'本地蛋类'}	=>	{'其他蔬菜'}	0.022279	0.350962	1.812902
{'黄油'}	=>	{'其他蔬菜'}	0.020041	0.361468	1.867173
{'本地蛋类'}	=>	{'全脂牛奶'}	0.03001	0.472756	1.849262
{'黑面包'}	=>	{'全脂牛奶'}	0.025229	0.388715	1.520520
{'糕点'}	=>	{'全脂牛奶'}	0.033266	0.373714	1.461843
{'酸奶油'}	=>	{'其他蔬菜'}	0.028891	0.402837	2.080865
{'猪肉'}	=>	{'其他蔬菜'}	0.021668	0.375661	1.940489
{'酸奶油'}	=>	{'全脂牛奶'}	0.032248	0.449645	1.758860
{'猪肉'}	=>	{'全脂牛奶'}	0.022177	0.384480	1.503954
{'根茎类蔬菜'}	=>	{'全脂牛奶'}	0.048932	0.448694	1.755138
{'根茎类蔬菜'}	=>	{'其他蔬菜'}	0.047406	0.434701	2.245463
{'凝乳'}	=>	{'全脂牛奶'}	0.026144	0.490458	1.918505
{'热带水果'}	=>	{'全脂牛奶'}	0.042319	0.403101	1.576793
{'柑橘类水果'}	=>	{'全脂牛奶'}	0.030519	0.368550	1.441644
{'黄油'}	=>	{'全脂牛奶'}	0.027569	0.497248	1.945064
{'酸奶'}	=>	{'全脂牛奶'}	0.056053	0.401603	1.570936
{'其他蔬菜'}	=>	{'全脂牛奶'}	0.074873	0.386758	1.512865
{'其他蔬菜', '酸奶'}	=>	{'全脂牛奶'}	0.022279	0.512881	2.006214
{'全脂牛奶', '酸奶'}	=>	{'其他蔬菜'}	0.022279	0.397459	2.053086
{'其他蔬菜', '根茎类蔬菜'}	=>	{'其他蔬菜'}	0.023194	0.489270	1.913859
{'全脂牛奶', '根茎类蔬菜'}	=>	{'全脂牛奶'}	0.023194	0.470120	2.448525

8.2.5 模型评价

根据代码 8-7 的结果，得到 26 个关联规则，对其中 4 条关联规则进行如下解析。

（1）{'其他蔬菜','酸奶'}=>{'全脂牛奶'}：支持度约为 2.23%，置信度最大约为 51.29%。说明同时购买酸奶、其他蔬菜和全脂牛奶这 3 种商品的概率约为 51.29%，而这种情况发生的可能性约为 2.23%。

（2）{'其他蔬菜'}=>{'全脂牛奶'}：支持度最大约为 7.49%，置信度约为 38.68%。说明同时购买其他蔬菜和全脂牛奶这 2 种商品的概率约为 38.68%，而这种情况发生的可能性约为 7.49%。

（3）{'根茎类蔬菜'}=>{'全脂牛奶'}：支持度约为 4.89%，置信度约为 44.87%。说明同时购买根茎类蔬菜和全脂牛奶这 2 种商品的概率约为 44.87%，而这种情况发生的可能性约为 4.89%。

（4）{'根茎类蔬菜'}=>{'其他蔬菜'}：支持度约为 4.74%，置信度约为 43.47%。说明同时购买根茎类蔬菜和其他蔬菜这 2 种商品的概率约为 43.47%，而这种情况发生的可能性约为 4.74%。

综合表 8-6 以及关联规则结果分析，顾客购买酸奶和其他蔬菜的时候会同时购买全脂牛奶的置信度最大约为 51.29%。其他蔬菜、根茎类蔬菜和全脂牛奶同时购买的概率较高。

对于模型结果，从顾客角度进行分析：在现代生活中，顾客购买的商品大部分是食品，随着生活质量的提高和健康意识的增加，其他蔬菜、根茎类蔬菜和全脂牛奶均成为现代家庭每日饮食所需品。因此，其他蔬菜、根茎类蔬菜和全脂牛奶同时购买的概率较高，这符合现在人们的生活健康意识。

8.2.6 应用

模型结果表明很多顾客购买其他蔬菜和酸奶的时候会同时购买全脂牛奶。因此，商场应该根据实际情况将全脂牛奶放在顾客购买商品的必经之路，或者商场显眼位置，方便顾客拿取。购买全脂牛奶后，顾客同时购买其他蔬菜、根茎类蔬菜、酸奶油、猪肉、黄油、本地蛋类和多种水果的概率也比较高，可以考虑捆绑销售，或者适当调整商场布置，将这些商品的距离尽量缩小，既可以给顾客提供便利，提升购物体验，又可以提高顾客购买商品的概率，达到促销的目的。

小结

本章主要结合零售商品购物篮的项目，重点介绍了关联规则算法中的 Apriori 算法在商品零售购物篮分析案例中的应用。本章详细分析了商品零售的现状与问题，同时给出某商场的商品零售数据，分析了商品的热销程度，最后通过 Apriori 算法构建相应模型，根据模型结果提出了销售策略。

课后习题

某西饼屋准备对现有的店面重新进行布置，以期能够给用户提供更友好的体验。现有某西饼屋某天的 194 条订单数据，其中前 10 条数据如表 8-7 所示，需要对该数据进行关联分析。

表 8-7　某西饼屋订单数据前 10 条

ID	商品名称
1	提子土司
1	纯牛奶
2	提拉米苏
2	三明治
2	纯牛奶
3	蒜香芝士面包
3	肉松面包
3	豆浆
4	三明治
4	汉堡包

第9章 餐饮企业综合分析

在“互联网+”的背景下，餐饮企业的经营方式发生了很大的改变。团购和 O2O 等模式丰富了销售渠道，微博、微信等社交网络加强了企业与消费者、消费者与消费者之间的沟通，电子化点餐、店内 Wi-Fi 等信息技术提升了服务水平，大数据、私人定制更好地满足了细分市场等需求。同时，餐饮企业也面临更多的问题：如何提高服务水平，如何留住客户，如何提高利润等。

本章结合多种模型对某餐饮企业的数据进行分析，最终为餐饮企业提出改善建议。首先对营业额进行探索性分析，深入了解某餐饮企业的现状，然后分别通过 ARIMA 模型、智能推荐模型、Apriori 模型、K-Means 模型和决策树模型等针对不同的方向进行不同的分析，最后针对模型的结果分析，提出相关建议。

学习目标

（1）了解餐饮企业综合分析的流程。

（2）掌握简单的统计分析方法，分析每日用餐人数、营业额和菜品热销度。

（3）掌握基本的数据预处理方法，进行数据清洗和属性构造。

（4）掌握 ARIMA 算法的使用方法，用于构建时序模型。

（5）掌握基于物品的协同过滤算法的使用方法，用于构建基于物品的协同过滤模型。

（6）掌握 Apriori 算法的使用方法，用于构建关联规则模型。

（7）掌握 K-Means 算法的使用方法，用于构建聚类模型。

（8）掌握决策树算法的使用方法，用于构建分类模型。

（9）掌握常见的模型评价方法，用于评价构建的关联规则、聚类和分类模型的效果。

9.1 业务背景与项目目标

餐饮行业作为我国第三产业中的一个传统服务性行业，始终保持着旺盛的增长势头，取得了突飞猛进的发展，展现出繁荣兴旺的新局面。国家统计局数据显示，餐饮行业餐费收入从 2006—2015 年一直保持增长的趋势，但是同比增长率却有很大的波动，如图 9-1 所示。

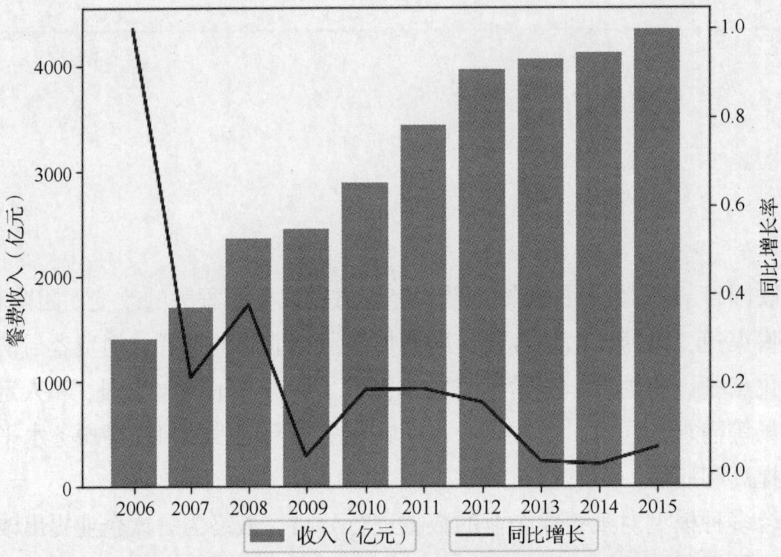

图 9-1　2006—2015 年餐饮行业餐费收入和同比增长率

近几年，我国餐饮行业形势严峻，经营中的各项成本与费用增加，企业负担加重。“四高一低”（房租价格高、人工费用高、能源价格高、原材料成本高、利润越来越低）成为企业不可逆转的负担，同时还要承担食品安全、消费者投诉、媒体曝光等问题。社会经济的发展、人们生活水平的提高、餐饮行业竞争的加剧使很多完全依赖于手工操作的餐饮企业的管理和日常运转不能适应日益变化的发展潮流。某餐饮企业正面临着以下问题。

（1）房租价格高，人工费用高。人力成本和房租成本的上升已成为必然趋势。

（2）原材料成本高。餐饮企业业务环节多，原材料种类繁多且用量不稳定，成本控制困难，现金流量大，给经营管理带来了很大的难度。

（3）服务工作效率低。采用原始点餐模式，即“服务员拿着一支笔和一张纸给客户点菜、下单、结账”，速度慢，准确率低，不能准确地将客户喜欢的菜品推荐给客户，降低了客户的就餐体验，同时也增加了财务工作量。

机遇与挑战并存，利润与风险同在。面对这个不断扩大的消费领域，餐饮企业有什么自救方法呢？餐饮企业如何通过信息化管理手段加强企业内部管理，特别是通过建立连锁系统与门店管理体系，节约企业管理成本，提升经营效益，实现规模化发展？如何通过科技创新实现节能降耗，降低企业成本，推进企业持续发展？

餐饮企业盈利的核心是菜品和客户，也就是企业提供的产品和服务对象。如何在保证产品质量的同时提高企业利润，成为餐饮企业亟须解决的问题。

为了解决上述问题，结合餐饮企业的原始数据，需要实现如下目标。

（1）利用 ARIMA 模型预测未来几天的营业额。

（2）分析客户用餐的数据，使用协同过滤算法对菜品进行智能推荐，推荐更多样的菜品。

（3）使用 Apriori 算法对菜品进行关联分析，制订更合理的菜品套餐，以提高客户的就餐体验。

（4）对不同的客户进行特征分析，比较不同类型客户的客户价值。

（5）利用决策树预测餐饮客户的流失。

9.2 分析方法与过程

本例主要的分析目标是帮助餐饮企业有效提高利润，推进企业持续发展。整体分析流程如图 9-2 所示，主要步骤如下。

（1）从系统数据库中迁移与分析相关的数据到分析数据库中，包括客户信息、菜品详情、订单表和订单详情等。

（2）对数据进行预处理，包括数据清洗、属性构造等，并统计菜品数据中的用餐人数、营业额、热销度和毛利率等。

（3）使用季节性 ARIMA 模型预测未来几天的营业额，并对结果进行分析。

（4）使用基于物品的协同过滤算法，对菜品进行智能推荐，并对推荐结果进行评价。

（5）根据订单表，使用 Apriori 算法对菜品进行关联分析，并对结果进行分析。

（6）使用 K-Means 模型进行客户价值特征分析，并对结果进行分析。

（7）使用决策树构建客户流失特征，并对结果进行分析。

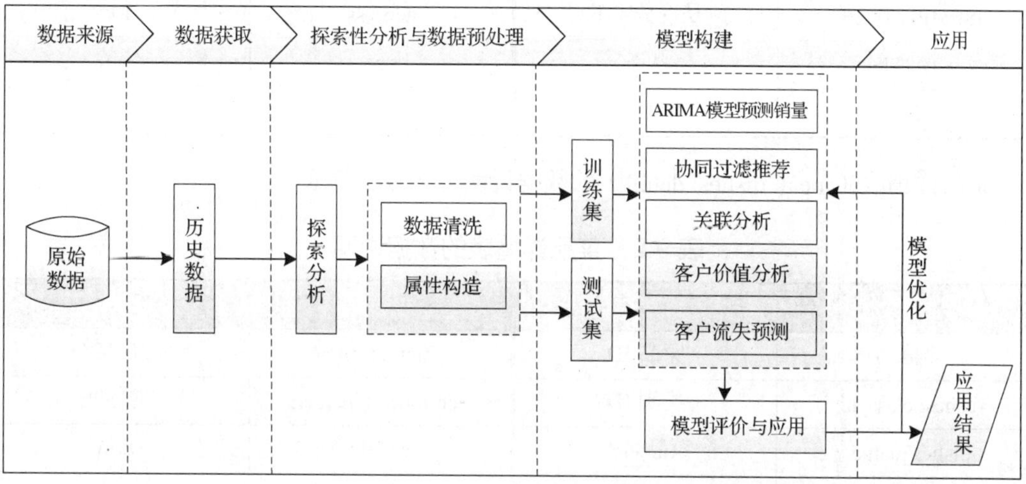

图 9-2 整体分析流程

9.2.1 数据获取

某餐饮企业的系统数据库中积累了大量的与客户用餐相关的数据，包括客户信息表、菜品详情表、订单表、订单详情表等 4 张表。其中客户信息表（users）的数据说明如表 9-1 所示。

表 9-1　客户信息表的数据说明

名称	含义	名称	含义
USER_ID	客户 ID	DESCRIPTION	备注
MYID	客户自编号	QUESTION_ID	问题代码
ACCOUNT	账号	ANSWER	回复
NAME	姓名	ISONLINE	是否在线
ORGANIZE_ID	组织代码	CREATED	创建日期
ORGANIZE_NAME	组织名称	LASTMOD	修改日期
DUTY_ID	职位代码	CREATER	创建人
TITLE_ID	职等代码	MODIFYER	修改人
PASSWORD	密码	TEL	电话号码
EMAIL	电子邮箱	StuNO	学号
LANG	语言	qq	QQ
THEME	样式	weixin	微信
FIRST_VISITS	第一次登录	meal_arithmetic_id	算法 ID
LOGIN_COUNT	上一次登录	arithmetic_name	算法名称
LAST_VISITS	最后一次登录	sex	性别
LOGIN_COUNT	登录次数	poo	籍贯
ISEMPLOYEE	是否是职工	address	地址
STATUS	状态	age	年龄
IP	IP 地址		

菜品详情表（meal_dishes_detail）的数据说明如表 9-2 所示。

表 9-2　菜品详情表的数据说明

名称	含义	名称	含义
id	菜品 ID	picture_file	图片文件
dishes_class_id	类别 ID	recommend_percent	推荐度
dishes_name	菜品名称	weight	分量
price	菜品单价	taste	口味
amt_discount	折扣额度	creation_method	制作方法
sortorder	排序	description	菜品描述
bar_code	条码	ingredients	食材
cost	成本	label	标签

续表

名称	含义	名称	含义
is_info_menu_item	信息菜单项	dishes_characteristic	菜品特色
balance_price	抵消费用	dept_name	部门名称
pinyin	菜品拼音	dishes_class_name	类别名称
stock_count	0表示已售完；1表示无限量;<0表示可售分量	dept_id	部门ID

订单表（meal_order_info）的数据说明如表9-3所示。

表9-3 订单表的数据说明

名称	含义	名称	含义
info_id	订单ID	lock_time	锁单时间
emp_id	客户ID	cashier_id	收银ID
number_consumers	消费人数	pc_id	终端ID
mode	消费方式	order_number	订单号
dining_table_id	桌子ID	org_id	门店ID
dining_table_name	桌子名称	print_doc_bill_num	输出DOC格式账单的编码
expenditure	消费金额	lock_table_info	桌子关闭信息
dishes_count	总菜品数	order_status	0表示未结算；1表示结算；2表示已锁单
accounts_payable	付费金额	phone	电话号码
use_start_time	开始时间	name	名字
check_closed	支付结束		

订单详情表（meal_order_detail）的数据说明如表9-4所示。

表9-4 订单详情表的数据说明

名称	含义	名称	含义
detail_id	订单详情ID	itemis_add	是否为添加菜
order_id	订单ID	counts	数量
dishes_id	菜品ID	amounts	销售金额
logicprn_name	类别名称	cost	成本
parent_class_name	父类名称	place_order_time	用餐时间
dishes_name	菜品名称	discount_amt	折扣额度

续表

名称	含义	名称	含义
discount_reason	折扣说明	bar_code	条形码
kick_back	回扣	picture_file	图片
add_inprice	添加价格	emp_id	客户 ID
add_info	添加信息		

users、meal_dishes_detail、meal_order_info 和 meal_order_detail 数据的文件格式都是 CSV 格式，读取方式如代码 9-1 所示。

代码 9-1　文件读取方式

```
import pandas as pd
inputfile0 = '../data/users.csv'  # 客户信息表路径
inputfile1 = '../data/meal_dishes_detail.csv'  # 菜品详情表路径
inputfile2 = '../data/meal_order_info.csv'  # 订单表路径
inputfile3 = '../data/meal_order_detail.csv'  # 订单详情表路径
users = pd.read_csv(inputfile0, encoding = 'gbk')
dish = pd.read_csv(inputfile1, encoding = 'utf-8')
info = pd.read_csv(inputfile2, encoding = 'utf-8')
detail = pd.read_csv(inputfile3, encoding = 'utf-8')
```

9.2.2　探索性分析

选取原始数据中订单表（meal_order_info）、菜品详情表（meal_dishes_detail）的数据，对每日用餐人数、营业额、菜品热销度等进行探索性分析。

1. 绘制折线图分析每日用餐人数和营业额

根据订单表统计每日用餐人数与营业额，其中订单状态为 1 的记录才是完成订单的记录，所以订单表中只需选取订单状态为 1 的数据，然后绘制出每日用餐人数和营业额的折线图，如代码 9-2 所示。每日用餐人数折线图、每日营业额折线图分别如图 9-3、图 9-4 所示。

代码 9-2　统计每日用餐人数和营业额

```
import matplotlib.pyplot as plt
outputfile0 = '../tmp/sale_day.csv'  # 每日的用餐人数和营业额数据文件
outputfile1 = '../tmp/sale_sum.csv'  # 营业额数据文件
# 提取订单状态为 1 的数据
info_1 = info[info['order_status'].isin(['1'])]
info_1 = info_1.reset_index(drop=True)
```

```
# 统计每日用餐人数与每日营业额
for i,k in enumerate(info_1['use_start_time']):
      y = k.split()
      y = pd.to_datetime(y[0])
           info_1.loc[i,'use_start_time'] = y
groupbyday = info_1[['use_start_time','number_consumers','accounts_
payable']].groupby(by='use_start_time')
sale_day = groupbyday.sum()
# 导出每日的用餐人数和营业额
sale_day.columns = ['人数','销量']
sale_day.to_csv('outputfile0,encoding='utf-8_sig')
# 单独导出营业额，之后会用到
sale_sum = sale_day.iloc[:28,1]
sale_sum.to_csv('outputfile1,encoding='utf-8_sig',header=1)

# 绘制每日用餐人数折线图
plt.rcParams['font.sans-serif']=['SimHei']
plt.rcParams['axes.unicode_minus'] = False
plt.title('每日用餐人数折线图')
plt.xlabel('日期')
plt.ylabel('用餐人数')
plt.plot(sale_day['人数'])
plt.show()

# 绘制每日营业额折线图
# 清空画板
plt.figure()
plt.title('每日营业额折线图')
plt.xlabel('日期')
plt.ylabel('营业额（元）')
plt.plot(sale_day['销量'])
plt.show()
```

从图 9-3 和图 9-4 中可以看出，每日营业额与每日用餐人数存在正相关关系，并且每逢周末用餐人数和营业额就会大增，基本每 7 天为一个周期。

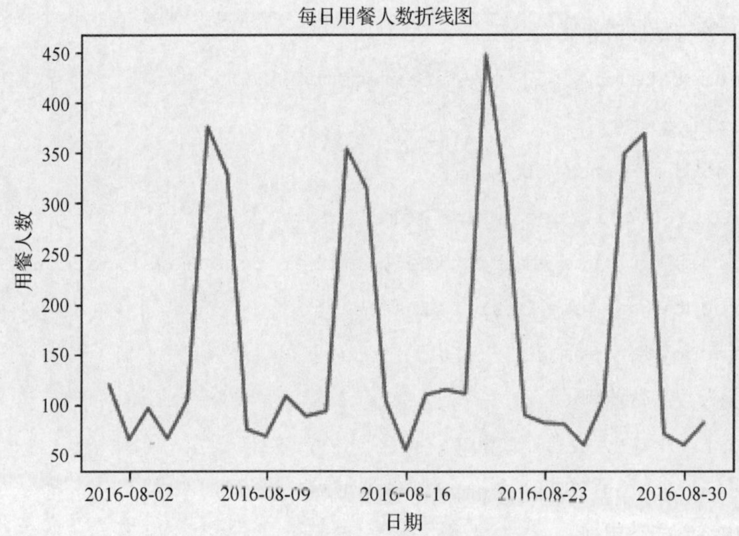

图 9-3　每日用餐人数折线图

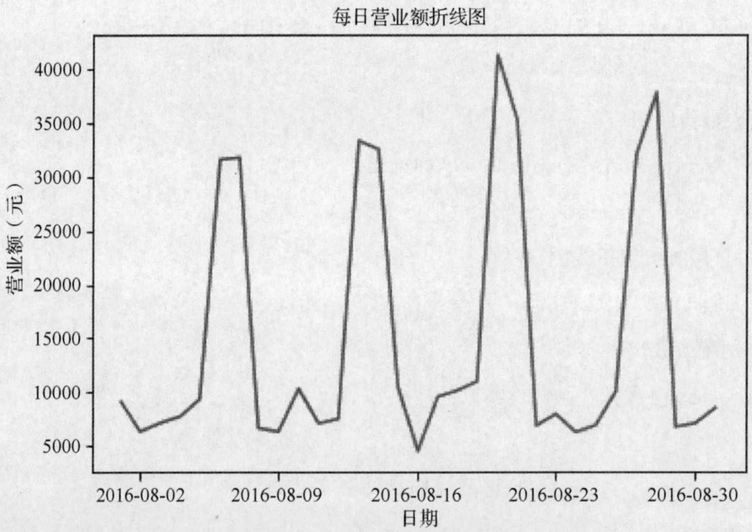

图 9-4　每日营业额折线图

2．绘制柱形图分析菜品热销度

热销度即在一定时间内产品销量的程度。根据餐饮企业近 31 天（2016 年 8 月 1 日—2016 年 8 月 31 日）的菜品销售情况统计每个菜品的热销度，其计算公式如式（9-1）所示。

$$\gamma_{热销度评分}=\frac{Q_i-Q_{\min}}{Q_{\max}-Q_{\min}} \tag{9-1}$$

经最小-最大标准化后计算得分，最高分为 1 分，最低分为 0 分。其中，$\gamma_{热销度评分}$ 为某菜品的热销度评分，其取值范围是 0～1；Q_i 为某菜品的销售份数；$Q_{\max}$ 为该餐饮企业最近 31 天内有销售记录的菜品中的最大销售份数；$Q_{\min}$ 为该餐饮企业最近 31 天内有销售记录的菜品中的最小销售份数。

根据订单详情表计算菜品热销度，其中部分菜品名称中包含多余的字符，如回车符，所以需要对菜品名称进行处理。根据2016年8月1日—2016年8月31日的订单详情数据计算菜品热销度，如代码9-3所示。整理数据得到热销度前10名的菜品，如表9-5所示，以及热销度前10名菜品的柱形图，如图9-5所示。

代码9-3 计算菜品热销度

```
import numpy as np
import matplotlib.pyplot as plt

outputfile0 = '../tmp/sales_volume.csv'  # 菜品热销度数据文件
# 计算菜品热销度
detail['dishes_name'] = detail['dishes_name'].apply(lambda x:
     x.replace('','').replace('\n','').replace('\r',''))
detail['place_order_time'] = pd.to_datetime(detail['place_order_time'])
detail_data = detail[(detail['place_order_time'] >= pd.to_datetime
('20160801'))&
                            (detail['place_order_time'] <= pd.to_datetime
('20180831'))]
sales_volume = pd.DataFrame(detail_data.groupby(by=['dishes_name'])
[ 'counts'].count())
sales_volume['dishes_name'] = sales_volume.index.tolist()
sales_volume = sales_volume.reset_index(drop=True)
Qmax = np.max(sales_volume['counts'])
Qmin = np.min(sales_volume['counts'])
sales_volume['sales_hot'] = 0
for i in range(sales_volume.shape[0]):
      sales_volume['sales_hot'].iloc[i] = round((sales_volume['counts'].
iloc[i]-Qmin)/(Qmax-Qmin),2)
sales_volume = sales_volume.sort_values(by='sales_hot',ascending = False)
sales_volume.to_csv('outputfile0, encoding='utf-8_sig')
sales_volume.head(10)
plt.figure(figsize=(8, 7))
plt.rc('font', size=12)
plt.bar(sales_volume.head(10)['dishes_name'],sales_volume.head(10)['counts'])
plt.title('热销度前 10 名的菜品')
plt.xlabel('菜品名称')
plt.ylabel('销售数量（份）')
plt.xticks(rotation=90)
```

表 9-5　热销度前 10 名的菜品

菜品名称	销售数量（份）	热销度
白饭/大碗	323	1
凉拌菠菜	269	0.83
谷稻小庄	239	0.74
麻辣小龙虾	216	0.67
芝士烩波士顿龙虾	188	0.58
辣炒鱿鱼	189	0.58
白饭/小碗	186	0.57
五色糯米饭（七色）	187	0.57
香酥两吃大虾	178	0.55
焖猪手	173	0.53

由表 9-5 可知，白饭的热销度较高，且“白饭/大碗”的热销度达到了最大值 1，除白饭/大碗外，其他菜品的热销度均在 1 以下。

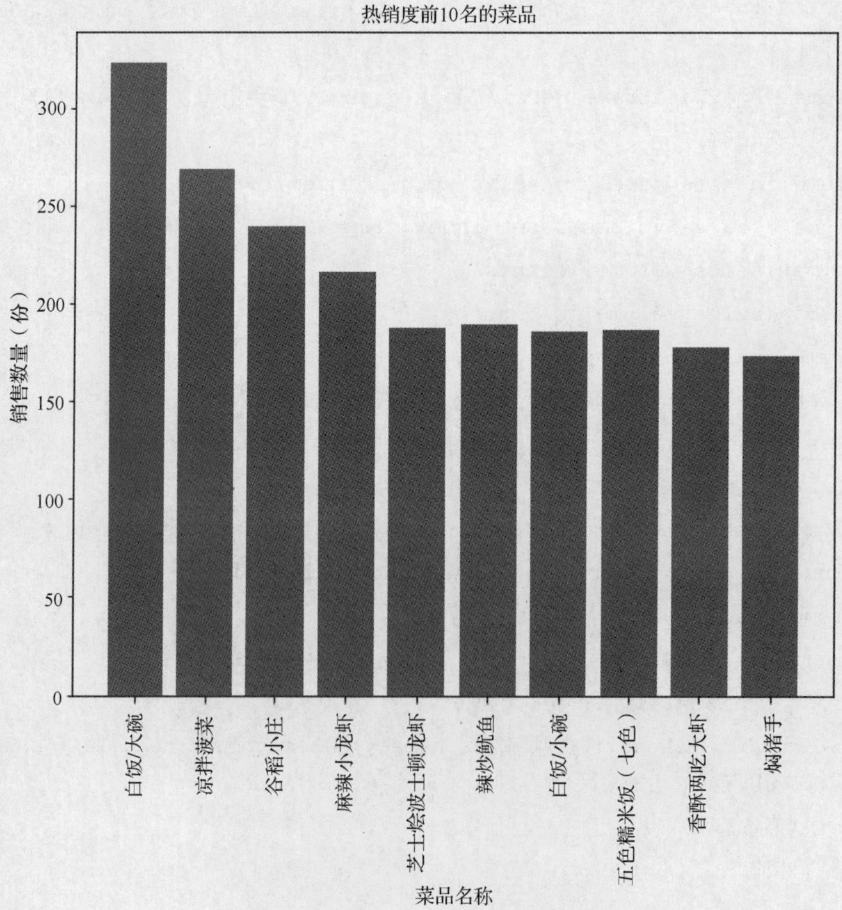

图 9-5　热销度前 10 名的菜品柱形图

由图 9-5 可知，热销度前 10 名的菜品的销售数量均大于 150 份。其中白饭/大碗的销售数量最高，凉拌菠菜、谷稻小庄、麻辣小龙虾的销售数量依次减少，而其余 6 个菜品的销售数量则相差不大。

9.2.3 数据预处理

再次探索原始数据发现，部分数据不符合建模需求，需要进行数据清洗。同时发现原始数据中缺少毛利率属性，需要进行属性构造，通过计算得到菜品的毛利率。

1. 数据清洗

再次探索原始数据发现，订单详情表中的菜品名称含有回车符，这可能是系统的原因。此外，白饭的热销度非常高，因为白饭几乎是客户必点的主食，对菜品进行分析时可以不分析白饭。所以，需要删除菜品名称的回车符以及白饭这类菜品，再筛选订单表和订单详情表中需要分析的属性，如代码 9-4 所示。

代码 9-4 筛选订单表和订单详情表中需要分析的属性

```
outputfile0 = '../tmp/info_clear.csv'  # 处理后的订单表数据文件
outputfile1 = '../tmp/detail_clear.csv'  # 处理后的订单详情表数据文件
detail['place_order_time'] = pd.to_datetime(detail['place_order_time'])

# 数据预处理
# 删除菜品名称中的回车符和空格
detail['dishes_name'] = detail['dishes_name'].apply(lambda x:
    x.replace(' ', '').replace('\n', '').replace('\r', ''))

#删除白饭的记录
drop_index = detail[(detail.dishes_name == '白饭/小碗') |
        (detail.dishes_name == '白饭/大碗')].index.tolist()
detail = detail.drop(drop_index)

# 统计订单状态为 0 或 2 的订单占比
info_id = info[['info_id']][(info.order_status == 0) |
        (info.order_status == 2)]["info_id"].tolist()
proportion = len(info_id) / info.shape[0]
# 删除 detail 数据中无意义的订单
nomean_index = detail[detail['order_id'].apply(lambda x:x in info_id)].
index.tolist()
detail = detail.drop(nomean_index)
```

```
# 提取订单状态为 1 的数据
# 筛选属性
info_1_ = info_1[['info_id', 'emp_id', 'number_consumers', 'expenditure',
                  'dishes_count', 'accounts_payable', 'use_start_time',
                  'lock_time', 'order_status', 'phone', 'name']]detail =
detail[['detail_id', 'order_id', 'dishes_id', 'dishes_name',
                 'counts', 'amounts', 'place_order_time', 'emp_id']]

# 输出处理后的订单表和订单详情表
info_1_.to_csv(outputfile0, index=0, header=1, encoding='utf-8_sig')
detail.to_csv(outputfile1, index=0, header=1, encoding='utf-8_sig')
```

2. 属性构造

毛利率（Gross Profit Margin）是毛利与销售收入（或营业收入）的比值，其中毛利是菜品单价与菜品相对应的成本之间的差额，计算公式如式（9-2）所示。

$$\gamma_{毛利率}=\frac{\rho_{单价}-\rho_{成本}}{\rho_{单价}} \tag{9-2}$$

其中，$\gamma_{毛利率}$ 为某项菜品的毛利率修正系数，其取值范围为 0.1～1，当值为负时设为 0.1；$\rho_{单价}$ 为某项菜品的单价；$\rho_{成本}$ 为某项菜品的估计成本。

根据菜品详情表计算菜品的毛利率，如代码 9-5 所示。部分菜品的毛利率如表 9-6 所示。

代码 9-5　计算菜品的毛利率

```
outputfile0 = '../tmp/profit.csv'  # 毛利率数据文件
# 计算毛利率
# 删除菜品名称中的回车符
dish['dishes_name'] = dish['dishes_name'].apply(lambda x:
x.replace(' ', '').replace('\n', '').replace('\r', ''))
profit = dish[['id', 'dishes_name', 'price', 'cost', 'recommend_percent']]
profit['rate'] = 0
dish.head()
profit.head()
for i in range(profit.shape[0]):
    profit['rate'].iloc[i] = round((profit["price"].iloc[i]-profit["cost"].
iloc[i])
    /profit['price'].iloc[i],2)
profit.to_csv(outputfile0, encoding='utf-8_sig')
```

表 9-6　菜品的毛利率（部分数据）

菜品	单价（元）	成本（元）	毛利率
海之蓝	99	50	0.49
北冰洋汽水	5	2	0.6
白胡椒胡萝卜羊肉汤	35	18	0.49
白斩鸡	88	54	0.39

9.2.4　构建模型

针对不同的分析方向，首先使用 ARIMA 模型预测近期的营业额，从而体现出某餐饮企业的发展动向。然后分析客户用餐的数据，使用协同过滤算法对客户进行菜品智能推荐，推荐更多的菜品。接下来使用 Apriori 算法对菜品进行关联分析，以提供更合理的菜品套餐，提高客户的就餐体验。最后使用 K-Means 算法对客户进行价值分析，并使用决策树算法对客户流失进行预测，以根据结果对不同的客户制订不同的服务策略。

1. 构建 ARIMA 模型预测营业额

销售预测对餐饮企业运营的指导意义非常大。精准的销售预测可以帮助企业提前进行合理的资源匹配和优化，避免库存堆积或库存不足等情况发生。

（1）平稳性检验

基于 9.2.2 小节得到的数据，选取 2016 年 8 月 1 日—2016 年 8 月 28 日的数据，针对营业额属性，以天为单位，绘制每日营业额的时序图，检验序列的平稳性，如代码 9-6 所示，输出的结果如图 9-6 所示。

代码 9-6　平稳性检验

```
import warnings
import itertools
import pandas as pd
import statsmodels.api as sm
import matplotlib.pyplot as plt
from statsmodels.graphics.tsaplots import plot_acf
from statsmodels.tsa.stattools import adfuller as ADF
from statsmodels.stats.diagnostic import acorr_ljungbox
# 读取数据
inputfile = '../tmp/sale_sum.csv'  # 营业额数据文件
data = pd.read_csv(inputfile, encoding="utf-8",index_col='use_start_time')
```

```
data = pd.Series(data['销量'].values, index=pd.to_datetime(data.index))

# 时序图
data.plot(figsize=(8, 4))
plt.show()
plt.close()
```

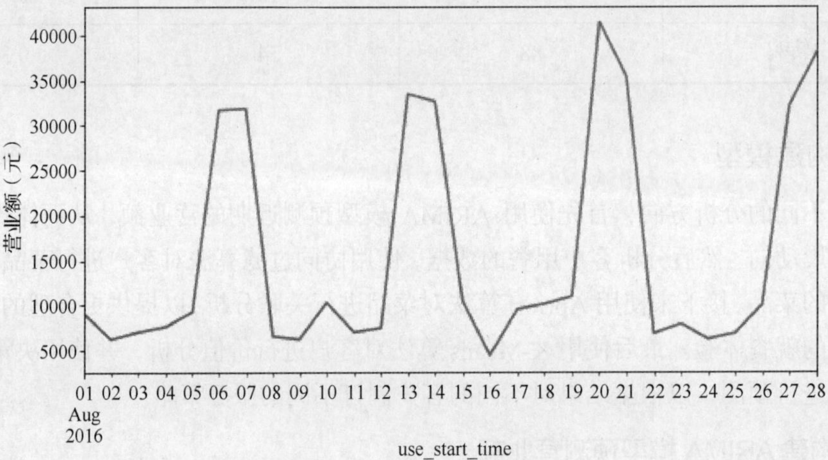

图 9-6　每日营业额的时序图

由图 9-6 可以看出，序列呈上升趋势，且有一定的周期性，属于非平稳序列。

基于每日营业额序列绘制自相关图，如代码 9-7 所示，输出的结果如图 9-7 所示。

代码 9-7　绘制自相关图

```
# 自相关图
plot_acf(data)
plt.show()
plt.close()

# 平稳性检测
print('原始序列的 ADF 检验结果为', ADF(data))
# 返回值依次为 adf、pvalue、usedlag、nobs、critical values、icbest、regresults、
resstore
```

由图 9-7 可以看出，每日营业额自相关图表现出周期性的波动，以 7 天为周期，数据稳定地上下波动。

由于每日营业额序列为非平稳序列，所以需要对每日营业额序列进行一次差分，使其变为平稳的时间序列，再绘制自相关图，如代码 9-8 所示，输出的结果如图 9-8 所示。

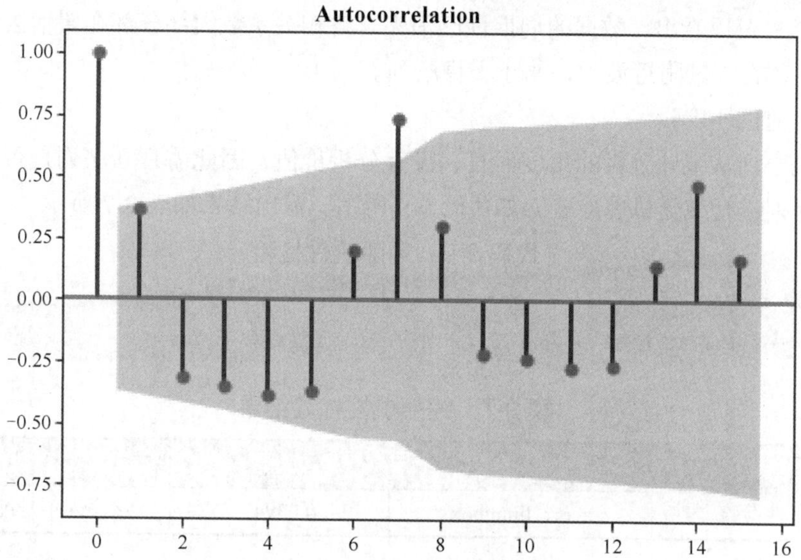

图 9-7　每日营业额的自相关图

代码 9-8　差分并绘制自相关图

```
# 差分后的结果
D_data = data.diff(7).dropna()
D_data.columns = ['销量差分']
# 自相关图
plot_acf(D_data).show()
plt.close()
```

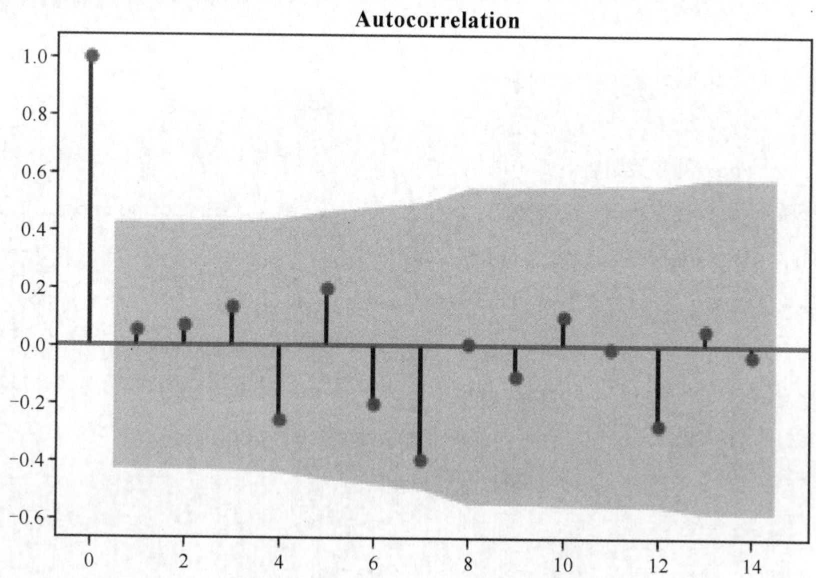

图 9-8　一次差分后的序列自相关图

由图 9-8 可以看出，数据的周期性已消失，自相关系数大部分都在置信区间内，该数据自始至终都在 0 轴附近波动，属于平稳序列。

（2）纯随机性检验

纯随机序列从统计分析的角度而言，没有分析价值，因此需判断序列是否为纯随机序列。对原序列进行纯随机性检验，如代码 9-9 所示，输出结果如表 9-7 所示。

代码 9-9　纯随机性检验

```
# 白噪声检验
print('差分序列的白噪声检验结果为',acorr_ljungbox(data, lags=1))  # 返回统计量和 p 值
```

表 9-7　纯随机性检验结果

检验类型	检验函数	p 值	结论
纯随机性检验	acorr_ljungbox	0.03947	该序列不是纯随机序列

在表 9-7 中，因为 p 值小于显著性水平 0.05，所以该序列为非纯随机序列，可以用于建模分析。

（3）构建季节性 ARIMA 模型

通过确定 AIC 的值对序列构建季节性 ARIMA 模型，如代码 9-10 所示。各参数组合和对应的 AIC 值如表 9-8 所示。

代码 9-10　确定 AIC 的值

```
# 确定 p、d 和 q 的值，先令它们分别为 0、1、2
p = d = q = range(0, 2)

# 列出所有可能的组合
pdq = list(itertools.product(p, d, q))

# 列出所有 seasonal 的参数组合。其中周期为 7
seasonal_pdq = [(x[0], x[1], x[2], 7) for x in list(itertools.product(p, d, q))]
print('季节性 ARIMA 模型的参数组合的示例如下')
print('SARIMAX: {} x {}'.format(pdq[1],seasonal_pdq[1]))
print('SARIMAX: {} x {}'.format(pdq[1],seasonal_pdq[2]))
print('SARIMAX: {} x {}'.format(pdq[2],seasonal_pdq[3]))
print('SARIMAX: {} x {}'.format(pdq[2],seasonal_pdq[4]))
print('SARIMAX: ...')

warnings.filterwarnings('ignore') # 忽略 warning

for param in pdq:
```

```
    for param_seasonal in seasonal_pdq:
        try:
            mod = sm.tsa.statespace.SARIMAX(data,
                                            order=param,
                                            seasonal_order=param_
seasonal,
                                            enforce_stationarity=False,
                                            enforce_invertibility=False)
            results = mod.fit()
            print('ARIMA{}x{}7 - AIC:{}'.format(param,param_seasonal,
results.aic))
        except:
            continue

# 通过上述尝试找出 AIC 最低时 p、d、q 的值，为 ARIMA(1, 1, 0)x(1, 1, 0, 7)7
```

表 9-8　各参数组合和对应的 AIC 值

各参数组合	AIC 值
ARIMA(0, 0, 0)x(0, 0, 1, 7)7	AIC:614.5481718184772
ARIMA(0, 0, 0)x(1, 0, 0, 7)7	AIC:407.6490790259418
ARIMA(0, 0, 0)x(1, 0, 1, 7)7	AIC:390.88923888268357
⋮	⋮
ARIMA(1, 1, 0)x(1, 1, 0, 7)7	AIC:239.14615991694697
⋮	⋮
ARIMA(1, 1, 1)x(1, 1, 0, 7)7	AIC:240.225423367753

当 AIC 取最小值时，该模型为最优模型，所以最终选择的模型是 ARIMA(1, 1, 0)x(1, 1, 0, 7)7。使用该模型预测未来 3 天的销量，如代码 9-11 所示。预测结果的时序图如图 9-9 所示。

代码 9-11　预测未来 3 天的销量

```
# 建立模型
mod = sm.tsa.statespace.SARIMAX(data,
                                order=(1, 1, 0),
                                seasonal_order=(1, 1, 0, 7),
                                enforce_stationarity=False,
                                enforce_invertibility=False)
results = mod.fit()
```

```
# 预测未来 3 天的营业额
pred_sale= results.get_forecast(steps=3)
# 得到预测的置信区间
pred_ci = pred_sale.conf_int()
# 取平均值为预测值
forecast_sale = pred_sale.predicted_mean
print('预测后 3 天的销量为\n',forecast_sale)

# 画出预测结果的时序图
ax = data.plot(label='observed',figsize=(8, 4))
a=forecast_sale.index
b=forecast_sale.values
ax.scatter(a,b,c = 'r',marker = 'o')
forecast_sale.plot(ax=ax, label='Forecast')
ax.fill_between(pred_ci.index,
                pred_ci.iloc[:, 0],
                pred_ci.iloc[:, 1], color='k', alpha=.25)
ax.set_xlabel('日期')
ax.set_ylabel('营业额（元）')
plt.show()
```

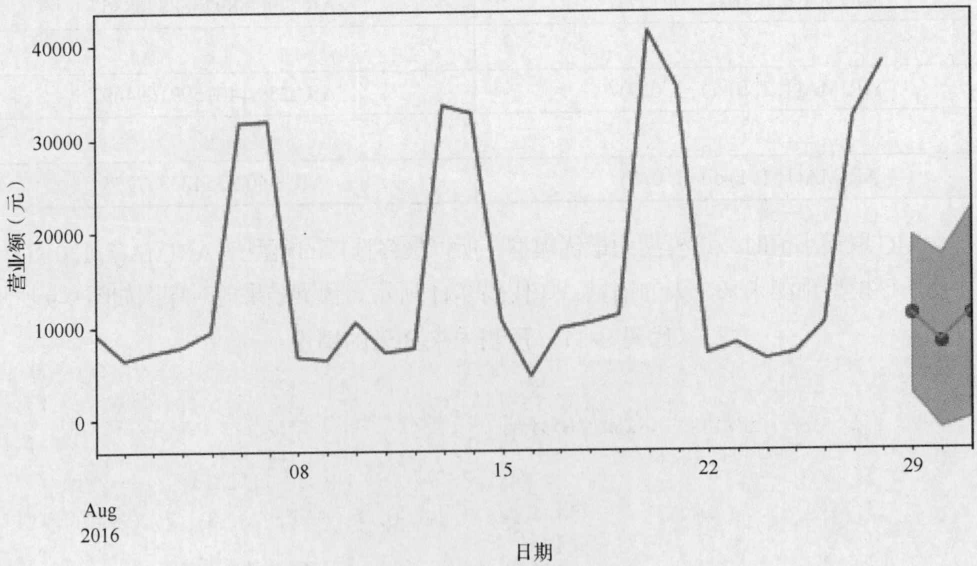

图 9-9　预测结果的时序图

在图 9-9 中，因为 2016 年 8 月 29 日、8 月 30 日和 8 月 31 日都不是周末，所以销量不会很高，模型的预测结果较符合实际情况。

2. 构建智能推荐模型推荐菜品

目前餐饮企业的用餐服务仅依赖于服务员的个人经验，服务员很难判断前来用餐的客户的口味，往往不能为客户进行精准的推荐。下面，对某餐饮企业的订单表和订单详情表的数据进行分析，利用协同过滤算法对就餐的客户进行菜品智能推荐。

（1）构建二元矩阵

根据选取的数据，构建客户和菜品的二元矩阵，如代码 9-12 所示。部分二元矩阵如表 9-9 所示。

代码 9-12　构建客户和菜品的二元矩阵

```
detail = pd.read_csv('../tmp/detail_clear.csv ', encoding = 'utf-8')

# 构建二元矩阵
emp_id = detail['emp_id'].drop_duplicates().tolist()
dishes_name = detail['dishes_name'].drop_duplicates().tolist()
dishes = detail[['dishes_name','emp_id']]
dishes_matrix = pd.DataFrame(index=emp_id,columns=dishes_name)
for i in range(len(emp_id)):
    for j in range(len(dishes_name)):
        test_list = dishes[(dishes['emp_id'] == emp_id[i]) &
                           (dishes['dishes_name']
                           == dishes_name[j])].index.tolist()
        if len(test_list) != 0:
            dishes_matrix.iloc[i,j] = 1
dishes_matrix = dishes_matrix.fillna(0)
dishes_matrix.to_csv('../tmp/dishes_matrix.csv',header=1,index=1,
                     encoding='utf-8_sig')
```

表 9-9　二元矩阵（部分数据）

Index（索引）	西瓜胡萝卜沙拉	麻辣小龙虾	农夫山泉 NFC 果汁	番茄炖牛腩	凉拌菠菜	芝士烩波士顿龙虾
1248	1	1	1	1	1	0
1538	0	1	0	0	0	1
988	0	1	0	0	1	0
1097	1	0	0	0	1	1
986	0	0	0	0	1	0
990	0	0	0	0	1	1

（2）计算相似度

采用式（9-3）计算推荐算法中目标客户对所有菜品的感兴趣程度，并根据 P 的结果为目标客户生成推荐列表。其中SIM 为所有菜品之间的相似度，R 代表了客户对物品的兴趣。

$$P = \mathrm{SIM} \times R \tag{9-3}$$

在原始数据中只记录了客户用餐之后的订单，说明客户的行为是用餐与否，并没有类似电子商务网站上的购买、评分和评论等客户行为，因此 R 只有 0 和 1 两种取值。

根据订单详情表构建客户和菜品的二元矩阵，并采用 Jaccard 相似系数计算菜品与菜品之间的相似度，并构成相似度矩阵 $\boldsymbol{sim}_{lm}$，如代码 9-13 所示。部分相似度矩阵如表 9-10 所示。

代码 9-13　计算菜品与菜品之间的相似度

```
import scipy.spatial.distance as dist
outputfile = '../tmp/dishes_model_sim.csv'  # 相似度矩阵数据文件


# 自编推荐函数
class Recommender():
    def __init__(self, x):
        self.x = x
        self.col = self.x.columns.tolist()

    def similarity(self):# 计算相似度矩阵的函数
        self.sim = pd.DataFrame(columns = self.col,index = self.col)
        for i in range(len(self.col)):
            for j in range(len(self.col)):
                matv = np.mat(self.x[[self.col[i],self.col[j]]]).T
                self.sim.iloc[i,j] = dist.pdist(matv,'jaccard')
        return self.sim

    def IBCF_recommend(self,user,K):# 基于菜品的推荐函数
        user_id = user.index.tolist()
        item_name = user.columns.tolist()
        p = pd.DataFrame(np.dot(user,self.sim),columns = item_name,index=
['intrest']).T
        p['re_list'] = item_name
        p = p.sort_values(by='intrest').reset_index(drop=True)
        recommend = p[['re_list']].iloc[0:K]
        recommend.columns = [str(user_id[0])]
        return recommend
```

```
    def recommend_list(self,R,method,K):# 得到推荐列表，R是需推荐的用户列表
        recommend = self.IBCF_recommend
        if R.shape[0] > 1:
            re_list = []
            for i in range(len(R)):
                re = recommend(R.iloc[[i]],K)
                re_list.append(re)
        else:
            re_list = recommend(R,K)
        return re_list

# 基于菜品的协同过滤
IBCF = Recommender(dishes_matrix)
IBCF_sim = IBCF.similarity() # 相似度矩阵
IBCF_sim.to_csv(outputfile, encoding='utf-8_sig')
```

表 9-10 相似度矩阵（部分数据）

	西瓜胡萝卜沙拉	麻辣小龙虾	农夫山泉 NFC 果汁	番茄炖牛腩	凉拌菠菜
西瓜胡萝卜沙拉	0	0.80701754	0.84397163	0.78787879	0.77419355
麻辣小龙虾	0.80701754	0	0.85051546	0.77358491	0.66176471
农夫山泉 NFC 果汁	0.84397163	0.85051546	0	0.84732824	0.82488479
番茄炖牛腩	0.78787879	0.77358491	0.84732824	0	0.79338843
凉拌菠菜	0.77419355	0.66176471	0.82488479	0.79338843	0

（3）生成推荐列表

使用基于菜品的协同过滤算法进行菜品智能推荐，查看前 5 名客户的推荐结果，如代码 9-14 所示。前 5 名客户的推荐结果如表 9-11 所示。

代码 9-14 查看前 5 名客户的推荐结果

```
import random
outputfile = '../tmp/recommend_IBCF.csv'  # 推荐列表数据文件
user_index = [random.randint(0,469) for i in range(30)]
User = dishes_matrix.iloc[user_index]
```

```
recommend_IBCF = IBCF.recommend_list(User,method = "IBCF",K = 15)
col = User.index.tolist()
all_re = [recommend_IBCF[i].values.tolist() for i in range(len(recommend_IBCF))]
re_IBCF = pd.DataFrame()
for i in range(len(all_re)):
    re_IBCF[str(col[i])] = all_re[i]
re_IBCF.to_csv(outputfile, encoding='utf-8_sig')
recommend_IBCF[0:5] # 查看前 5 名客户的推荐结果
```

表 9-11　前 5 名客户的推荐结果

序号	1521	1548	995	1161	1294
1	['五色糯米饭(七色)']	['五色糯米饭(七色)']	['谷稻小庄']	['凉拌菠菜']	['谷稻小庄']
2	['香酥两吃大虾']	['凉拌菠菜']	['芝士烩波士顿龙虾']	['五色糯米饭(七色)']	['剁椒鱼头']
3	['剁椒鱼头']	['自制猪肉脯']	['凉拌菠菜']	['芝士烩波士顿龙虾']	['爆炒双丝']
4	['西瓜胡萝卜沙拉']	['芝士烩波士顿龙虾']	['糖醋番茄熘青花']	['香酥两吃大虾']	['美妙绝伦之白莲花']
5	['美妙绝伦之白莲花']	['烤羊腿']	['糖醋番茄熘青花']	['焖猪手']	['清蒸鳊鱼']

3. 构建 Apriori 模型实现菜品的关联分析

组合销售，又被称为搭配销售，通常指将相关产品搭配在一起成套销售的方式。组合销售的产品必须是消费者需要并且愿意购买的产品，这就突出了组合销售的优点：给客户提供方便，并且提升产品销售量。

在餐饮企业中，对多项菜品进行组合销售往往是有局限性的。因为餐饮企业服务员的个人经验比较有限，所以需要基于原始数据，找到菜品之间的关联关系，再结合对业务的理解，考虑菜品热销度、毛利率和店家主推菜品等综合因素，为菜品制订套餐，提高餐饮企业的销售量。

（1）构建购物篮数据

在制订菜品的促销套餐之前，需要对菜品进行关联分析。在原始数据中没有购物篮数据，所以需要把进行过数据预处理的订单详情表的菜品数据转换为购物篮数据，如代码 9-15 所示，得到的部分购物篮数据如表 9-12 所示。

代码 9-15　构建购物篮数据

```
inputfile0 = '../tmp/info_clear.csv'  # 处理后的订单表数据文件
inputfile1 = '../tmp/detail_clear.csv'  # 处理后的订单详情表数据文件
```

```
info = pd.read_csv(inputfile0, encoding = 'utf-8')
detail = pd.read_csv(inputfile1, encoding = 'utf-8')

# 建立 aliment 列表，每个列表代表一个订单的菜品
order_id = detail[['order_id']].drop_duplicates()
aliment = []
for i in range(len(order_id)):
    dishes_name = detail['dishes_name'][detail.order_id == order_id.iloc
[i][0]].tolist()
    aliment.append(dishes_name)

# 转为 DataFrame
from pandas.core.frame import DataFrame
aliment1 = DataFrame(aliment).T
```

表 9-12 购物篮数据（部分）

Index	0	1	2	3	4
0	西瓜胡萝卜沙拉	芝士烩波士顿龙虾	麻辣小龙虾	芝士烩波士顿龙虾	水煮鱼
1	麻辣小龙虾	麻辣小龙虾	香菇鹌鹑蛋	清蒸海鱼	葱姜炒蟹
2	农夫山泉 NFC 果汁	姜葱炒花蟹	凉拌菠菜	百里香奶油烤红酒牛肉	啤酒鸭
3	番茄炖牛腩	水煮鱼	哈尔滨啤酒罐装	辣炒鱿鱼	百威啤酒罐装
4	凉拌菠菜	百里香奶油烤红酒牛肉	""	爆炒猪肝	大理石奶油蛋糕

（2）构建 Apriori 模型的二元矩阵

基于购物篮数据，构建 Apriori 模型的二元矩阵，如代码 9-16 所示。部分 Apriori 模型的二元矩阵如表 9-13 所示。

代码 9-16 构建 Apriori 模型的二元矩阵

```
# 构建购物篮二元矩阵
outputfile = '../tmp/ruledata.csv'  # 购物篮二元矩阵数据文件
dishes_name = detail['dishes_name'].drop_duplicates().tolist()
order_id = order_id.iloc[:,0].tolist()
ruledata = pd.DataFrame(index=order_id,columns=dishes_name)
```

```
for i in range(len(order_id)):
    for j in range(len(dishes_name)):
        test_list = detail[(detail['order_id'] == order_id[i]) &
                                     (detail['dishes_name'] ==
dishes_name[j])].index.tolist()
        if len(test_list) != 0:
            ruledata.iloc[i,j] = 1
        else:
            ruledata.iloc[i,j] = 0
ruledata.to_csv(outputfile, header=1, index=1, encoding='utf-8_sig')
```

表 9-13　Apriori 模型的二元矩阵（部分数据）

Index（索引）	西瓜胡萝卜沙拉	麻辣小龙虾	农夫山泉 NFC 果汁	番茄炖牛腩	凉拌菠菜	芝士烩波士顿龙虾
137	1	1	1	1	1	0
162	0	1	0	0	0	1
163	0	1	0	0	1	0
165	1	0	0	0	0	1
166	0	0	0	0	0	0
167	0	0	0	0	0	0

（3）实现菜品的关联分析

结合对业务的理解，取最小支持度为 0.01，最小置信度为 0.5，对订单详情表的菜品数据进行关联分析，如代码 9-17 所示。支持度最高的前 10 条规则如表 9-14 所示。

代码 9-17　对订单详情表的菜品数据进行关联分析

```
from apriori import *
inputfile = '../tmp/ruledata.csv'  # 购物篮二元矩阵数据文件
outputfile0 = '../tmp/rules.csv'  # 生成的关联规则数据文件
outputfile1 = '../tmp/rules_new.csv'  # 处理后的关联规则数据文件
# 生成关联规则
support = 0.01
confidence = 0.5
ms = "---"
ruledata = pd.read_csv('../tmp/ruledata.csv', encoding='utf-8_sig',
index_col=0)
rules = find_rule(ruledata,support,confidence,ms)
```

```
rules.to_csv(outputfile0, header = 1, index = 0, encoding='utf-8_sig')

# 处理规则数据
Lhs,Rhs = [], []
for x in rules['rule']:
    lhs = [x.replace('---',',')]
    lhs = lhs[0].split(',')
    length = len(lhs)
    rhs = lhs[length-1]
    lhs.pop(length-1)
    Lhs.append(str(lhs))
    Rhs.append(rhs)
rules['lhs'] = Lhs
rules['rhs'] = Rhs
rules_new = rules.drop(columns=['rule'])
rules_new.sort_values(['support'],ascending=False)[:10]
rules_new.to_csv(outputfile1, header = 1, index = 1, encoding='utf-8_sig')
```

表 9-14 支持度最高的前 10 条规则

lhs		rhs	support	confidence
['烤羊腿']	=>	凉拌菠菜	0.08252947481243302	0.509933774834437
['芹菜炒腰花']	=>	凉拌菠菜	0.06966773847802786	0.5803571428571428
['芹菜炒腰花']	=>	焖猪手	0.06538049303322616	0.5446428571428572
['芹菜炒腰花']	=>	自制猪肉脯	0.06109324758842444	0.5089285714285714
['自制猪肉脯', '芹菜炒腰花']	=>	焖猪手	0.04823151125401929	0.7894736842105262
['焖猪手', '芹菜炒腰花']	=>	自制猪肉脯	0.04823151125401929	0.7377049180327868
['焖猪手', '自制猪肉脯']	=>	芹菜炒腰花	0.04823151125401929	0.7142857142857142
['烤羊腿', '辣炒鱿鱼']	=>	凉拌菠菜	0.04715969989281887	0.7586206896551725
['凉拌菠菜', '烤羊腿']	=>	辣炒鱿鱼	0.04715969989281887	0.5714285714285714
['自制猪肉脯', '芹菜炒腰花']	=>	凉拌菠菜	0.04394426580921758	0.7192982456140351

4. 构建 K-Means 模型分析客户的价值

吸引新客户通常需要比维持现有客户花费更高的代价，企业现有的忠诚客户往往能给企业带来更多的利润，是企业需要重点维护的客户群。但是在实际经营中，企业并不能准确地判断客户属于哪一类消费群体，特别是在客户数量比较多的时候。在餐饮企业中，为了提升客户管理的效益，需要对客户进行分群，并分析不同客户群的特征，为每个客户群制订相应的营销策略。

（1）构建关键特征

基于 RFM 模型，构建某餐饮企业客户价值分析的关键特征，如表 9-15 所示。

表 9-15　客户价值分析的关键特征

特征名称	含义
R	客户最近一次消费距观测窗口结束的天数
F	客户在观测窗口内总消费次数
M	客户在观测窗口内总消费金额

结合此餐饮企业的原始数据，选取 2016 年 8 月 1 日—2016 年 8 月 31 日的订单数据，删除与其不相关、弱相关或冗余的属性，并构建 *R*、*F*、*M* 特征。

由于原始数据中没有直接给出客户最后一次消费的时间，因此需要先对原始数据进行数据预处理，再构建客户价值分析的关键特征，对每个特征数据的分布情况进行分析，如代码 9-18 所示。RFM 特征取值范围如表 9-16 所示。

代码 9-18　数据预处理

```
from sklearn.preprocessing import StandardScaler

# 匹配用户的最后一次用餐时间
for i in range(1,len(info)):
    num = users[users['USER_ID']==info.iloc[i-1,1]].index.tolist()
    users.iloc[num[0],14] = info.iloc[i-1,7]

user = users
user["LAST_VISITS"] = user['LAST_VISITS'].fillna(999)
user = user.drop(user[user['LAST_VISITS']==999].index.tolist())
user = user.iloc[:,[0,2,12,14]]

# 构建 RFM 特征
# 构建 F 特征
user_value1 = pd.DataFrame(info['emp_id'].value_counts()).reset_index()# 统计
每个人的用餐次数
user_value1.columns = ['USER_ID', 'F']# 修改列名

# 构建 M 特征
user_value2 = info[['emp_id','expenditure']].groupby(by='emp_id').sum()
user_value2  = pd.DataFrame(user_value2).reset_index()
user_value2.columns = ['USER_ID', 'M']
user_value = pd.merge(user_value1, user_value2, on='USER_ID')
```

```
# 构建R特征
user_value = pd.merge(user_value, user, on='USER_ID')# 合并两个表
# 转换时间格式
last_time = pd.to_datetime(user_value['LAST_VISITS'])
deadline = pd.to_datetime('2016-8-31')# 观测窗口结束时间
user_value['R'] = deadline - last_time

# 筛选特征
user_value = user_value.iloc[:,[0,3,6,1,2]]
user_value.to_csv('../tmp/user_value.csv', encoding='utf-8_sig', index=False)

USER_ID = user_value['USER_ID']
ACCOUNT = user_value['ACCOUNT']
user_value = user_value.iloc[:,[2,3,4]]
user_value.iloc[:,0] = [i.days for i in user_value.iloc[:,0]]
user_value.iloc[:,0] = user_value.iloc[:,0]+1
```

表 9-16　RFM 特征取值范围

特征名称	*R*	*F*	*M*
最小值	0	1	80
最大值	30	10	6037

通过表 9-16 中的数据可以发现，这 3 个特征的取值范围相差较大。为了消除数量级带来的影响，需要对数据进行标准差标准化处理，如代码 9-19 所示。

代码 9-19　标准差标准化处理

```
# 标准差标准化
outputfile = '../tmp/standard.csv'  # 标准差标准化后的数据文件
standard = StandardScaler().fit_transform(user_value)
np.savez('../tmp/standard.npz',standard)
from sklearn import preprocessing
standard = pd.DataFrame(preprocessing.scale(user_value))
standard.to_csv(outputfile, encoding='utf-8_sig', index=False)
```

（2）构建 K-Means 模型

建模之前需要确定聚类的合理个数，一般要求簇内距离尽可能小，簇间距离尽可能大。结合业务理解与经验确定聚类数为 3，再选取最佳的模型进行聚类，如代码 9-20 所示，得到聚成 3 类后，每一类的聚类中心如表 9-17 所示。

代码 9-20　构建模型

```
from sklearn.cluster import KMeans

standard = np.load('../tmp/standard.npz')['arr_0']
k = 3 # 确定聚类中心数
# 构建模型
kmeans_model = KMeans(n_clusters = k,n_jobs=3,random_state=123)
fit_kmeans = kmeans_model.fit(standard)  # 模型训练
kmeans_model.cluster_centers_  # 查看聚类中心

kmeans_model.labels_ # 查看样本的类别标签

# 统计不同类别样本的数目
r1 = pd.Series(kmeans_model.labels_).value_counts()
print('最终每个类别的数目为\n',r1)
```

表 9-17　聚类中心

聚类类别	聚类中心		
客户群 1	−0.46247917	−0.30329708	−0.31029264
客户群 2	−1.22280098	1.70981576	1.63072329
客户群 3	0.95856801	−0.55335836	−0.51034304

（3）客户价值分析

基于聚类的结果绘制雷达图，分析 K-Means 模型的聚类效果，如代码 9-21 所示，输出的结果如图 9-10 所示。

代码 9-21　绘制雷达图

```
import matplotlib.pyplot as plt
# 中文和负号的正常显示
plt.rcParams['font.sans-serif'] = 'SimHei'
plt.rcParams['axes.unicode_minus'] = False

# 绘制雷达图
N = len(kmeans_model.cluster_centers_[0])
angles = np.linspace(0, 2 * np.pi, N, endpoint=False)  # 设置雷达图的角度，用于平
分切开一个圆面
angles = np.concatenate((angles, [angles[0]]))  # 使雷达图一圈封闭起来
# np.hstack((angles,angles[0]))
```

```
# 绘图
fig = plt.figure(figsize=(7, 7))
ax = fig.add_subplot(111, polar=True)
sam = ['r-','g--','b-.']
lab = []
for i in range(len(kmeans_model.cluster_centers_)):
      values = kmeans_model.cluster_centers_[i]
      feature = ['R','F','M']
      values = np.concatenate((values, [values[0]]))
      ax.plot(angles, values,sam[i], linewidth=2,markersize=10)  # 绘制折线图
      ax.fill(angles, values, alpha=0.5)  # 填充颜色
      ax.set_thetagrids(angles * 180 / np.pi, feature,fontsize=15)  # 添加每个
特征的标签
     ax.set_ylim(-2, 3)  # 设置雷达图的范围
      plt.title('客户群特征分布图')  # 添加标题
      ax.grid(True)
      lab.append('客户群' + str(i+1))
plt.legend(lab)
plt.show()
```

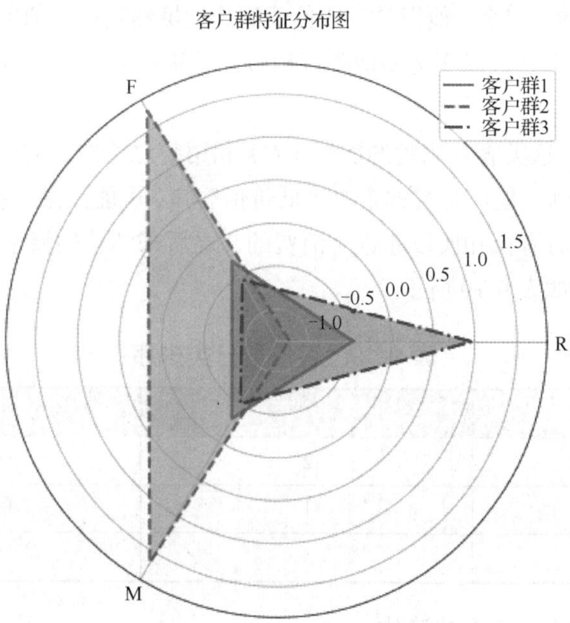

图 9-10 客户群特征分布图

在图 9-10 中，客户群 2 的 F、M 特征值最大，R 特征值最小；客户群 1 的 F、M、R 特征值较小；客户群 3 的 R 特征值最大，F、M 特征值最小。

结合业务分析，通过比较各个特征在群间的大小对某一个群的特征进行评价。如客户群 2 的 F、M 特征值最大，R 特征值最小，则可以认为 F、M 在客户群 2 是优势特征；以此类推，F、M 在客户群 3 是弱势特征。从而总结出每个客户群的优势和弱势特征，如表 9-18 所示。

表 9-18　客户群特征描述

客户群类别	优势特征	弱势特征
客户群 1		F、M、R
客户群 2	F、M	R
客户群 3	R	F、M

通过图 9-10 和表 9-18 可以看出，每个客户群都有显著不同的表现特征，基于该特征描述，此处定义 3 个等级的客户类别：重要保持客户、一般价值客户、低价值客户。每个客户类别的特征如下。

① 重要保持客户。这类客户用餐的次数（F）少、用餐总花费（M）较高，且最近在餐厅消费时间间隔（R）小。他们是餐饮企业的高价值客户，是最为理想的客户类型，对企业的贡献最大，但是所占比例却最小。对这类客户，餐饮企业可以提供一对一的服务，以提高这类客户的忠诚度与满意度，尽可能延长这类客户的高水平消费。

② 一般价值客户。这类客户用餐的次数（F）少、用餐总花费（M）较低，且最近在餐厅消费时间间隔（R）较小。他们是一般价值客户，虽然当前价值并不是特别高，却有较大的发展潜力。餐饮企业可以不定期地制订相应的营销策略，刺激这类客户的消费，提升这类客户的满意度。

③ 低价值客户。这类客户用餐的次数（F）和用餐总花费（M）较低，且最近在餐厅消费时间间隔（R）较大。他们是餐饮企业的低价值客户，可能是某一次经过餐厅顺便用餐，也可能是因为刚开业时有折扣所以才进店消费的，之后来消费的概率比较小。

客户群分类排序如表 9-19 所示。

表 9-19　客户群分类排序

客户群类别	排名	排名含义
客户群 1	2	一般价值客户
客户群 2	1	重要保持客户
客户群 3	3	低价值客户

5. 构建决策树预测客户的流失

在餐饮企业中，客户流失严重与否往往反映该企业经营状况的好坏。通过预测客户的流失，可以让餐饮企业提前对该类流失客户进行预警，并对该类客户制订相应的营销策略，以挽留更多的客户，减少企业经营利润的流失。

（1）客户流失简介

客户流失是指客户与企业不再有交易互动关系。在激烈的市场竞争环境中，客户拥有更多的选择空间和消费渠道。如何提高客户的忠诚度是现代企业营销人员一直在讨论的问题。大规模客户的异常变动，往往意味着一个市场的变更和调整，一不小心甚至会对局部（区域）市场造成致命的打击。

任何一个行业，客户都是有限的，特别是优质的客户，更是弥足珍贵的，俗话说，20%的优质客户能够带给一个企业 80%的销售业绩。优质的客户自然会成为各个厂家争夺的对象。任何一个品牌或者产品肯定都是有缺陷的，所以加强员工团队的建设来提高产品质量，也是减少客户流失的方法之一。

有些客户的流失属于自然流失，可能是因为企业管理不规范，导致长期与客户缺乏沟通，或者是因为客户转行、转业等而不再来店消费。而关键可能是企业的市场营销和管理不到位，不能够与一线的市场进行更多的沟通，不能够很好地维护客户，那么客户资源的流失就必然给企业带来伤害。

在本例中，客户流失因素主要有以下 4 个。

① 菜品因素。菜品味道不好、菜品单一或不齐全、菜品不新鲜等。

② 服务因素。服务环境脏、服务秩序乱、服务态度差、服务效率低、服务能力弱、收费不合理等。

③ 客户自身因素。客户往往对菜品或服务期望太高，而实际的消费体验比较差，导致心理不平衡，产生了不满情绪；客户消费有多样化、多层次化、复杂多变性和非理性化等特点，因此，客户在消费时，并不承诺放弃尝试其他餐厅的就餐体验；客户工作和生活地点变更，客户遵循就近原则选择其他餐厅。

④ 竞争者因素。其他餐饮企业通过优惠活动或广告宣传等建立了某种竞争优势，吸引了更多客户。

（2）构建客户流失特征

选取 2016 年 1 月 1 日—2016 年 7 月 31 日的客户信息表和订单表，并基于这两个表构建预测客户流失的特征。对客户信息表和订单表进行合并，如代码 9-22 所示。利用分组聚合方法求出 2016 年 1 月 1 日—2016 年 7 月 31 日每个客户的总用餐次数、总用餐人数和总消费金额。合并后的数据如表 9-20 所示，其中“type”代表流失客户类型。

代码 9-22 合并客户信息表和订单表

```
import pandas as pd
from sklearn.model_selection import train_test_split
from sklearn.tree import DecisionTreeClassifier as DTC
from sklearn.metrics import confusion_matrix
```

```
inputfile0 = '../data/user_loss.csv'  # 客户信息表数据文件
inputfile1 = '../data/info_new.csv'   # 订单表数据文件
outputfile = '../tmp/info_user.csv'  # 合并客户信息表和订单表后的数据文件
# 合并两个表
# 读取数据
user_loss = pd.read_csv(inputfile0, encoding='gbk')
info_new = pd.read_csv(inputfile1)

# 将时间转为时间格式
user_loss['CREATED'] = pd.to_datetime(user_loss['CREATED'])
info_new['use_start_time'] = pd.to_datetime(info_new['use_start_time'])
info_new['lock_time'] = pd.to_datetime(info_new['lock_time'])

# 匹配用户的最后一次用餐时间
for i in range(len(user_loss)):
    info1 = info_new.iloc[info_new[info_new['name']==user_loss.iloc[i,2]].
index.tolist(),:]
    if sum(info_new['name']==user_loss.iloc[i,2]) != 0:
        user_loss.iloc[i,14]= max(info1['use_start_time'])

# 筛选特征
user = user_loss.iloc[:,[0,2,14,37]]
# 提取有效订单
info = info_new.loc[info_new['order_status'] == 1,['emp_id', 'number_consumers',
'expenditure']]

info = info.rename(columns = {'emp_id':'USER_ID'})  # 修改列名
# 合并两个表
info_user = pd.merge(user,info,left_on = 'USER_ID',right_on = 'USER_ID',
how='left')
info_user.to_csv(outputfile, index=False,sep=',')
```

表 9-20　合并后的数据（部分）

USER_ID	ACCOUNT	LAST_VISITS	type	number_consumers	expenditure
3300	艾朵	2016-05-23 21:14:00	非流失	10.0	1782.0
3300	艾朵	2016-05-23 21:14:00	非流失	2.0	345.0

续表

USER_ID	ACCOUNT	LAST_VISITS	type	number_consumers	expenditure
3300	艾朵	2016-05-23 21:14:00	非流失	10.0	1295.0
3300	艾朵	2016-05-23 21:14:00	非流失	6.0	869.0
3497	艾国真	2016-07-18 13:40:00	非流失	3.0	589.0
⋮	⋮	⋮	⋮	⋮	⋮
2998	左丽睿	2016-07-16 11:36:00	非流失	2.0	439.0
2998	左丽睿	2016-07-16 11:36:00	非流失	9.0	1387.0

在餐饮企业中，客户流失的特征主要体现在以下 4 个方面。

① 用餐次数越来越少。

② 很长时间没有来店里消费。

③ 平均消费水平越来越低。

④ 总消费金额越来越少。

基于这 4 个方面，构造 4 个相关客户流失特征。

① 总用餐次数（frequence）。即观测窗口内每个客户的总用餐次数。

② 客户最近一次用餐的时间距离观测窗口结束的天数（recently）。

③ 客户在观测时间内用餐人均销售额（average）。即客户在观察时间内的总消费金额除以用餐总人数。

④ 客户在观测时间内的总消费金额（amount）。

根据表 9-20 的数据，基于分组聚合后的数据构建 4 个相关的客户流失特征，如代码 9-23 所示。客户流失特征数据如表 9-21 所示。

代码 9-23　构建客户流失特征

```
inputfile = '../tmp/info_user.csv'  # 合并客户信息表和订单表后的数据文件
outputfile = '../tmp/info_user_clear.csv'  # 客户流失特征数据文件
# 构建特征
info_user = pd.read_csv(inputfile, encoding='utf-8')

# 提取 info 表的用户名和用餐时间，并按人名对用餐人数和金额进行分组求和
info_user1 = info_user['USER_ID'].value_counts()  # 统计每个人的用餐次数
info_user1 = info_user1.reset_index()
info_user1.columns = ['USER_ID', 'frequence']  # 修改列名

# 求出每个人的消费总金额
info_user2 = info_user[['number_consumers', 'expenditure']].groupby
(info_user['USER_ID']).sum()
```

```
# 分组求和
info_user2 = info_user2.reset_index()
info_user2.columns = ['USER_ID', 'numbers', 'amount']
info_user_new = pd.merge(info_user1,info_user2,left_on='USER_ID',
right_on='USER_ID', how='left')
# 合并两个表

# 对合并后的数据进行处理
info_user = info_user.iloc[:,:4]
info_user = info_user.groupby(['USER_ID']).last()
info_user = info_user.reset_index()
info_user_new = pd.merge(info_user_new,info_user,left_on='USER_ID',
right_on='USER_ID', how='left')  # 合并两个表

# 去除空值
info_user_new.isnull().sum().sum()  # 查看空值数目
info_user_new = info_user_new.dropna(axis=0)
info_user_new = info_user_new[info_user_new['numbers'] != 0]  # 删除 numbers 为
0 的客户

# 求平均消费金额，并保留 2 位小数
info_user_new['average'] = info_user_new['amount']/info_user_new['numbers']
info_user_new['average'] = info_user_new['average'].apply(lambda x: '%.2f'% x)

# 计算每个客户最近一次点餐的时间距离观测窗口结束的天数
# 修改时间列，改为日期

info_user_new['LAST_VISITS'] = pd.to_datetime(info_user_new['LAST_VISITS'])
datefinally = pd.to_datetime('2016-7-31')  # 观测窗口结束时间
time = datefinally - info_user_new['LAST_VISITS']
info_user_new['recently'] = time.apply(lambda x:x.days)   # 计算时间差

info_user_new = info_user_new.loc[:,['USER_ID', 'ACCOUNT', 'frequence',
'amount', 'average','recently', 'type']]  # 筛选属性
info_user_new.to_csv(outputfile, index=False, encoding='gbk')
```

表 9-21 客户流失特征数据（部分）

USER_ID	ACCOUNT	frequence	amount	average	recently	type
2361	薛浩天	41	34784.0	146.77	0	非流失
3478	帅栎雁	37	33570.0	145.32	3	非流失
3430	柴承德	34	31903.0	142.42	4	非流失
3307	葛时逸	33	30400.0	152.76	8	非流失
2797	关狄梨	33	30849.0	155.80	7	非流失
⋮	⋮	⋮	⋮	⋮	⋮	⋮
1953	沃鹏涛	1	586.0	97.67	185	已流失
1957	闵勇溪	1	638.0	212.67	32	已流失

9.2.5 模型评价

1. Apriori 模型

除关联规则模型得到的支持度、置信度和提升度这些因素外，还需要基于业务理解，结合菜品热销度、毛利率，及店家主推菜品等综合因素对规则进行综合评分。

选取某个菜品的置信度、热销度、毛利率和主推度进行综合评分，公式如式（9-4）所示。

$$S_{综合评分}=(E-Y)AY^{\mathrm{T}} \tag{9-4}$$

其中 $E=(1,1,1,1)$ ， $Y=(Y_{热销度评分},Y_{店家主推度},Y_{毛利率},Y_{关联度})$ 。 A 如式（9-5）所示，且 $\alpha_1+\alpha_2+\alpha_3+\alpha_4=10$ 。

$$A=\begin{pmatrix} 0 & \alpha_2 & \alpha_3 & \alpha_4 \\ \alpha_1 & 0 & \alpha_3 & \alpha_4 \\ \alpha_1 & \alpha_2 & 0 & \alpha_4 \\ \alpha_1 & \alpha_2 & \alpha_3 & 0 \end{pmatrix} \tag{9-5}$$

式（9-4）与传统综合评分公式 $S_{综合评分}=\alpha_1\gamma_1+\alpha_2\gamma_2+\alpha_3\gamma_3+\alpha_4\gamma_4$ 相比，不仅能对每个指标加权求和得到综合评分，而且在此基础上加入了后缀影响因式，可以自行根据指标数值的情况，提升重要指标排序时的优势地位，即权值越大的指标数值越大，在总体中排序更具优势。而且综合评分排序并不会完全按照权值大的指标的数值大小去排序，还会考虑其他指标的影响。

对关联分析结果的前项和后项进行拆分，并根据式（9-4）设置权值为 $\alpha_1=1.5$ 、 $\alpha_2=2.5$ 、 $\alpha_3=2$ 、 $\alpha_4=4$ ，计算每个推荐菜品的综合评分，选取后项为“芹菜炒腰花”数据，并按综合评分进行降序排序，如代码 9-24 所示，得到部分规则数据如表 9-22 所示。

代码 9-24 计算综合评分

```
# 计算综合评分
```

```
# 读取数据
sales_volume = pd.read_csv('../tmp/sales_volume.csv')
profit = pd.read_csv('../tmp/profit.csv')
dish = pd.read_csv('../data/meal_dishes_detail.csv')
rules_new = pd.read_csv('../tmp/rules_new.csv')

# 统计前项
rules_count = rules.groupby(['lhs'])['lhs'].count()

# 提取前项为“芹菜炒腰花,孜然羊排”的数据，对推荐的菜品进行综合评分
# 计算每个菜所推荐的菜的综合评分
# 设 A 的权重 a1 = 1.5、a2 = 2.5、a3 = 2、a4 = 4

A = np.mat(([0, 2.5, 2, 4],[1.5, 0, 2, 4],[1.5, 2.5, 0, 4],[1.5, 2.5, 2, 0]))

E = np.mat([1,1,1,1])

# 初始化
rules_new['sale'] = 0;rules_new['recommendation'] = 0;rules_new['profit'] =
0;rules_new['mark'] = 0

for i in range(rules_new.shape[0]):
      # 找到对应的热销度
      sales_num = sales_volume[sales_volume['dishes_name'] ==
      rules_new['rhs'].iloc[i]].index.tolist()
      rules_new['sale'].iloc[i] = float(sales_volume['sales_hot'].
iloc[sales_num[0]])

      # 找到对应的毛利率和主推度
      profit_num = profit[profit['dishes_name'] ==
      rules_new['rhs'].iloc[i]].index.tolist()
      rules_new['profit'].iloc[i] = float(profit['rate'].iloc[profit_num[0]])
      rules_new['recommendation'].iloc[i] = float(profit['recommend_percent'].
iloc[profit_num[0]])

      # 计算综合评分
```

```
    Y = np.mat([rules_new['sale'].iloc[i],rules_new['profit'].iloc[i],
          rules_new['recommendation'].iloc[i],rules_new['support'].iloc[i]])
    rules_new['mark'].iloc[i] = round(float(np.dot(np.dot((E-Y),A),Y.T)),3)

# 对综合评分排序
rules_new = rules_new.sort_values(by = ['mark'],axis = 0, ascending = False)
rules_new.to_csv('../tmp/recommend.csv',encoding='utf-8_sig', header = 1)

# 选取后项为“芹菜炒腰花”的规则数据
rules_item = rules_new[rules_new['rhs'] == '芹菜炒腰花']
rules_item.to_csv('../tmp/rules_item.csv', encoding='utf-8_sig', header = 1)
```

表 9-22 后项为“芹菜炒腰花”数据的规则数据（部分）

lhs	……	support	……	sales	recommendation	profit	mark
['焖猪手', '自制猪肉脯']	……	0.048231511	……	0.34	0.85	0.5	6.862
['凉拌菠菜', '自制猪肉脯']	……	0.043944266	……	0.34	0.85	0.5	6.854
['自制猪肉脯', '辣炒鱿鱼']	……	0.036441586	……	0.34	0.85	0.5	6.841
['焖猪手', '辣炒鱿鱼']	……	0.035369775	……	0.34	0.85	0.5	6.839
['凉拌菠菜', '焖猪手', '自制猪肉脯']	……	0.034297964	……	0.34	0.85	0.5	6.837
['焖猪手', '爆炒猪肝']	……	0.033226152	……	0.34	0.85	0.5	6.835
['凉拌菠菜', '爆炒猪肝']	……	0.032154341	……	0.34	0.85	0.5	6.833
['爆炒猪肝', '自制猪肉脯']	……	0.032154341	……	0.34	0.85	0.5	6.833
['焖猪手', '自制猪肉脯', '辣炒鱿鱼']	……	0.031082529	……	0.34	0.85	0.5	6.831
['凉拌菠菜', '自制猪肉脯', '辣炒鱿鱼']	……	0.030010718	……	0.34	0.85	0.5	6.829

2. K-Means 模型

对于评价 K-Means 算法的分类效果，选用轮廓系数评价法和 Calinski-Harabasz 指标评价法等两种方法。

聚类评价的标准是组内的相似性越大，组间差别越大，聚类效果就越好。聚类方法的评价可以等同于分类算法的评价。一般聚类模型的评价方法有 purity 评价法、RI 评价法、ARI 评价法、F 值评价法、轮廓系数评价法、Calinski-Harabasz 指标评价法等。前 4 种方法均需要真实值的配合才能够评价聚类算法的优劣，后 2 种则不需要真实值的配合。由于原始数据本身不存在真实分类结果，因此这里采用轮廓系数评价法和 Calinski-Harabasz 指标评价法对聚类模型进行评价。

轮廓系数需要结合业务背景，判断不同类别数目的情况下其轮廓系数的走势，寻找最优的聚类数目。基于标准化后的数据绘制折线图，如代码 9-25 所示，输出的结果如图 9-11 所示。

代码 9-25　轮廓系数评价法绘制折线图

```
from sklearn.cluster import KMeans  # 导入 K-Means 算法


# 轮廓系数评价法
from sklearn.metrics import silhouette_score
import matplotlib.pyplot as plt
standard_data = '../tmp/standard.npz'
standard = np.load(standard_data)['arr_0']
silhouetteScore = []
for i in range(2,8):
    kmeans = KMeans(n_clusters = i,n_jobs=4,
                    random_state=123).fit(standard)  # 构建并训练模型
    score = silhouette_score(standard,kmeans.labels_)
    silhouetteScore.append(score)
    print('数据聚%d类 silhouette_score 指数为%f'%(i,score))
plt.figure(figsize=(8,5))
plt.rcParams['font.sans-serif'] = 'SimHei'
plt.rcParams['axes.unicode_minus'] = False
plt.plot(range(2,8),silhouetteScore, 'ko-', linewidth=1.5)
plt.title('轮廓系数评价法折线图')
plt.xlabel('聚类数目')
plt.ylabel('分数')
plt.show()
```

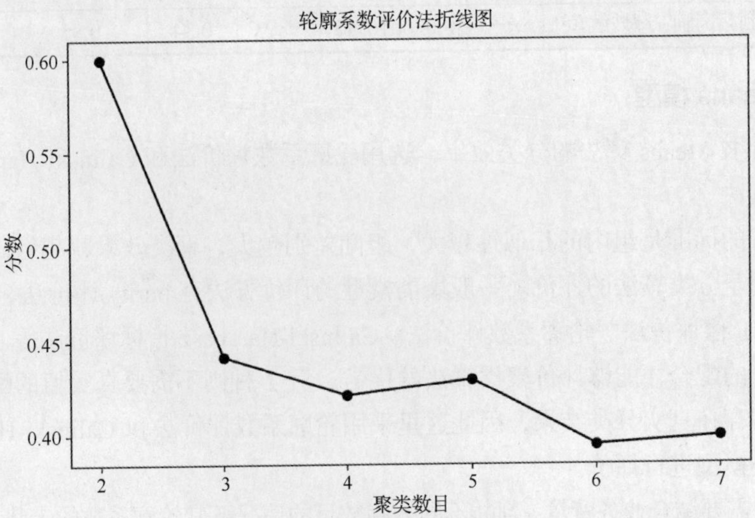

图 9-11　轮廓系数评价法折线图

通过图 9-11 可以看出，当聚类数目为 2～3 时，平均畸变程度最大。

使用 Calinski-Harabasz 指标评价 K-Means 模型，基本判定方法和前 4 种需要真实值作为依据的方法相同，分值越高，聚类效果越好。基于标准化后的数据绘制 Calinski-Harabasz 指标评价法的折线图，如代码 9-26 所示，输出的结果如图 9-12 所示。

代码 9-26　Calinski-Harabasz 指标评价法

```
# Calinski-Harabasz 指标评价法
from sklearn.metrics import calinski_harabasz_score
calinskiharabaszScore = []
for j in range(2,8):
    kmeans1 = KMeans(n_clusters = j,n_jobs=3,
                     random_state=123).fit(standard)  # 构建并训练模型
    score = calinski_harabasz_score(standard,kmeans1.labels_)
    calinskiharabaszScore.append(score)
    print('数据聚%d 类 Calinski-Harabasz 指数为%f'%(j,score))
plt.figure(figsize=(8,5))
plt.plot(range(2,8),calinskiharabaszScore, 'o-', linewidth=1.5)
plt.title('Calinski-Harabasz 指标评价法折线图')
plt.xlabel('聚类数目')
plt.ylabel('分数')
plt.show()
```

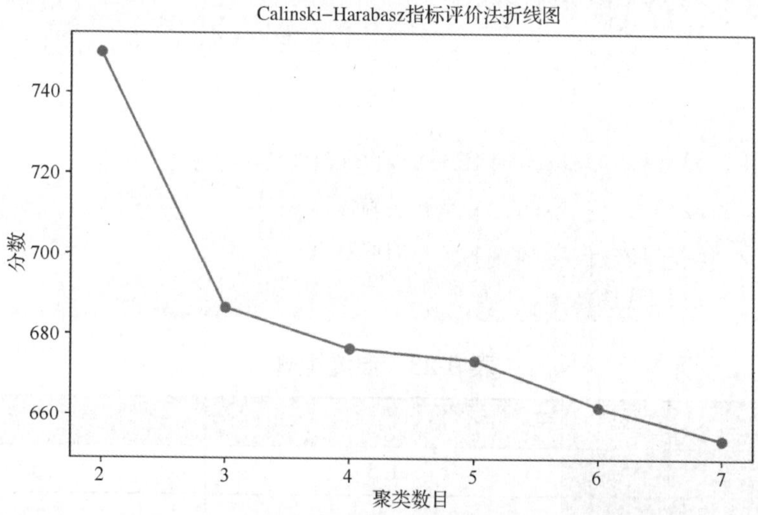

图 9-12　Calinski-Harabasz 指标评价法折线图

从图 9-12 中可以看出，用 Calinski-Harabasz 指标评价 K-Means 模型的时候，聚类数目为 2、3、4 的时候得分比较高。

结合两种评价指标的结果和对餐饮业务的理解与分析，当聚类数目为 2 时，每个客户群包含的信息比较复杂，且客户群特点不明显；当聚类数目为 3 时，分析结果比较合理；而聚类数目为 4 时，客户群的特点之间存在包含关系，会显得冗余。因此可认为聚类数目为 3 的时候效果最佳。

3. 决策树模型

决策树模型主要是对准流失的客户进行预测。将构建客户流失特征后的数据划分为训练集和测试集，使用 CART 算法构建决策树模型，如代码 9-27 所示。混淆矩阵如表 9-23 所示。

代码 9-27 构建决策树模型

```
# 划分为测试集、训练集
info_user = pd.read_csv('../tmp/info_user_clear.csv', encoding='gbk')
# 删除流失客户
info_user = info_user[info_user['type'] != '已流失']
model_data = info_user.iloc[:,[2,3,4,5,6]]

x_tr,x_te,y_tr,y_te = train_test_split(model_data.iloc[:,:-1],model_data
['type'],test_size=0.2,random_state=12345)

dtc = DTC()  # 初始化决策树对象，基于信息熵
dtc.fit(x_tr,y_tr)  # 训练模型
pre = dtc.predict(x_te)

# 混淆矩阵
hx = confusion_matrix(y_te,pre,labels=['非流失', '准流失'])
P = hx[1,1] / (hx[0,1] + hx[1,1])  # 精确率
R = hx[1,1] / (hx[1,0] + hx[1,1])  # 召回率
F1 = 2 * P * R / (P + R)  # F1 值
```

表 9-23 混淆矩阵

	非流失	准流失
非流失	155	17
准流失	6	204

根据表 9-23，通过计算可得到准流失客户预测的精确率为 204÷(204+17)≈0.923，召回率为 204÷(204+6)≈0.971，F_1 值为 2×0.923×0.971÷(0.923+0.971)≈0.946，这 3 个指标的值都很高，说明决策树的预测效果很好。

9.2.6 应用

根据以上几个模型的结果分析，可提供以下建议。

（1）周末的营业额和用餐人数都比较高，可以在周末多推出优惠，吸引更多的客户来用餐。

（2）根据协同过滤的菜品推荐列表，给客户推荐菜单，可以提高客户的用餐满意程度。

（3）根据菜品的关联分析结果，适当地给客户推荐关联的优惠组合菜品，既可以为客户提供菜品选择的便利，又可以提高用餐体验。

（4）根据 K-Means 聚类的结果，可以给不同种类的客户提供不同的服务，如针对重要保持客户，可以将其转为会员，设置用餐积分，累积一定的积分可以换取部分菜品；针对一般价值客户，为了增加他们的用餐次数，设定用餐满几次后，下一次用餐就有一定的优惠，单次用餐达到一定金额即可赠送小吃；针对低价值客户，可设定区间优惠，激励他们再次来用餐。

小结

本章介绍了一个综合项目，针对原始数据进行探索性分析，使用折线图和柱形图分析每日用餐人数、营业额和菜品热销度，并对数据中不符合建模要求的数据进行预处理，主要进行了数据清洗和属性构造。之后通过 ARIMA 模型、智能推荐模型、Apriori 模型、K-Means 模型和决策树等模型，对餐饮企业的菜品和客户进行不同角度的分析，对模型效果进行评价，并通过模型结果针对性地提出了改进意见，希望能够帮助餐饮企业提高经营收益。

课后习题

1. 随着流量的增多，某网站的数据信息量也在以一定的幅度增长。基于该网站 2016 年 9 月—2017 年 2 月每天的访问量，使用 ARIMA 模型预测网站未来 7 天的访问量。

2. 基于第 1 题中某网站的访问数据，使用 Apriori 算法对网站进行关联分析。

3. 基于某电信企业在 2016 年 1 月—2016 年 3 月客户的在网时长、信用等级、VIP 等级、通话时长、本月费用等特征，使用 K-Means 算法进行运营商客户价值分析，并制订相应的营销策略。

第 10 章 基于 TipDM 数据挖掘建模平台进行餐饮企业综合分析

第 9 章介绍了使用 Python 进行餐饮企业综合分析的案例，本章将介绍另一种工具——TipDM 数据挖掘建模平台，并通过该平台进行餐饮企业综合分析。相较于传统的 Python 解析器，TipDM 数据挖掘建模平台具有流程化、去编程化等特点，可满足不懂编程的用户使用数据分析技术的需求。

学习目标

（1）了解 TipDM 数据挖掘建模平台的相关概念和特点。

（2）熟悉使用 TipDM 数据挖掘建模平台配置餐饮企业综合分析案例的总体流程。

（3）掌握使用 TipDM 数据挖掘建模平台获取数据的方法。

（4）掌握使用 TipDM 数据挖掘建模平台进行探索性分析的操作。

（5）掌握使用 TipDM 数据挖掘建模平台进行数据预处理的操作。

（6）掌握使用 TipDM 数据挖掘建模平台构建模型的操作。

10.1 平台简介

TipDM 数据挖掘建模平台是由广东泰迪智能科技股份有限公司自主研发、基于 Python 引擎、用于数据分析的开源平台。平台提供丰富的数据分析组件，用户可在没有编程基础的情况下，通过拖曳的方式进行操作，将数据输入/输出、数据预处理、建模、模型评价等环节通过流程化的方式进行连接，帮助用户快速建立数据分析工程，提升数据处理的效率。平台界面如图 10-1 所示。

本章将以餐饮企业综合分析案例为例，介绍如何使用平台实现分析案例。首先，需要引入平台的几个概念。

（1）组件：将建模过程涉及的输入/输出、探索性分析及数据预处理、建模、模型评价等算法分别进行封装，封装好的算法模块被称为组件。

图 10-1　平台界面

（2）工程：为实现某一数据分析目标，将各组件通过流程化的方式进行连接，整个数据分析流程被称为一个工程。

（3）模板：分享建好的数据分析工程，其他用户可以直接创建并运行，这样的工程被称为模板。

TipDM 数据挖掘建模平台主要有以下特点。

（1）平台算法基于 Python 引擎，用于数据分析。Python 是目前最为流行的用于数据分析的语言之一，高度契合行业需求。

（2）平台已对所有用户实现开源，用户可在本地部署平台，或对平台进行二次开发，满足个人使用需求。

（3）用户可在没有 Python 编程基础的情况下，使用直观的拖曳式图形界面构建数据分析流程，无须编程。

（4）提供公开、可用的数据分析示例工程，“一键创建”，快速运行。支持挖掘流程中每个节点的结果。

（5）提供十大类、数十种算法组件，包括数据预处理、统计分析、分类、聚类、关联、推荐等常用数据分析算法，支持查看算法组件源代码（需本地化部署）。同时提供 Python 脚本与 SQL 脚本，快速粘贴代码即可运行。

（6）提供算法组件自定义功能（需本地化部署），用户可将个人在本地编写的代码配置到平台中，成为算法组件。

下文将对平台的【首页】【数据源】【工程】【系统组件】4 个模块进行介绍，并对平台的本地化部署方式进行介绍。

10.1.1　首页

登录平台后，用户即可看到【首页】模块提供的示例工程（模板），如图 10-1 所示。

【模板】模块主要用于常用数据分析与建模案例的快速创建和展示。通过【模板】模块，用户可以创建一个无须导入数据及配置参数就能够快速运行的工程。同时，用户可以将自己搭建的数据分析工程生成为模板，显示在【首页】模块，供其他用户“一键创建”。

10.1.2 数据源

【数据源】模块主要用于数据分析工程的数据导入与管理，用户可根据情况选择【CSV 文件】或者【SQL 数据库】。【CSV 文件】支持从本地导入 CSV 类型的数据，如图 10-2 所示；【SQL 数据库】支持从 DB2、SQL Server、MySQL、Oracle、PostgreSQL 等关系数据库导入数据，如图 10-3 所示。

图 10-2 数据来源于 CSV 文件

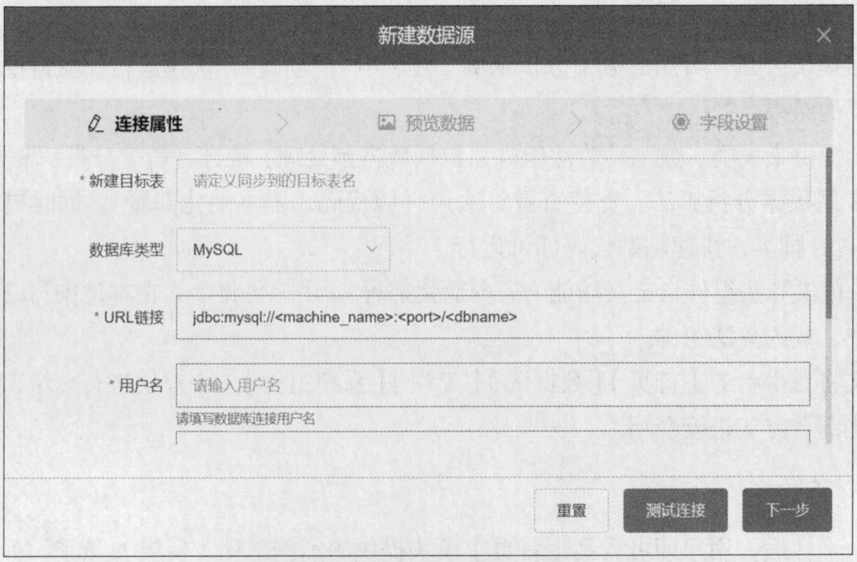

图 10-3 数据来源于 SQL 数据库

数据导入成功后，用户可以使用数据源分享功能，如图 10-4 所示，将搭建工程涉及的数据分享给其他用户。其他用户可在【共享数据源】选项卡内查看到分享给自己的数据（见图 10-5），并使用该数据进行数据分析。

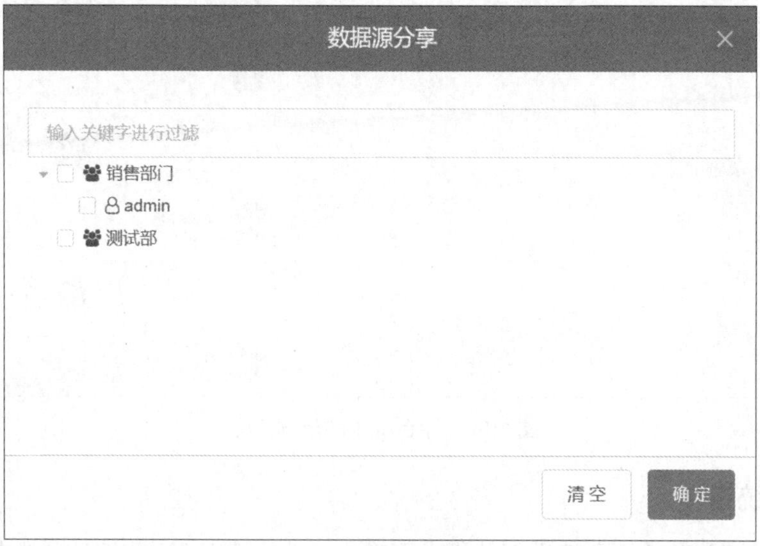

图 10-4　数据源分享功能

图 10-5 【共享数据源】选项卡

10.1.3　工程

【工程】模块主要用于数据分析流程的创建与管理，平台提供的示例工程如图 10-6 所示。通过【工程】模块，用户可以创建空白工程，进行数据分析工程的配置，将数据输入/输出、数据预处理、建模、模型评价等环节通过流程化的方式进行连接，达到数据分析的目的。

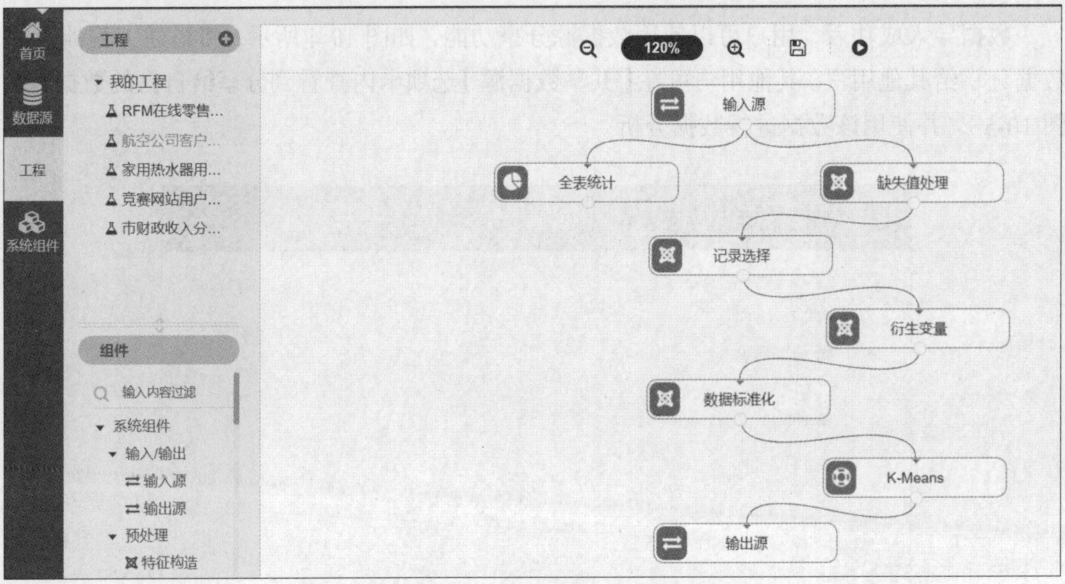

图 10-6　平台提供的示例工程

10.1.4　系统组件

【系统组件】模块主要用于数据分析常用算法组件的管理。这些组件分为【输入/输出】【脚本】【数据预处理】【统计分析】【分类】【回归】【聚类】【时序模型】【模型评估】【模型预测】等十大类，如图 10-7 所示。

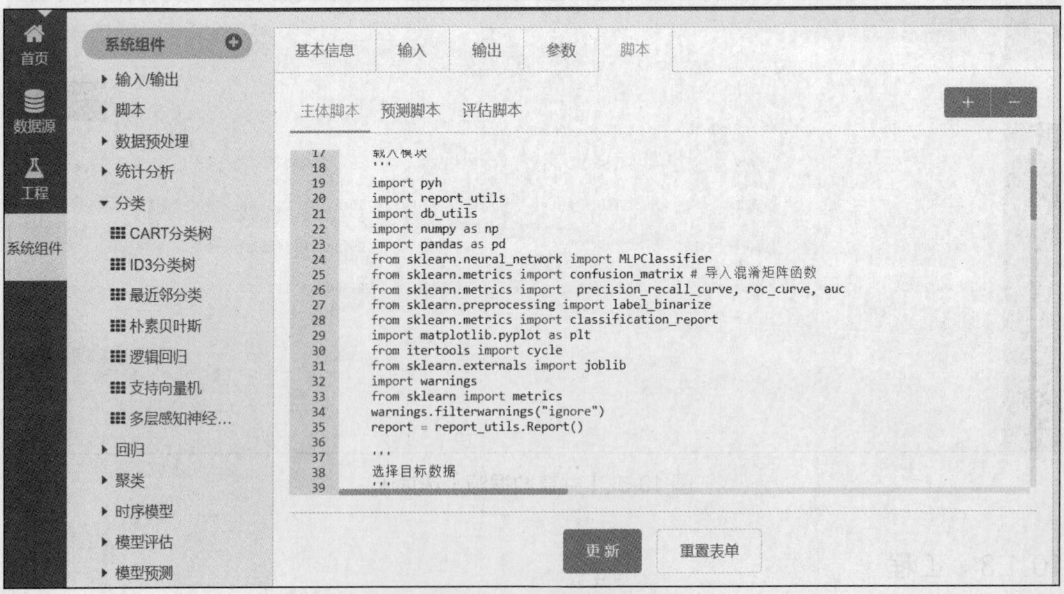

图 10-7　平台提供的系统组件

（1）【输入/输出】类提供配置数据分析工程的输入和输出组件，包括输入源、输出源等。

（2）【脚本】类提供一个代码编辑框，用户可以在代码编辑框中粘贴已经写好的代码，直接运行，无须额外配置成组件，包括 Python 脚本、SQL 脚本等。

（3）【数据预处理】类提供对数据进行清洗的组件，包括特征构造、表堆叠、记录选择、表连接、新增序列、数据集划分、类型转换、缺失值处理、记录去重、异常值处理、数据标准化、数学类函数、排序、分组聚合、修改列名等。

（4）【统计分析】类提供对数据整体情况进行统计的常用组件，包括数据探索、纯随机性检验、相关性分析、单样本 T 检验、正态性检验、双样本 T 检验、主成分分析、频数统计、全表统计、平稳性检验、因子分析、卡方检验等。

（5）【分类】类提供常用的分类算法组件，包括 CART 分类树、ID3 分类树、最近邻分类、朴素贝叶斯、支持向量机、逻辑回归、多层感知神经网络等。

（6）【回归】类提供常用的回归算法组件，包括 CART 回归树、线性回归、支持向量回归、最近邻回归、LASSO 回归等。

（7）【聚类】类提供常用的聚类算法组件，包括层次聚类、DBSCAN 密度聚类、K-Means 聚类等。

（8）【时序模型】类提供常用的时间序列算法组件，包括 ARIMA、GM(1,1)、差分等。

（9）【模型评估】类提供对通过分类算法或回归算法训练得到的模型进行评价的组件。

（10）【模型预测】类提供对通过分类算法或回归算法训练得到的模型进行预测的组件。

10.1.5　TipDM 数据挖掘建模平台的本地化部署

通过开源 TipDM 数据挖掘建模平台官网（见图 10-8），进入 GitHub 或码云开源网站（见图 10-9），同步平台代码到本地，按照说明文档进行配置和部署。

图 10-8　TipDM 数据挖掘建模平台官网

平台官网提供了丰富的不同行业的解决方案，主要介绍使用平台搭建不同行业的数据分析工程的案例，包含【金融保险】【电子商务】【智能设备】类等，如图 10-10 所示。用户可以根据步骤提示，动手搭建数据分析工程。

图 10-9　码云开源网站

图 10-10　解决方案

平台官网还提供了详细的帮助资料，包含【操作文档】【常见问题】【操作视频】等，如图 10-11 所示。用户可以根据这些资料，轻松入门平台的使用。

图 10-11　帮助中心

10.2 快速构建餐饮企业综合分析工程

本节通过餐饮企业综合分析案例，在 TipDM 数据挖掘建模平台上配置对应工程，展示几个主要流程的配置过程。详细步骤可登录 TipDM 官网查看。

在 TipDM 数据挖掘建模平台上构建餐饮企业综合分析工程的总体流程如图 10-12 所示，主要包括以下 4 个步骤。

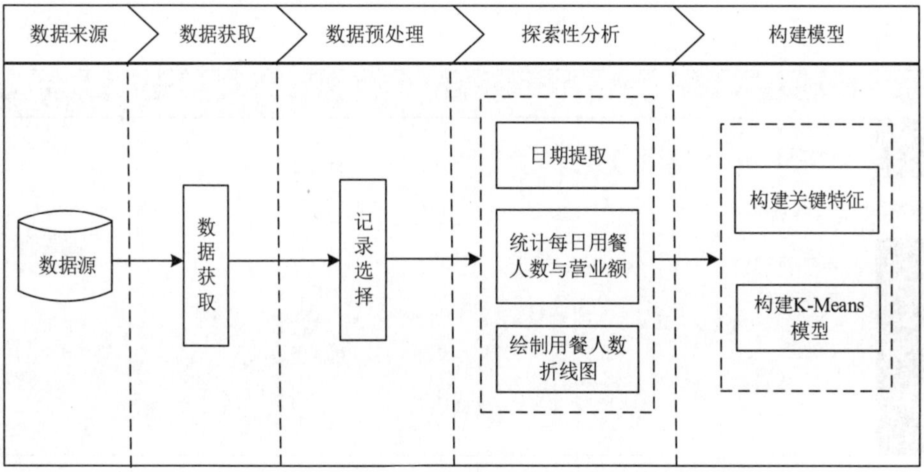

图 10-12　餐饮企业综合分析工程的总体流程

（1）导入餐饮企业综合分析的原始数据到 TipDM 数据挖掘建模平台。

（2）对数据进行记录选择操作。

（3）对数据进行日期提取，统计每日用餐人数与营业额并绘制用餐人数折线图。

（4）对数据构建关键特征，构建 K-Means 模型，对餐饮客户进行客户分群。

根据以上步骤在 TipDM 数据挖掘建模平台进行配置，得到的最终流程如图 10-13 所示。

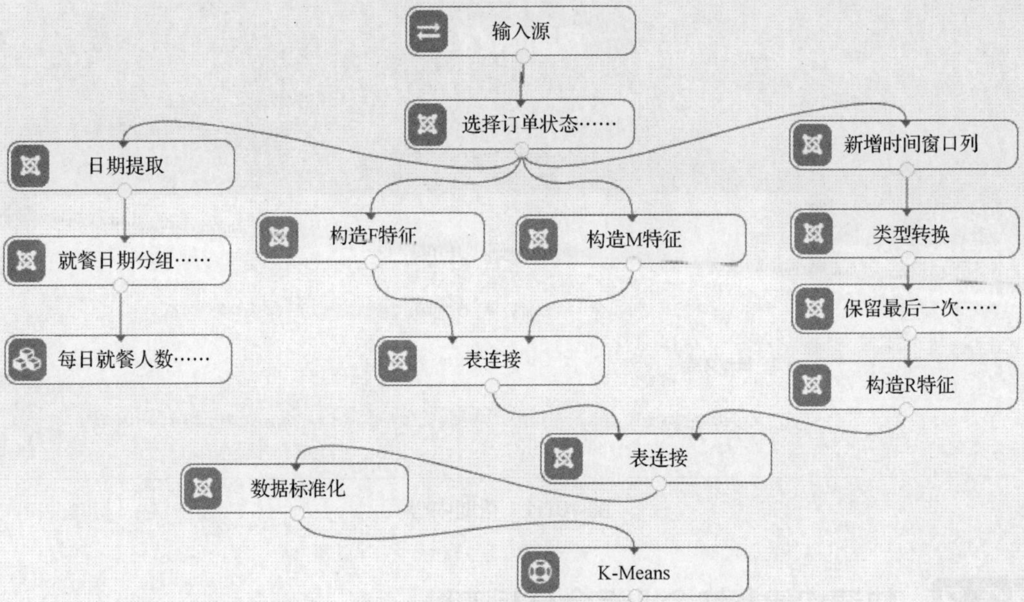

图 10-13　最终流程

10.2.1　数据获取

原始数据的文件格式是 CSV 文件，使用 TipDM 数据挖掘建模平台导入该数据，步骤如下。

（1）单击【数据源】模块，在【新增数据源】下拉菜单中选择【CSV 文件】，如图 10-14 所示。

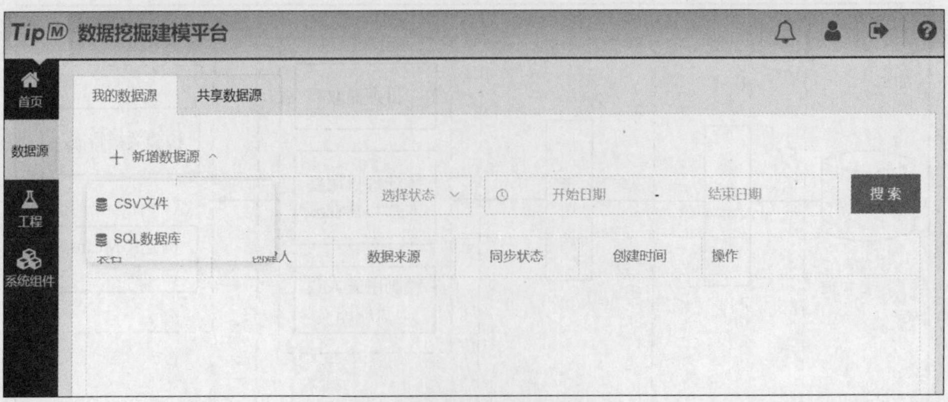

图 10-14　选择【CSV 文件】

（2）单击【选择文件】，选择案例的数据，在【新建目标表名】框中填入“meal_order_info”，【预览设置】项选择【分页显示】，如图 10-15 所示，然后单击【下一步】按钮。

图 10-15　选择上传的数据文件

（3）在【预览数据】框中，观察每个字段的类型及精度，然后单击【下一步】按钮。将【use_start_time】字段和【lock_time】字段的类型选择为【字符】，如图 10-16 所示。单击【确定】按钮，即可上传。

图 10-16　设置类型

数据上传完成后，新建一个名为【餐饮企业综合分析】的空白工程，配置一个【输入源】组件，步骤如下。

（1）在【工程】模块的【组件】栏中，找到【系统组件】类下的【输入/输出】类。拖曳【输入/输出】类中的【输入源】组件至工程画布中。

（2）单击画布中的【输入源】组件，然后单击工程画布右侧【字段属性】栏中的【数据表】框，输入“meal_order_info”，在弹出的下拉框中选择【meal_order_info】，如图 10-17 所示。

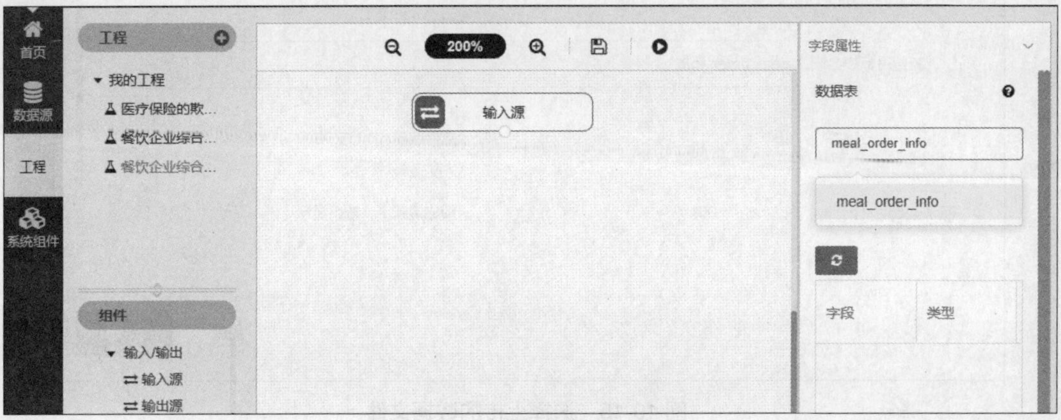

图 10-17　配置【输入源】组件

（3）右键单击【输入源】组件，选择【查看数据】选项，结果如图 10-18 所示。

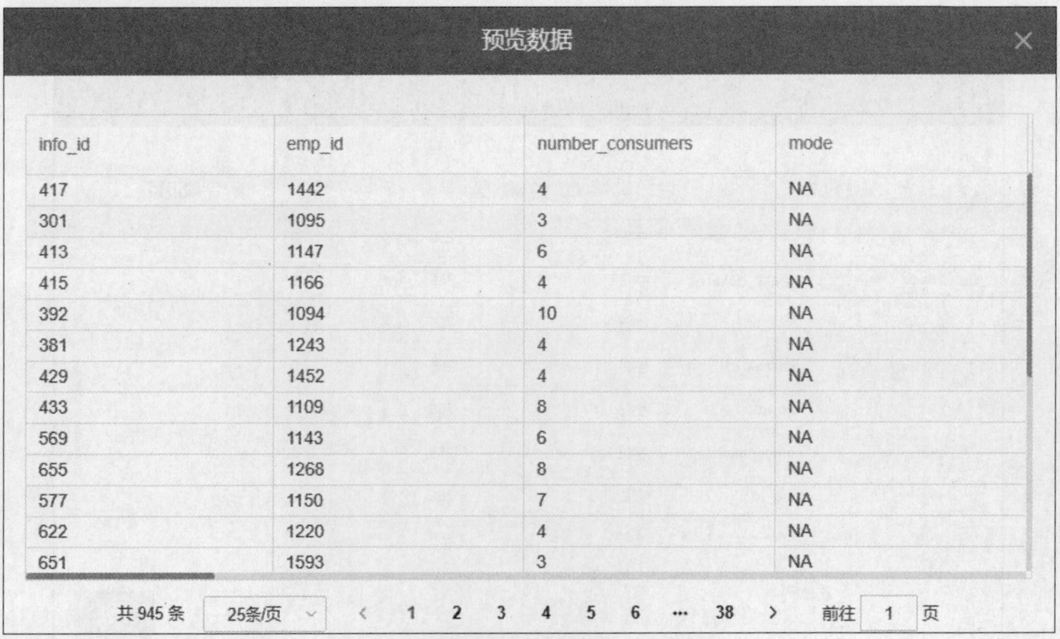

info_id	emp_id	number_consumers	mode
417	1442	4	NA
301	1095	3	NA
413	1147	6	NA
415	1166	4	NA
392	1094	10	NA
381	1243	4	NA
429	1452	4	NA
433	1109	8	NA
569	1143	6	NA
655	1268	8	NA
577	1150	7	NA
622	1220	4	NA
651	1593	3	NA

图 10-18　查看【输入源】组件的数据

由图 10-18 可知，该数据共有 945 条记录。

10.2.2 数据预处理

订单表中订单状态为 1 的记录为完成订单的记录，所以本小节的数据预处理选取订单状态为 1 的数据，步骤如下。

（1）拖曳【数据预处理】类中的【记录选择】组件至工程画布中，并与【输入源】组件相连接。

（2）单击【特征】项下的图标，选择全部字段。

（3）单击工程画布右下方的【参数设置】栏，然后单击【条件】下方的图标，添加 1 个筛选条件。单击【条件】下方的图标。在【条件】第 2 列中，选择【order_status】；在【条件】第 3 列中，选择【=】；在【条件】第 4 列中，输入“1”。最终设置结果如图 10-19 所示。

图 10-19 最终设置结果

（4）运行【记录选择】组件。右键单击【记录选择】组件，选择【查看数据】选项，结果如图 10-20 所示。

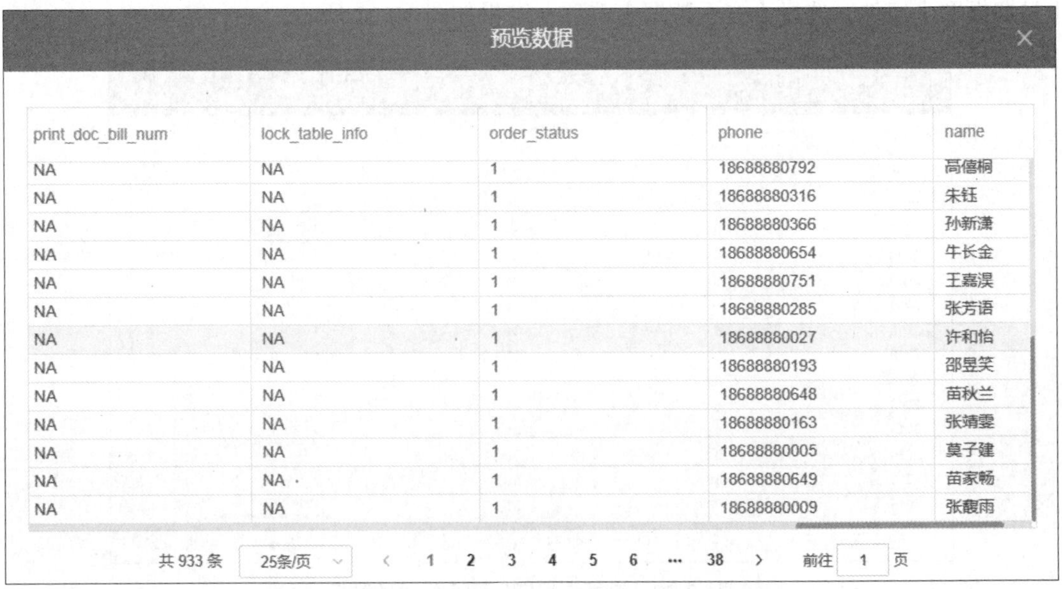

预览数据

print_doc_bill_num	lock_table_info	order_status	phone	name
NA	NA	1	18688880792	高僖桐
NA	NA	1	18688880316	朱钰
NA	NA	1	18688880366	孙新潇
NA	NA	1	18688880654	牛长金
NA	NA	1	18688880751	王嘉淏
NA	NA	1	18688880285	张芳语
NA	NA	1	18688880027	许和怡
NA	NA	1	18688880193	邵昱笑
NA	NA	1	18688880648	苗秋兰
NA	NA	1	18688880163	张靖雯
NA	NA	1	18688880005	莫子建
NA	NA	1	18688880649	苗家畅
NA	NA	1	18688880009	张馥雨

共 933 条 25条/页 < 1 2 3 4 5 6 ··· 38 > 前往 1 页

图 10-20 查看【记录选择】组件的数据

由图 10-20 可知，经过记录选择后，该数据剩下 933 条记录，字段“order_status”的值都为 1。

（5）右键单击【记录选择】组件，选择【重命名】选项，输入“选择订单状态为 1 的数据”以进行组件名称修改。

10.2.3 探索性分析

本小节对每日用餐人数、营业额进行探索性分析，统计每日用餐人数与营业额。

1. 日期提取

首先提取订单表中客户用餐开始时间的日期，步骤如下。

（1）拖曳【数据预处理】类中的【日期提取】组件至工程画布中，并与【选择订单状态为 1 的数据】组件相连接。

（2）单击画布中的【日期提取】组件，在工程画布右侧【字段属性】栏中，单击【日期提取标签】下的图标，选择“use_start_time”字段，如图 10-21 所示。

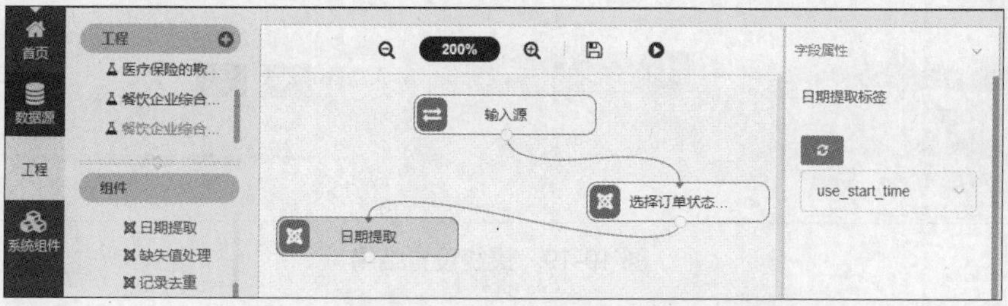

图 10-21　对【日期提取】组件进行字段选择

（3）右键单击【日期提取】组件，选择【运行该节点】选项。运行完成后，右键单击【日期提取】组件，选择【查看数据】选项，结果如图 10-22 所示。

预览数据

year	month	week	day
2016	8	31	1
2016	8	31	1
2016	8	31	1
2016	8	31	1
2016	8	31	1
2016	8	31	1
2016	8	31	1
2016	8	31	1
2016	8	31	1
2016	8	31	1
2016	8	31	1
2016	8	31	1
2016	8	31	1

共 933 条　25条/页　<　1　2　3　4　5　6　…　38　>　前往　1　页

图 10-22　查看【日期提取】组件的数据

由图 10-22 可知，数据中年份“year”字段都为 2016，月份“month”字段都为 8，说明数据为 2016 年 8 月的数据，因此对每日用餐人数、营业额进行统计时，可直接用字段“day”进行统计。

2. 统计每日用餐人数与营业额

通过订单表对每日用餐人数与营业额进行统计，步骤如下。

（1）拖曳【数据预处理】类中的【分组聚合】组件至工程画布中，并与【日期提取】组件相连接。

（2）单击画布中的【分组聚合】组件，在工程画布右侧【字段属性】栏中，单击【特征】下的图标，选择“number_consumers”“accounts_payable”字段。单击【分组主键】下的图标，选择“day”字段，如图 10-23 所示。

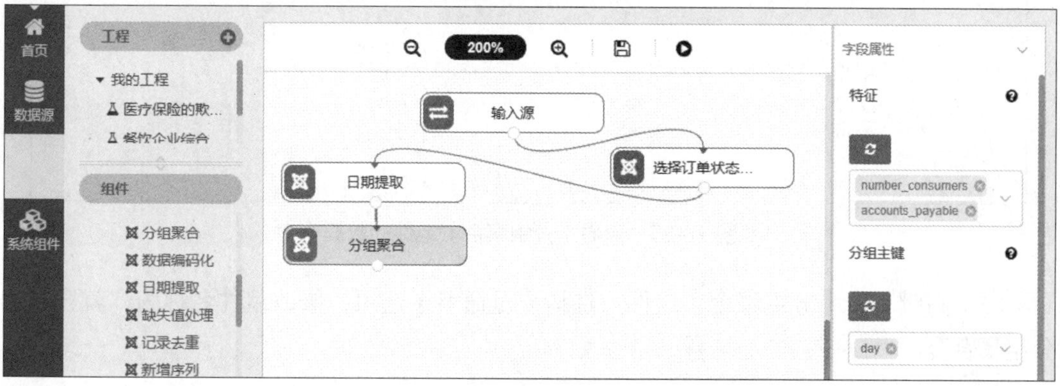

图 10-23　对【分组聚合】组件进行字段选择

（3） 单击工程画布右下方的【参数设置】栏，在【聚合方法】项中选择“sum”，在【新列名】项中输入“用餐时间,人数,销量”，如图 10-24 所示。

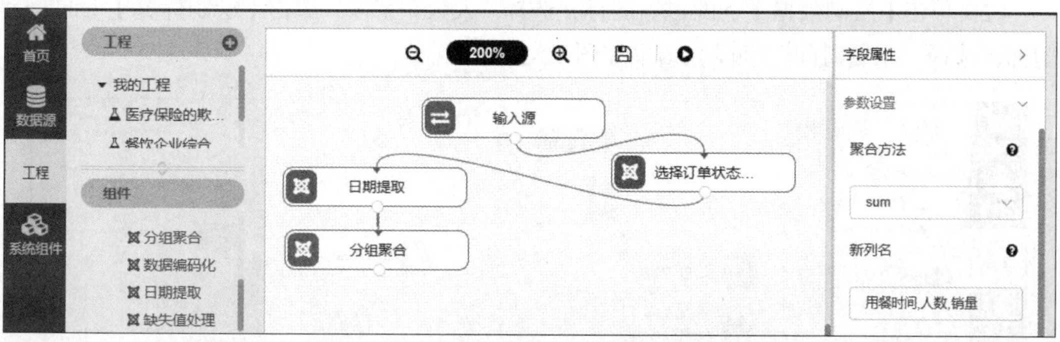

图 10-24　对【分组聚合】组件进行参数设置

（4）右键单击【分组聚合】组件，选择【运行该节点】选项。运行完成后，右键单击【分组聚合】组件，选择【查看数据】选项，结果如图 10-25 所示。

由图 10-25 可知，各字段已对每日用餐人数与营业额进行统计，其中字段“人数”为每日用餐人数，字段“销量”为每日营业额。

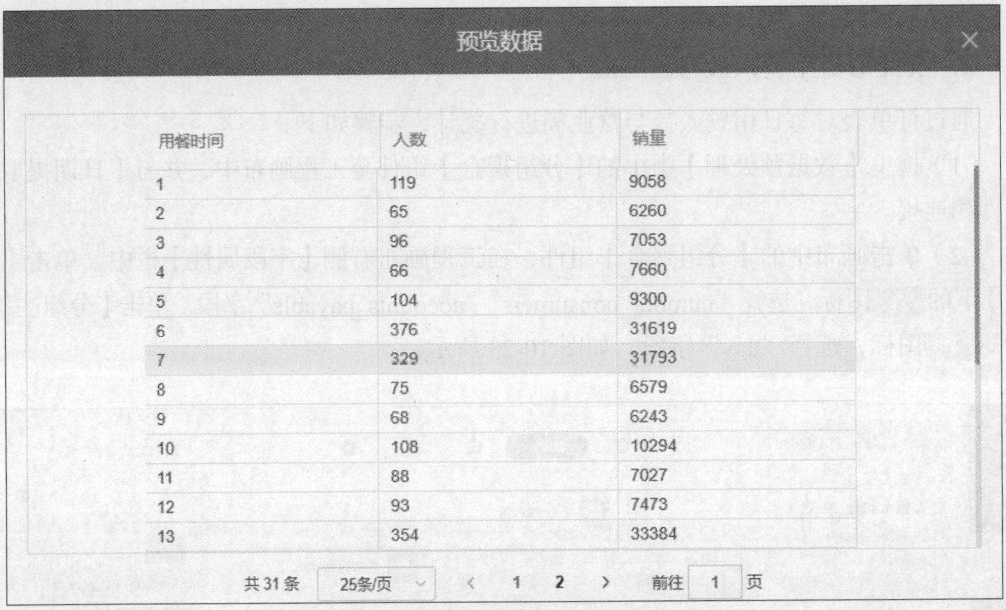
预览数据

用餐时间	人数	销量
1	119	9058
2	65	6260
3	96	7053
4	66	7660
5	104	9300
6	376	31619
7	329	31793
8	75	6579
9	68	6243
10	108	10294
11	88	7027
12	93	7473
13	354	33384

共 31 条 25条/页 < 1 2 > 前往 1 页

图 10-25　查看【分组聚合】组件的数据

（5）右键单击【分组聚合】组件，选择【重命名】选项，修改组件名称为“就餐日期分组聚合”。

3．绘制用餐人数折线图

利用已统计的每日用餐人数，绘制用餐人数折线图。

（1）拖曳【绘图】类中的【折线图】组件至工程画布中，并与【就餐日期分组聚合】组件相连接。

（2）单击【绘制数据】下的 图标，选择“人数”字段，单击【绘制标签】下的 图标，选择“用餐时间”字段，结果如图 10-26 所示。

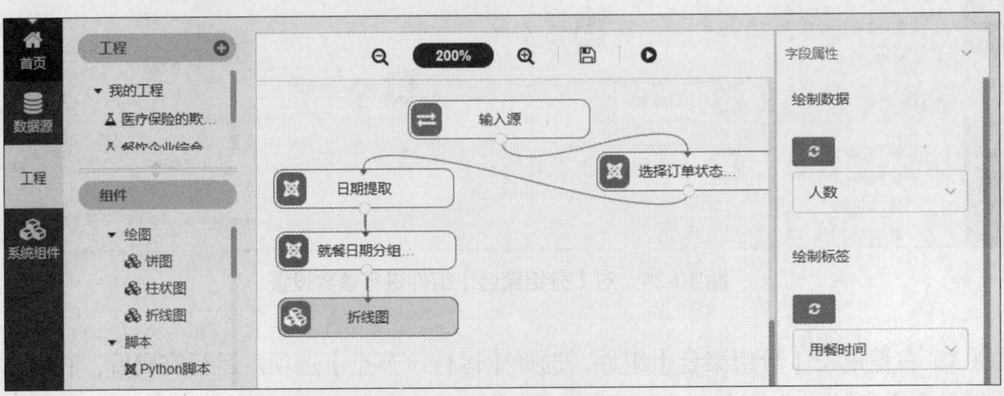

图 10-26　对【折线图】组件进行字段设置

（3）运行【折线图】组件。运行完成后，右键单击【折线图】组件，选择【查看报告】选项，结果如图 10-27 所示。

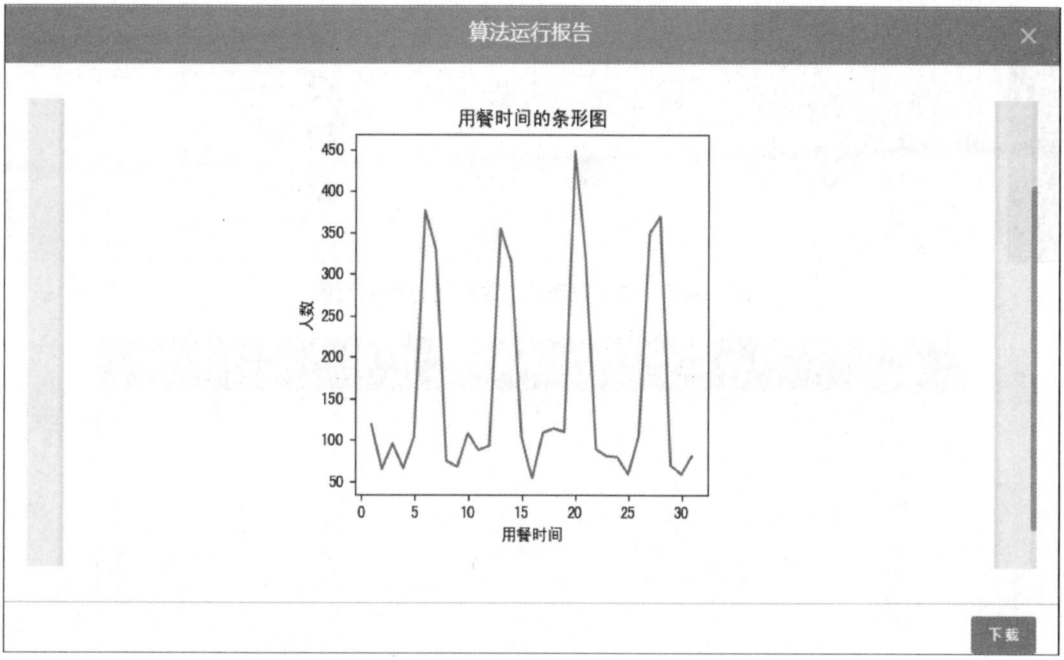

图 10-27　查看【折线图】组件的运行报告

（4）右键单击【折线图】组件，选择【重命名】选项，修改组件名称为“每日就餐人数折线图”。

10.2.4　构建模型

本小节主要对数据进行特征构建和构造 K-Means 模型等操作。

1. 构建关键特征

本部分利用 RFM 模型，构建餐饮企业客户价值分析的关键特征，使用【数据预处理】类中组件分别构建特征 F、M、R，之后将构建好的特征进行连接，步骤如下。

（1）拖曳【数据预处理】类中的【表连接】组件至工程画布中，并分别与【表连接】组件、【构造 R 特征】组件相连接。

（2）单击【左表特征】下的图标，选择“emp_id”“f”“m”字段。单击【右表特征】下的图标，选择“emp_id”“r”字段。分别单击【左表主键】、【右表主键】下的图标，选择“emp_id”字段。

（3）单击工程画布右下方的【参数设置】栏，【连接方法】选择【内连接】，结果如图 10-28 所示。

（4）运行【表连接】组件，运行完成后，右键单击【表连接】组件，选择【查看数据】选项，结果如图 10-29 所示。

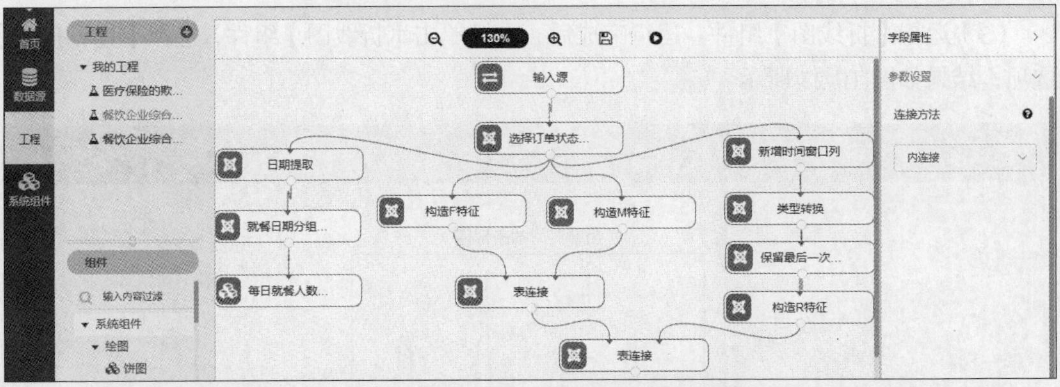

图 10-28　对【表连接】组件进行参数设置

emp_id	f	m	r
982	3	499	6
984	3	1204	7
986	2	561	12
987	4	1830	4
988	2	586	7
989	3	740	6
990	5	1993	2
991	3	816	1
992	2	393	3
993	4	2009	3
994	4	1374	5
995	2	854	5
996	3	558	1

图 10-29　查看【表连接】组件的数据

如图 10-29 所示，字段“f”“m”“r”为餐饮企业客户价值分析的关键特征。

2. 构建 K-Means 模型

特征构建完成后，使用 K-Means 算法对餐饮客户数据进行客户分群，聚成 3 类，步骤如下。

（1）拖曳【数据预处理】类中的【数据标准化】组件至工程画布中，并与【表连接】组件相连接。

（2）拖曳【聚类】类中的【K-Means】组件至工程画布中，并与【数据标准化】组件相连接。

（3）单击【特征】下的 图标，选择全部字段。

（4）单击工程画布右下方的【基础参数】栏，在【聚类数】项中填入“3”，【最大迭代次数】项中填入“100”，如图 10-30 所示。

（5）运行【K-Means】组件。

（6）右键单击【K-Means】组件，选择【查看数据】选项，如图 10-31 所示。

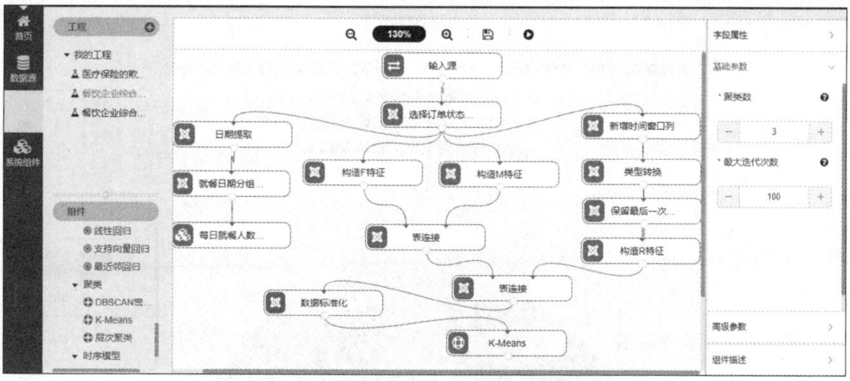

图 10-30　对【K-Means】组件进行参数设置

预览数据

f	m	r	cluster_id
0.63798948864497	-0.543079464580208	-1.05664304640148	3
0.63798948864497	0.256810550369847	-0.93743073253035	3
0.00672984692663466	-0.472734527095239	-0.341369163174691	3
1.2692491303633	0.967067499814861	-1.29506767414375	1
0.00672984692663466	-0.444369632948074	-0.93743073253035	3
0.63798948864497	-0.269641885001537	-1.05664304640148	3
1.90050877208164	1.15200660965438	-1.53349230188601	1
0.63798948864497	-0.183412606794155	-1.65270461575714	3
0.00672984692663466	-0.663346615764188	-1.41427998801488	3
1.2692491303633	1.17016014190856	-1.41427998801488	1
1.2692491303633	0.449691830570569	-1.17585536027261	1
0.00672984692663466	-0.140297967690464	-1.17585536027261	3
0.63798948864497	-0.476138314392899	-1.65270461575714	3

共 469 条　25条/页　1 2 3 4 5 6 ... 19　前往 1 页

图 10-31　查看【K-Means】组件的数据

（7）右键单击【K-Means】组件，选择【查看报告】选项，结果如图 10-32～图 10-35 所示。

K-Means算法结果

模型参数

输出配置的参数以及参数的取值。

参数名称	参数值
聚类个数	3
最大迭代次数	100

聚类中心：

cluster_id	f	m	r
1	1.709816	1.630723	-1.224285
2	-0.553008	-0.511501	0.962332
3	-0.305187	-0.310087	-0.457776

图 10-32　查看【K-Means】组件的报告 1

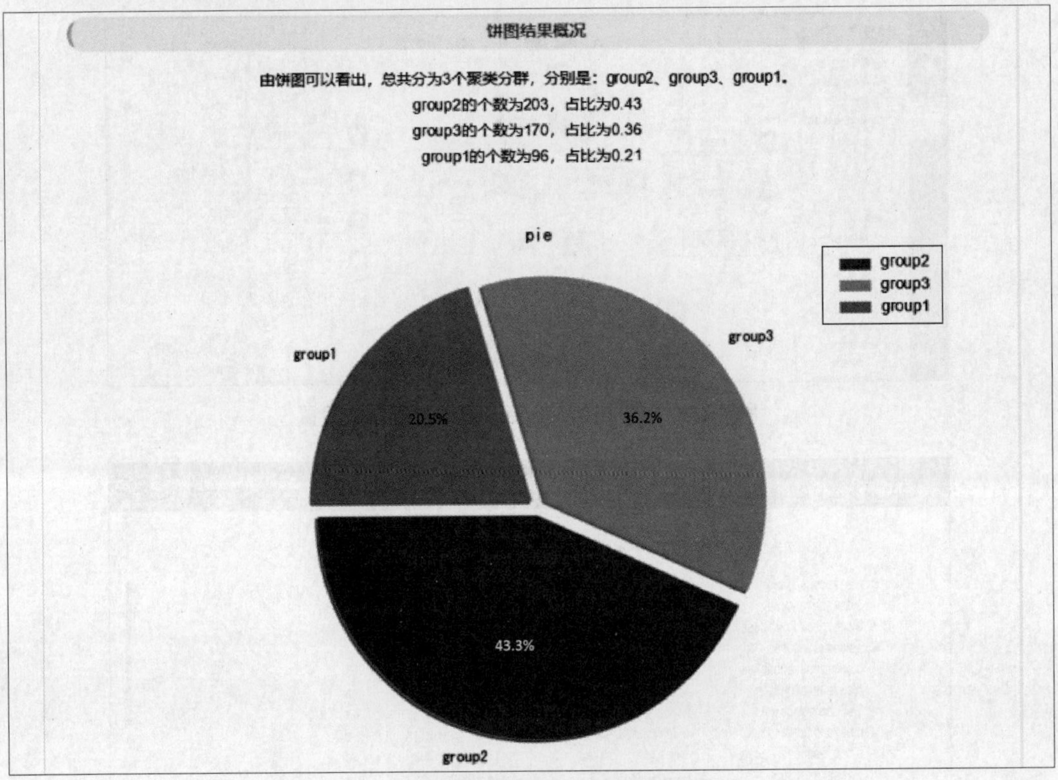

图 10-33 查看【K-Means】组件的报告 2

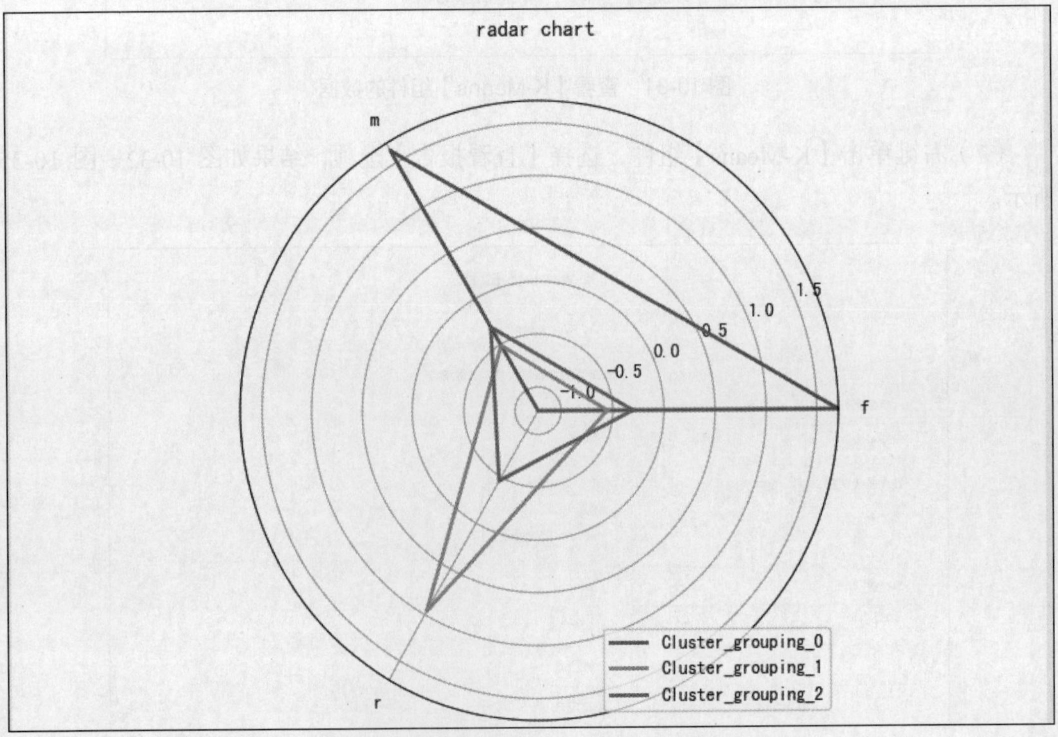

图 10-34 查看【K-Means】组件的报告 3

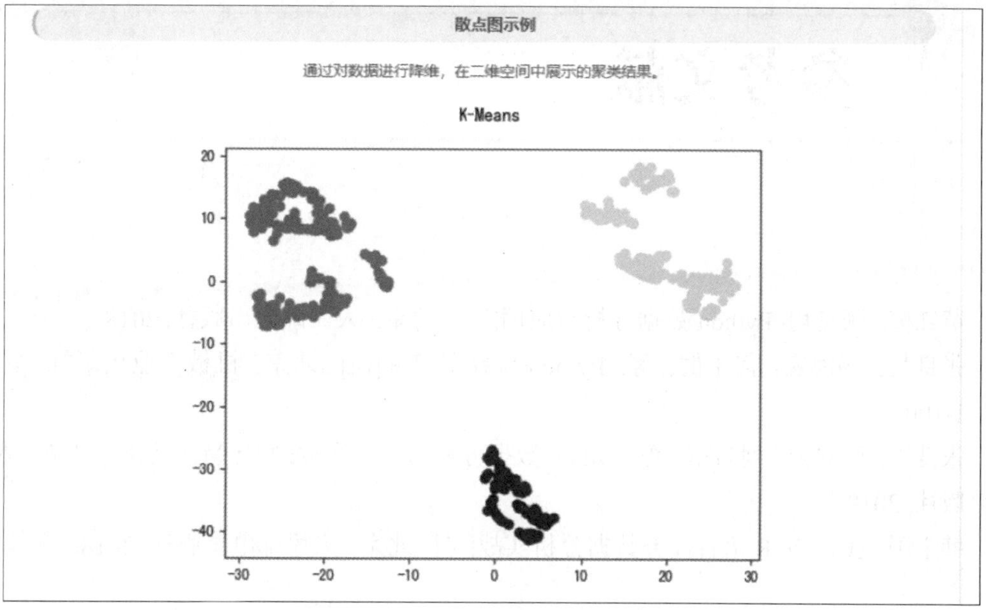

图 10-35　查看【K-Means】组件的报告 4

小结

本章简单介绍了如何在 TipDM 数据挖掘建模平台上配置餐饮企业综合分析案例的工程，从获取数据，到数据预处理，再到探索性分析，最后构建模型，向读者展示了平台流程化的思维，加深了读者对数据分析流程的理解。同时，平台去编程、拖曳式的操作，使没有 Python 编程基础的读者可以轻松构建数据分析流程，从而达到数据分析的目的。

课后习题

使用鸢尾花数据集，如表 10-1 所示，构建一个分类工程，要求至少包含对数据进行探索分析、拆分成训练集和测试集以及构建分类模型 3 个过程。

表 10-1　鸢尾花数据集（部分数据）

sepal_length	sepal_width	petal_length	petal_width	species
5.1	3.5	1.4	0.2	setosa
4.9	3	1.4	0.2	setosa
4.7	3.2	1.3	0.2	setosa
4.6	3.1	1.5	0.2	setosa
5	3.6	1.4	0.2	setosa

参考文献

[1] 黄红梅, 张良均. Python 数据分析与应用[M]. 北京: 人民邮电出版社, 2018.
[2] 张良均, 杨海宏, 何子健, 等. Python 与数据挖掘[M]. 北京: 机械工业出版社, 2016: 1-100.
[3] 张良均, 谭立云, 刘名军, 等. Python 数据分析与挖掘实战: 2 版[M]. 北京: 机械工业出版社, 2019.
[4] 韩宝国, 张良均. R 语言商务数据分析实战[M]. 北京: 人民邮电出版社, 2018.